W0225084

am Puls 7

Biologie

Barbara Fischer
Michel Fleck
Uwe K. Simon

Dunay Sebastian

www.oebv.at

Inhalt

So arbeitest du mit „am Puls Biologie“

Kapiteleinstieg

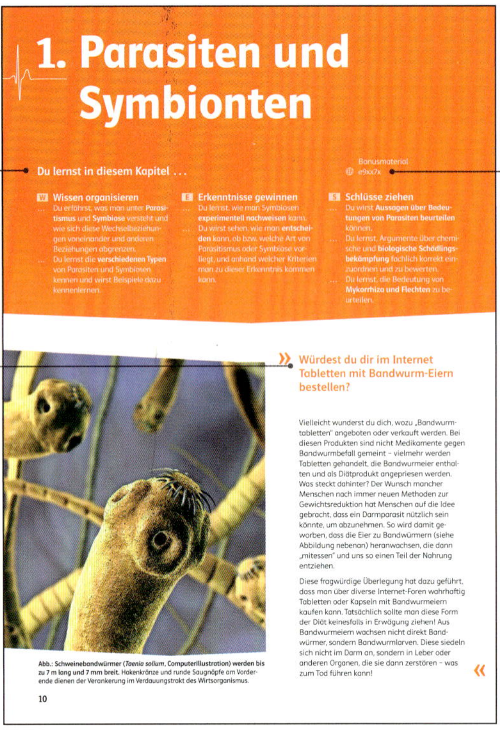

Lerninhalte
Hier findest du eine Übersicht über die wichtigsten Lerninhalte des Kapitels.

Kapiteleinstieg
Ein neues Kapitel beginnt immer mit einer spannenden Einleitung. Mit aktuellen Fragestellungen und Themen des Alltags wirst du auf die kommenden Inhalte eingestimmt.

Online-Codes
Hier findest du ergänzendes Material. Einfach den Code in das Suchfenster auf www.oebv.at eingeben und du wirst direkt zum passenden Bonusmaterial weitergeleitet.

Themenseite

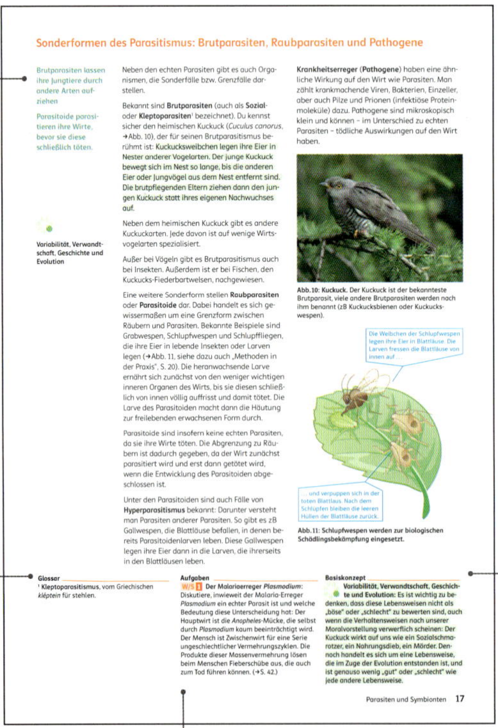

Kernaussagen
In der Randspalte findest du wichtige Kernaussagen zu einem Thema. Hier findest du auch Symbole der Basiskonzepte. Sie weisen dich auf die farbig hervorgehobenen Passagen im Text hin.

Glossar
Wichtige Fachbegriffe werden im Glossar erklärt.
Eine Sammlung dieser Fachbegriffe findest du auf www.oebv.at mit diesem Online-Code:
955f9j Online-Glossar

Aufgaben
Überprüfe dein Wissen! Die Symbole W, E und S weisen darauf hin, welche Handlungskompetenzen (siehe S. 5) bei dieser Aufgabe geübt werden.

Basiskonzepte
Hier findest du zusätzliche Informationen zu den Passagen, die im Text oben farblich markiert sind und auf ein Basiskonzept hinweisen.

Hier findest du die Basiskonzepte

Basiskonzepte sind wichtige Grundprinzipien und Eigenschaften lebendiger Systeme. Du wirst ihnen das ganze Jahr lang bei unterschiedlichen Themen begegnen. Eine Übersicht über die sieben Basiskonzepte findest du auf den Seiten 6 und 7. So werden die Basiskonzepte im Buch gekennzeichnet:

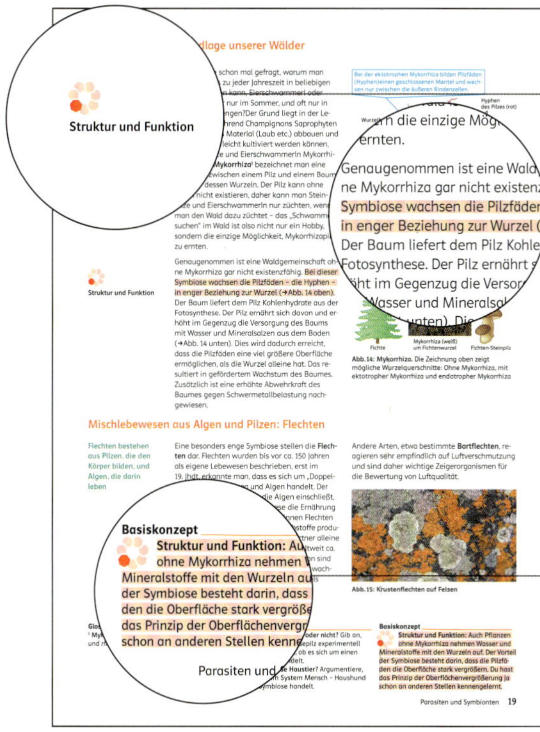

Basiskonzept-Symbole in der Randspalte

Farbige Markierung im Text

Weitere Informationen zum Basiskonzept im unteren Bereich der Seite

Sonderseiten

„Blick in die Forschung“
Auf diesen Seiten werfen wir einen Blick in die aktuelle Forschung. Welche Fragen stellen sich Wissenschafterinnen und Wissenschafter? Wie versuchen sie Antworten zu finden?

„Methoden in der Praxis“
Auf diesen Seiten lernst du wichtige Methoden kennen, die in der Wissenschaft oder in der Medizin angewendet werden. Es werden spannende Beispiele vorgestellt, wie die eben gelernte Therorie in der Praxis angewendet werden kann.

Handlungskompetenzbereiche

Mit jeder Aufgabe in diesem Buch wird eine der drei Handlungskompetenzen trainiert.
Die Buchstaben vor der Aufgabennummer zeigen diese Handlungskompetenzen an.

W

... Wissen organisieren
Du lernst dir Fachwissen anzueignen, biologische Vorgänge zu benennen und zu erklären.

E

... Erkenntnisse gewinnen
Du lernst duch Beobachten und Experimentieren selbst Erkenntnisse zu gewinnen und eigene Fragen und Hypothesen zu formulieren.

S

... Schlüsse ziehen
Du lernst fachlich Standpunkte zu begründen und die Bedeutung, Chancen und Risiken der erlernten Inhalte für deinen Alltag und für die Gesellschaft abzuschätzen.

Basiskonzepte

Basiskonzepte sind themenverbindende Grundprinzipien bzw. Phänomene, die quer über verschiedene Bereiche der Biologie wiederkehren. Sie helfen, die Vielfalt biologischer Themen zu ordnen, erleichtern die Vernetzung unterschiedlicher Themen und helfen, Rückbezüge zu bereits erlernten Inhalten herzustellen.

Du wirst im Laufe des Jahres verschiedenen unterschiedlichen biologischen Mechanismen und Prinzipien begegnen, die sich einem von sieben themenverbindenden Basiskonzepten zuweisen lassen. Nutze die Seiten 69 und 123, um einen Überblick zu gestalten.

Kompartimentierung

Lebende Systeme bestehen aus abgegrenzten Reaktionsräumen, aus Kompartimenten. In den Kompartimenten können nebeneinander unterschiedliche Prozesse ablaufen, ohne einander zu beeinflussen.
Die räumliche Trennung solcher **Reaktionsräume** wird auch als **Bausteinprinzip** bezeichnet. Wenn **spezialisierte Kompartimente** (Bausteine) zusammenwirken und dadurch Prozesse effizienter ablaufen können, spricht man von **Arbeitsteilung**. Ein Beispiel dafür ist die **Segmentierung** des Körpers bei Gliederfüßern. Während die vielen Rumpfsegmente eines Tausendfüßers ähnliche Funktionen erfüllen, sind die Körperteile von Insekten stärker spezialisiert: Der Kopf ist auf Nahrungsaufnahme und Wahrnehmung spezialisiert, das Bruststück auf Fortbewegung und der Hinterleib auf vegetative Funktionen (Verdauung, Ausscheidung) und Fortpflanzung.

Steuerung und Regelung

Lebewesen können auf Veränderungen reagieren. Somit ist es möglich, die inneren Zustände in einer Zelle, in einem Organ oder in einem Organismus trotz wechselnder Umwelt- und Lebensbedingungen in etwa gleich zu halten.
Wenn diese fein abgestimmten Regelmechanismen nicht funktionieren, kann es für einen Organismus schwerwiegende Folgen haben. Beispielsweise werden in einem gesunden Körper die Chromosomen bei jeder Zellteilung ein kleines Stück kürzer. Dadurch sterben normale Zellen nach durchschnittlich 60–70 Teilungen. Krebszellen umgehen dieses Schicksal, indem sie genau diesen Prozess verhindern, weil bei ihnen nach jeder Teilung das entfernte DNA-Stück wieder ersetzt wird. Es kommt zu unkontrolliertem Zellwachstum und infolge zu einer Krebserkrankung (→ S. 59).

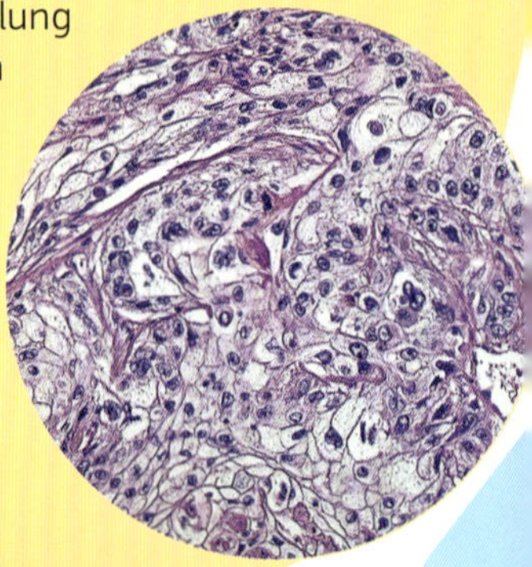

Struktur und Funktion

Bei Lebewesen hängen Bau und Form von Merkmalen (**Strukturen**) mit deren Eigenschaften und Aufgaben (**Funktion**) zusammen. Diesen Zusammenhang findet man bei Zellen und ihren Bestandteilen sowie bei Geweben, Organen oder dem Körperbau ganzer Individuen.

Ein bemerkenswertes Beispiel ist die Skelettmuskulatur. Skelettmuskeln bestehen aus einer Vielzahl von regelmäßig angeordneten Fasern, die alle parallel orientiert sind. Diese Struktur macht es möglich, dass durch die Summe vieler winziger molekularer Bewegungen ein Muskel als Ganzes genug Kraft aufwenden kann, um zB bei einem Klimmzug deinen Körper zu heben.

Reproduktion

Organismen haben eine begrenzte Lebensdauer. Um ein Aussterben der Art zu vermeiden, müssen sie sich reproduzieren. D.h., Lebewesen können sich selbst vervielfältigen. Das ist möglich, weil jede Zelle ihren gesamten **Bauplan als DNA** gespeichert hat.
Dieser Bauplan wird bei der sexuellen Vermehrung in jeder Generation leicht verändert. Durch die Kombination von männlichen und weiblichen Geschlechtszellen entstehen neue, genetisch einzigartige Folgegenerationen.
Nur bei erfolgreicher Reproduktion kann eine Art auf Dauer bestehen. Um bedrohte Tier- oder Pflanzenarten vor dem Aussterben zu retten, muss bei Artenschutzprojekten gewährleistet sein, dass die einzelnen Individuen nicht nur überleben, sondern sich auch reproduzieren können (siehe Auswilderung von Wildpferden, S. 91).

Stoff- und Energieumwandlung

Lebewesen sind für alle Abläufe und Vorgänge (Bewegung, Zellstoffwechsel, Wachstum, etc.) auf eine **Energiezufuhr von außen** angewiesen.

Durch Stoffwechselprozesse setzt der Körper die in der Nahrung gespeicherte Energie frei und speichert diese in Form des energiereichen Moleküls ATP, das bei Bedarf zu ADP und einem Phosphatrest zerfällt. Bei diesem Zerfall wird die zuvor gespeicherte Energie frei. Beispielsweise können Muskelproteine nun diese Energie nutzen, mit der Folge, dass der Muskel kontrahiert (→ S. 80).

Bei der Zellatmung (oder der Gärung) werden die Teile wieder zu ATP „aufgeladen“.

Information und Kommunikation

Lebewesen – und auch Zellen und Gewebe – haben die Fähigkeit, Informationen aufzunehmen, zu bearbeiten und an andere Organismen weiterzuleiten.
Für eine funktionierende Kommunikation ist entscheidend, dass der Empfänger die Signale des Senders empfangen und entschlüsseln kann. Das gilt für die Kommunikation zwischen Menschen genauso wie für die Kommunikation zwischen Zellen.
Zellen kommunizieren untereinander mittels Signalstoffe. Wenn Zellen falsche Signalstoffe produzieren oder diese falsch interpretieren, können die Folgen schwerwiegend sein. Wenn zB Zellen das Signal „Wachstum einstellen“ ihrer Nachbarzellen nicht erhalten oder verarbeiten können, wachsen und teilen sie sich krankhaft weiter. Derartige Kommunikationsstörungen spielen bei der Entstehung von Krebs eine Rolle.

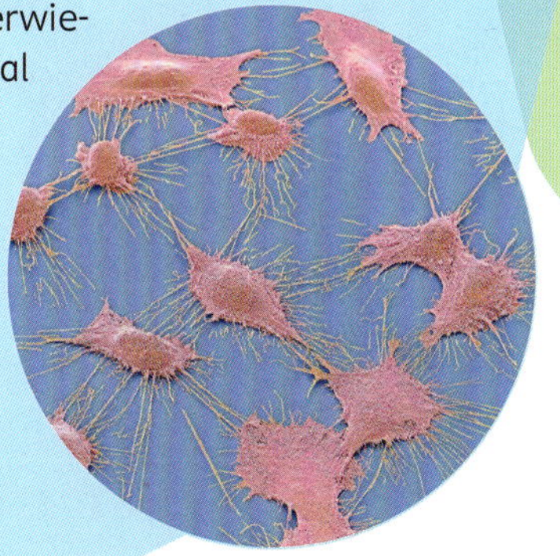

Variabilität, Verwandtschaft, Geschichte und Evolution

Lebewesen sind an die Umweltbedingungen, in denen sie leben, angepasst. Diese Anpassungen sind das Ergebnis eines Entwicklungsprozesses über viele Generationen. Die ständig sich verändernden Umweltbedingungen bewirken, dass diese Anpassungsprozesse niemals zu Ende sind.
Ändern sich die Umweltbedingungen besonders schnell, kann es sein, dass der natürliche Anpassungsprozess zu langsam ist – im schlimmsten Fall stirbt die Art aus. Im Laufe der Erdgeschichte gab es einige Ereignisse, die ein Massensterben von Arten zur Folge hatten. Am bekanntesten ist wohl das Aussterben der Dinosaurier vor etwa 66 Millionen Jahren, das wahrscheinlich auf eine rapide Veränderung der Erdatmosphäre zurückzuführen ist. Gleichzeitig war das Aussterben der Dinosaurier bedeutend für die Entwicklung der Landsäugetiere (siehe S. 92).

5. Semester

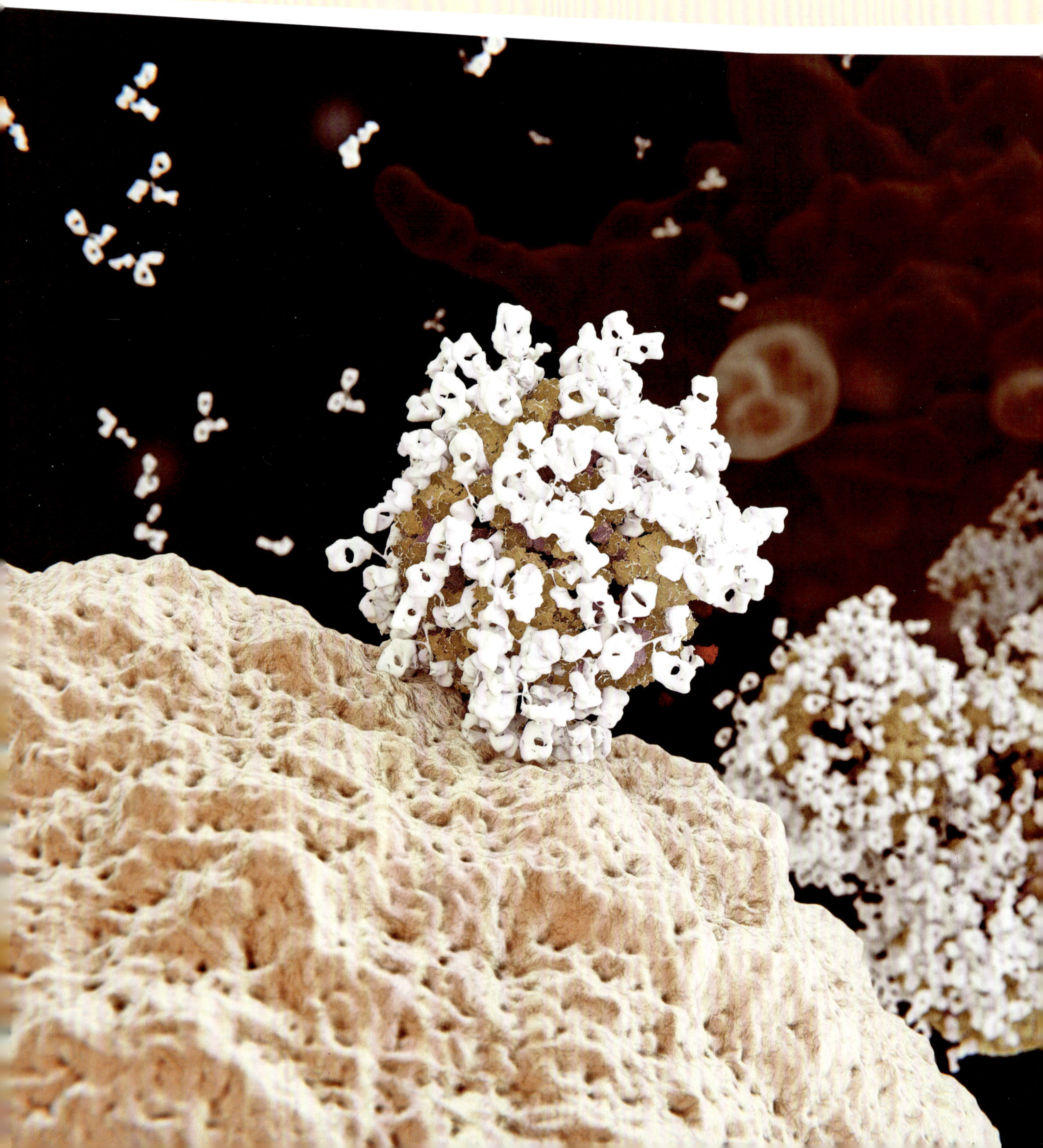

Kapitel

1 Parasiten und Symbionten
— Parasitismus und Symbiose

2 Krankheitserreger
— Krankheitserreger (Bakterien, Viren, Pilze, Einzeller, Vielzeller)
— Ausgewählte Beispiele für Infektionskrankheiten, Hygienemaßnahmen und Prophylaxe

3 Gesundheitsförderung und Krankheiten
— Maßnahmen zur Gesundheitsförderung, Rolle der Mikroorganismen für die Gesundheit des Menschen
— Zivilisationserkrankungen (zB Herz-Kreislauferkrankungen, Stresserkrankungen, Krebs)

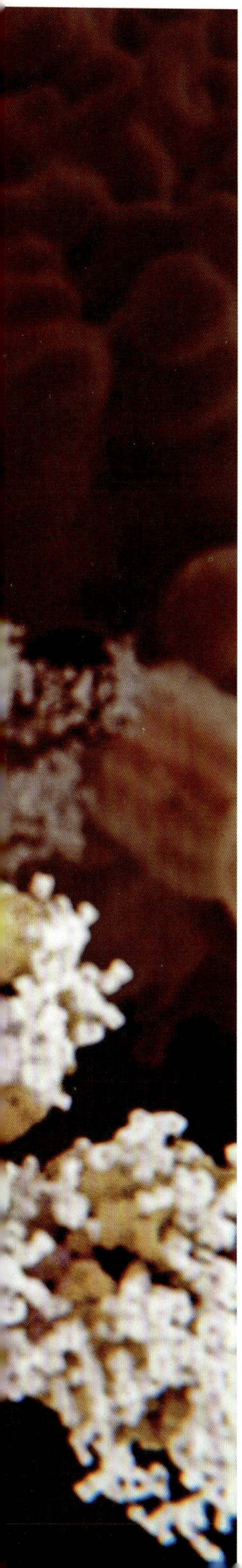

» Was erwartet dich in diesem Semester

In diesem Semester erwarten dich viele spannende Fragestellungen: Welche **Parasiten** bewohnen den menschlichen Körper? Schützt **Händewaschen** vor krankheitsverursachenden Bakterien? Wie entstehen **Krebserkrankungen**?

Zudem gibt es in diesem Schuljahr neue Sonderseiten: **Wissenschaftliches Arbeiten**. Wie formuliert man eine Hypothese? Wo kann man wissenschaftliche Informationen recherchieren? Was musst du bei der Planung einer wissenschaftlichen Arbeit beachten?

Das erste Kapitel beschäftigt sich mit **Parasiten und Symbiosen**. Diese Begriffe sind uns in früheren Schuljahren bereits begegnet, heuer werden diese Beziehungsformen zwischen verschiedenen Organismen genau untersucht.

Das zweite Kapitel behandelt Organismen, die beim Menschen **Krankheiten** verursachen, und Möglichkeiten, sich davor zu schützen.

Das Thema Krankheit begleitet uns auch in Kapitel 3: Hier geht es unter anderem um **Zivilisationskrankheiten**, also Krankheiten, die durch einen ungesunden Lebens- und Ernährungsstil entstehen können, sowie um **gesundheitsfördernde Maßnahmen**, die der Entstehung dieser Erkrankungen entgegenwirken. «

Abb.: Illustration von Grippeviren. Ein Viruspartikel (Durchmesser ca. 100 nm) bindet an eine Wirtszelle. Es ist umhüllt mit Antikörpern des Immunsystems (weiß), die das Virus für eine Makrophagenzelle (im Hintergrund) markieren.

1. Parasiten und Symbionten

Bonusmaterial
e9xx7x

Du lernst in diesem Kapitel ...

W Wissen organisieren

... Du erfährst, was man unter **Parasitismus** und **Symbiose** versteht und wie sich diese Wechselbeziehungen voneinander und anderen Beziehungen abgrenzen.

... Du lernst die **verschiedenen Typen** von Parasiten und Symbiosen kennen und wirst Beispiele dazu kennenlernen.

E Erkenntnisse gewinnen

... Du lernst, wie man Symbiosen **experimentell nachweisen** kann.

... Du wirst sehen, wie man **entscheiden** kann, ob bzw. welche Art von Parasitismus oder Symbiose vorliegt, und anhand welcher Kriterien man zu dieser Erkenntnis kommen kann.

S Schlüsse ziehen

... Du wirst **Aussagen über Bedeutungen von Parasiten beurteilen** können.

... Du lernst, Argumente über chemische und **biologische Schädlingsbekämpfung** fachlich korrekt einzuordnen und zu bewerten.

... Du lernst, die Bedeutung von **Mykorrhiza und Flechten** zu beurteilen.

Abb.: Schweinebandwürmer (*Taenia solium*, Computerillustration) werden bis zu 7 m lang und 7 mm breit. Hakenkränze und runde Saugnäpfe am Vorderende dienen der Verankerung im Verdauungstrakt des Wirtsorganismus.

» Würdest du dir im Internet Tabletten mit Bandwurm-Eiern bestellen?

Vielleicht wunderst du dich, wozu „Bandwurmtabletten" angeboten oder verkauft werden. Bei diesen Produkten sind nicht Medikamente gegen Bandwurmbefall gemeint – vielmehr werden Tabletten gehandelt, die Bandwurmeier enthalten und als Diätprodukt angepriesen werden. Was steckt dahinter? Der Wunsch mancher Menschen nach immer neuen Methoden zur Gewichtsreduktion hat Menschen auf die Idee gebracht, dass ein Darmparasit nützlich sein könnte, um abzunehmen. So wird damit geworben, dass die Eier zu Bandwürmern (siehe Abbildung nebenan) heranwachsen, die dann „mitessen" und uns so einen Teil der Nahrung entziehen.

Diese fragwürdige Überlegung hat dazu geführt, dass man über diverse Internet-Foren wahrhaftig Tabletten oder Kapseln mit Bandwurmeiern kaufen kann. Tatsächlich sollte man diese Form der Diät keinesfalls in Erwägung ziehen! Aus Bandwurmeiern wachsen nicht direkt Bandwürmer, sondern Bandwurmlarven. Diese siedeln sich nicht im Darm an, sondern in Leber oder anderen Organen, die sie dann zerstören – was zum Tod führen kann!

1.1 Ökologische Beziehungen im Überblick

Wechselbeziehungen im Ökosystem

Je nachdem, wie zwei Arten einander beeinflussen, werden verschiedene Wechselbeziehungen unterschieden

Wie du bereits in der 6. Klasse gelernt hast, gibt es verschiedene Arten von Beziehungen zwischen zwei Arten innerhalb eines Ökosystems. Die Wechselbeziehung des im Kapiteleinstieg angesprochenen Bandwurms und uns Menschen ist dir als **Parasitismus**[1] bekannt. Darunter versteht man eine Wechselbeziehung, von der die Vertreter der einen Art einen Vorteil haben (die Parasiten), während die Vertreter der anderen Art (die Wirte) geschädigt werden. Der Parasit ist normalerweise deutlich kleiner als der Wirt, der in der Regel vom Parasit geschädigt, aber nicht unbedingt getötet wird. Einen Grenzfall zwischen Parasiten und Räubern stellen **Raubparasiten** (Parasitoide) dar, da ihre Entwicklung den Wirt tötet oder erheblich schädigt. Dazu gehören etwa Schlupfwespen (siehe S. 17).

Neben dem Parasitismus gibt es auch andere Wechselbeziehung zwischen Arten (→Abb. 1).

Auch bei der **Nahrungsbeziehung** bzw. der **Räuber-Beute-Beziehung** wird eine Art auf Kosten der anderen Art geschädigt, bei der letzteren im Regelfall auch getötet.

Konkurrenz[2] zwischen zwei Arten ist für beide negativ, während eine **Symbiose**[3] beiden Arten Vorteile bietet. Die **Parabiose** letztlich stellt eine Wechselbeziehung dar, aus der eine Art Vorteile hat, während die andere Art weder gefördert noch geschädigt wird.

Neben den in Abb. 1 dargestellten Formen wird gelegentlich auch der so genannte **Neutralismus** als Beziehung genannt. Dieser Begriff meint, dass es zwischen zwei Arten in einem Ökosystem gar keine Wechselwirkungen gibt, etwa zwischen Blattläusen und Füchsen. Der Neutralismus ist aber streng genommen keine Wechselbeziehung zwischen zwei Arten, da keine Beeinflussung stattfindet.

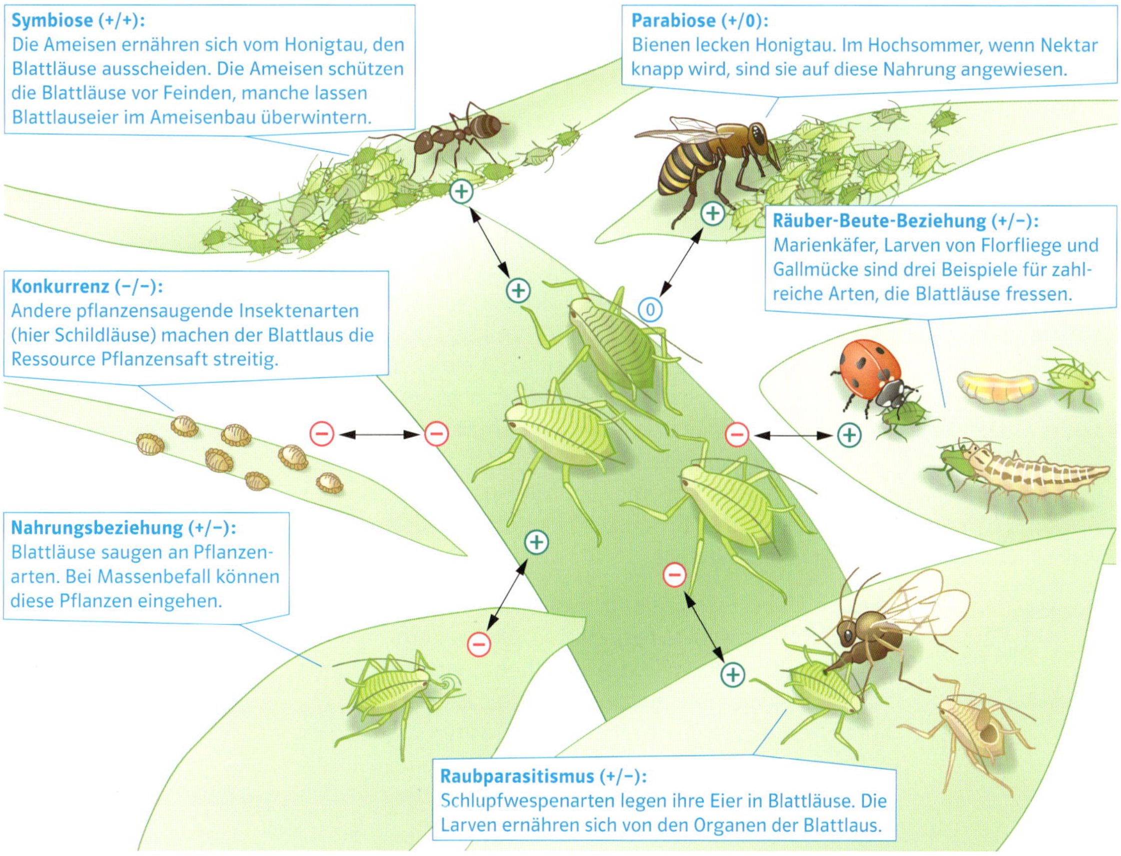

Abb. 1: Wechselbeziehungen zwischen Arten. Am Beispiel einer Blattlausart sind die diversen ökologischen Beziehungen dargestellt. (+) bezeichnet eine fördernde, (−) eine hemmende Beziehung.

Glossar

[1] **Parasitismus**, vom Griechischen *para* für neben und *siteisthai* für essen.
[2] **Konkurrenz**, vom Lateinischen *concurrere* für zusammen laufen.
[3] **Symbiose**, vom Griechischen *sym* für zusammen und *bios* für Leben.

Aufgabe

W 1 **Beispiele für Wechselbeziehungen:** Suche für jeweils eine dir bekannte heimische Tier- und Pflanzenart Wechselbeziehungen wie in Abb. 1. Stelle diese ähnlich wie in Abb. 1 dar (suche dazu Bilder aus dem Internet).

Wechselbeziehungen können ineinander übergehen

Zwischen Symbiose, Parabiose und Parasitismus gibt es Übergänge

Marienkäfer fressen Blattläuse – diese Arten stehen damit in einer klaren Räuber-Beute-Beziehung: Für die Blattläuse ist diese Beziehung negativ, für die Marienkäfer positiv.

Doch nicht in allen Fällen ist die Zuordnung so eindeutig: In den Därmen der meisten Tiere leben Bakterien, die von der Nahrung ihrer Wirte leben und damit als Parasiten anzusehen sind. In vielen Fällen erfolgte aber eine Anpassung der Wirte, so dass diese durch die Bakterien in ihrem Darm keinen Schaden nehmen – aus dem Parasitismus wurde eine Parabiose. In anderen Fällen erfüllen die bakteriellen Mitbewohner sogar nützliche Funktionen, indem sie Nährstoffe aufschließen, die sonst nicht verdaulich wären (etwa Zellulose). Hier handelt es sich also um eine Symbiose.

Ein anderes bekanntes Beispiel sind **Putzerfische** (→Abb. 2), die kleine Parasiten aus den Kiemen oder von der Haut größerer Fische frisst – ein typisches Beispiel einer Symbiose. Trägt der größere Fisch jedoch nur wenige Parasiten, so leidet der Putzerfisch unter Nahrungsmangel. Diesen kann er unter Umständen so ausgleichen, dass er Stücke aus der Haut des Wirts frisst – der Symbiont wird zum Parasiten.

Besonders außergewöhnlich ist folgender Fall: Die kalifornische Fischassel *Cymothoa exigua* lebt als Parasit auf dem Mundboden, gewissermaßen der Zunge, eines Fisches, des Roten Schnappers (*Lutjanus guttatus*). Die Assel frisst die Zunge langsam heraus, nach einiger Zeit fällt der Zungenrest ab. Die Fischassel verbleibt im Mund des Fisches, setzt sich am Mundboden fest und ersetzt funktionell die Zunge. Der Fisch kann normal fressen.

Dies ist der einzige bekannte Fall, wo ein Tier einen Körperteil eines anderen Tiers ersetzt (sozusagen eine natürliche Prothese bildet). Sollte der Nachweise gelingen, dass der Fisch mit Assel erfolgreicher Nahrung frisst als ohne, dann bietet auch dieses Beispiel die ganze Bandbreite von Parasitismus zu Symbiose.

Abb. 2: Hai mit Putzerfisch. Putzerfische leben in Symbiose mit Haien, können aber auch parasitisch werden, wenn sie keine Nahrung finden.

Die Evolution von Parasiten und Symbionten

Durch Koevolution entstanden teilweise sehr enge parasitische und symbiontische Beziehungen

Variabilität, Verwandtschaft, Geschichte und Evolution

Manche Parasiten können sich von verschiedenen Wirten ernähren, zB Stechmücken oder Zecken. Andere hingegen sind auf eine bestimmte Wirtsart spezialisiert – so weit, dass sie ohne diese Art nicht überleben können. Man nennt dies **wirtsspezifisch**. Ein Beispiel ist die Zehrwespe, eine Schlupfwespe, die ausschließlich eine bestimmte Schildlausart, die San-José-Schildlaus befällt.

Auch bei Symbiosen gibt es hochspezialisierte Arten, etwa bestimmte Arten von Mykorrhizapilze, die an den Wurzeln von Pflanzenarten leben (zB Fichten-Steinpilze und Fichten, siehe S. 17). Wie bei den oben genannten Parasiten können derart spezialisierte Symbionten nur gemeinsam mit ihrem Partner überleben.

Wie kommt es dazu, dass manche Arten so sehr aufeinander angewiesen sind? Derart enge Beziehungen sind im Laufe einer lange andauernden **Koevolution** entstanden. Ein Mensch beispielsweise ist selbst auch Träger von Lebensräumen (Biotopen) mit unterschiedlichen Lebensbedingungen: Deine Haut, deine Haare, dein Blut, dein Darm etc. stellen Biotope dar, die von sehr vielen kleinen Lebewesen besiedelt werden. Diese Lebewesen leben oft in einer neutralen Beziehung, einer Parabiose. Besteht nun ein über viele Generationen andauernder Kontakt dieser Lebewesen, können sich daraus symbiotische wie parasitische Beziehungen entwickeln.

Aufgaben

W/E 1 Federmilben: Sind Federmilben Parasiten, Symbionten oder Parabionten? Informiere dich im Internet über den Stand der Forschung in dieser Fragestellung und präsentiere deine Ergebnisse unter Angabe von Quellen.

Basiskonzept

Variabilität, Verwandtschaft, Geschichte und Evolution: Koevolution bedeutet eine evolutionäre Entwicklung zweier Arten in immer engerer Wechselbeziehung. Aus ursprünglich lockeren Beziehungen zwischen zwei Arten können im Zuge der Evolution durch zufällige Veränderungen Anpassungen erfolgen, die eine effizientere Nutzung des Partners bzw. Wirtes ermöglichen. Bekannt ist die Koevolution von Blüten und Bestäubern, so sind etwa längliche Blüten in Koevolution mit den langen Rüsseln der Schmetterlinge entstanden. Neben diesem Vorteil hat diese immer enger werdende Beziehung auch den Nachteil, dass die Arten voneinander abhängig werden: Stirbt beispielsweise ein Wirt aus, so bedeutet das auch das Aussterben des wirtsspezifischen Parasiten.

1.2 Parasitismus

Parasiten schädigen ihren Wirt, meist ohne ihn zu töten

Echte Parasiten leben in oder an einem Wirten und schädigen diesen

Menschen, die in Österreich Heidelbeeren sammeln, fürchten besonders einen Parasiten: den **Kleinen Fuchsbandwurm** (*Echinococcus multilocularis*). Unbehandelter Fuchsbandwurmbefall führt beim Menschen in ca. 90% der Fälle zum Tode, auch bei Behandlung ist die Sterberate noch zwischen 5 und 10%. In Österreich werden jährlich 2 bis 3 Fälle gemeldet.

Dieses drastische Beispiel ist gut geeignet, um den Status einer ganzen Gruppe von Organismen, eben den Parasiten, misszuverstehen! Parasiten schädigen ihren Wirt merklich, aber nur soweit, dass er als „Habitat" tauglich bleibt. Der Verlust des Wirts durch Tod wäre ja für den Parasiten selbst ein Todesurteil – es wäre, als würde man den Ast absägen, auf dem man sitzt.

Am besten lässt sich die **Definition eines Parasiten** im Vergleich zu Räubern begreifen. Dem britischen Ökologen Charles Elton[1] zufolge lebt „der Räuber vom Kapital der Beute, während der Parasit von den Zinsen des Wirts lebt". Das trifft für die so genannten **echten Parasiten** zu. Sie leben an oder in ihrem meist sehr viel größeren Wirt, den sie schädigen, aber in der Regel nicht töten. Einen Übergang zwischen Parasiten und Räuber stellen die Parasitoide dar (siehe S. 15).

Ist der Kleine Fuchsbandwurm also gar kein echter Parasit im Sinne der Definition? Doch, denn wie du in →Abb. 3 sehen kannst, gehört der Mensch gar nicht in den regulären Zyklus des Fuchsbandwurms. Du siehst, dass der Kleine Fuchsbandwurm eigentlich ein Parasit von Füchsen und kleinen Säugetieren ist, die durch den Befall des Parasiten in der Regel nicht getötet werden.

Anhand dieses Beispiels erkennst du auch ein für viele Parasiten typisches Phänomen, den **Wirtswechsel**[2]. Die Eier des Wurms, die von befallenen Füchsen mit dem Kot freigesetzt werden, werden von kleinen Säugetieren, zB Mäusen, gefressen. In diesen **Zwischenwirten** schlüpfen die Larven, bohren sich durch die Darmwand und entwickeln sich zu einer zweiten Larvenform, den Finnen. Die durch den Befall geschwächten Mäuse stellen eine leichte Beute für Füchse dar, die sich damit mit dem Parasiten infizieren. Im Darm des Fuchses, des **Endwirts**, erreichen die Parasiten ihre Geschlechtsreife.

Der Mensch ist ein so genannter **Fehlwirt**. Die sich entwickelnden Larven können Organe schwer schädigen und so zum Tod führen.

Bei vielen Parasiten kommt es zu einem Wirtswechsel zwischen Zwischen- und Endwirt

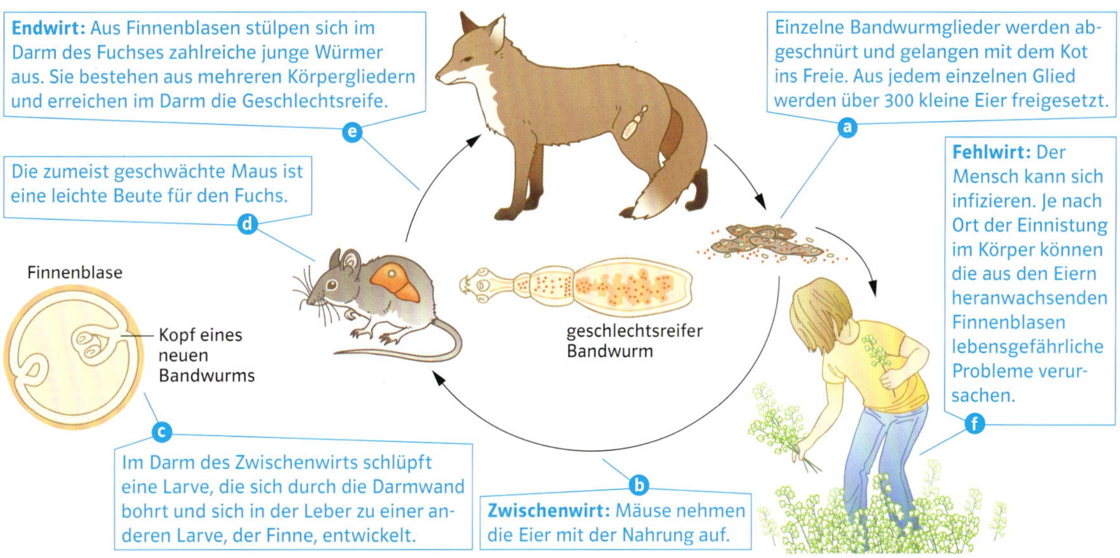

Abb. 3: Der Lebenszyklus des Kleinen Fuchsbandwurms. Die regulären Wirte des Fuchsbandwurms sind Fuchs und Kleinsäuger (hier eine Maus). Die Maus ist Zwischenwirt, der Fuchs Endwirt. Der Mensch ist ein Fehlwirt, also nicht Teil des Lebenszyklus des Wurms.

Glossar

[1] **Elton, Charles**: britischer Ökologe und Zoologe, 1900 bis 1991. Er gilt als Begründer der modernen Tierökologie.

[2] **Wirtswechsel**: Wechsel eines Parasiten während seiner Entwicklung von einer Wirtsart auf eine andere, in manchen Fällen auch mehrere Arten. Der Wirt, in dem der Parasit geschlechtsreif wird, ist der Endwirt, die anderen Arten sind Zwischenwirte. Der Vorteil des Wirtswechsels besteht in der Nutzung zweier (oder mehrerer) Nahrungsquellen.

Aufgabe

W 1 **Details zum Kleinen Fuchsbandwurm:** Suche im Internet die Arbeit „Der Kleine Fuchsbandwurm, ein gefährlicher Parasit" von Huber G. (2003) in LWF aktuell 39, S. 43–46. Finde heraus, worin die Gefahr für Menschen konkret besteht und fasse deine Ergebnisse in einem kurzen Text zusammen (zitiere dabei die o.g. Arbeit). Suche weiters, ob du aktuelle Arbeiten zu dem Thema findest.

Lebensweisen von Parasiten

Parasiten können nach Lebensraum, nach Enge der Beziehung, nach Wirtsspezifität und nach Dauer der parasitären Lebensweise eingeteilt werden

Variabilität, Verwandtschaft, Geschichte und Evolution

Der Kleine Fuchsbandwurm ist nur eine von sehr vielen Arten, die parasitisch leben. Zur Unterscheidung dieser Vielfalt können echte Parasiten nach unterschiedlichen Gesichtspunkten eingeteilt werden. Tabelle 1 zeigt einen Überblick über verschiedene Kategorisierungen.

Zum einen können Parasiten danach unterschieden werden, ob sie auf oder in ihrem Wirt leben. Erstere werden als **Ektoparasiten** bezeichnet, dazu gehören etwa Blut saugende Insekten wie Gelsen (→Abb. 4) oder Flöhe. **Endoparasiten** dagegen leben in den Körpern ihrer Wirte, wie beispielsweise der zuvor genannte Kleine Fuchsbandwurm. (Bei den Endoparasiten wird weiter zwischen Körperhöhlenparasiten und Gewebsparasiten unterschieden, je nachdem ob sie in Körperhöhlen wie Darm oder Lunge leben oder im Gewebe, also zwischen den Zellen.)

Eine weitere Möglichkeit zur Einteilung besteht je nach Enge der Beziehung zwischen Parasit und Wirt. **Obligate Parasiten** sind auf ihre Wirte angewiesen, können also ohne ihn nicht überleben, wie zB Bandwürmer. Im Gegensatz können **fakultative Parasiten** auch ohne Wirt überleben, sind also nur gelegentlich parasitisch. Dazu gehören zB Boden-Fadenwürmer, die im Boden, aber auch im Darm von Käfern leben.

Wie schon auf Seite 12 angesprochen, gibt es wirtsspezifische Parasiten. Ist ein Parasit auf nur eine Wirtsart spezialisiert, nennt man ihn **monoxen**. Werden einige wenige Arten parasitiert, spricht man von **oligoxen**, bei vielen Wirtsarten von **polyxen**. Parasiten mit Wirtswechsel werden als **heteroxen** bezeichnet, solche ohne Wirtswechsel als **homoxen**. Der Spulwurm *Ascaris lumbricoides* ist ein Beispiel für einen oligoxenen, homoxenen Parasiten – er lebt im Körper von Menschen, Affen und Bären. Der eukaryotische Einzeller *Trichomonas vaginalis*, der die Schleimhäute im Genitalbereich des Menschen befällt, ist ein monoxener Parasit.

Es wird auch nach Dauer der parasitischen Lebensweise klassifiziert: **Temporäre Parasiten** besuchen den Wirt nur für eine begrenzte Zeit, etwa Gelsen zum Blutsaugen. **Stationäre Parasiten** leben entweder für lange Phasen an bzw. in ihrem Wirt (periodische Parasiten, zB bei Wirtswechsel) oder verbringen ihr gesamtes Leben an bzw. in ihrem Wirt (permanente Parasiten wie zB Tierläuse).

In jedem Fall haben Parasiten ganz spezielle ökologische Nischen an oder in ihrem Wirt erschlossen, wobei durch die Evolution zahlreiche Anpassungen entstanden sind. So haben zB Läuse Klammerbeine. Insekten, die im Fell oder Gefieder parasitieren, haben sekundär die Flügel verloren. Bandwürmern fehlt Mund und Darm – sie nehmen die Nahrung durch die Haut auf, usw. Als Beispiele sind in Tab. 2 vier Parasiten des Menschen vorgestellt, und die damit einhergehenden Erkrankungen (Parasitosen).

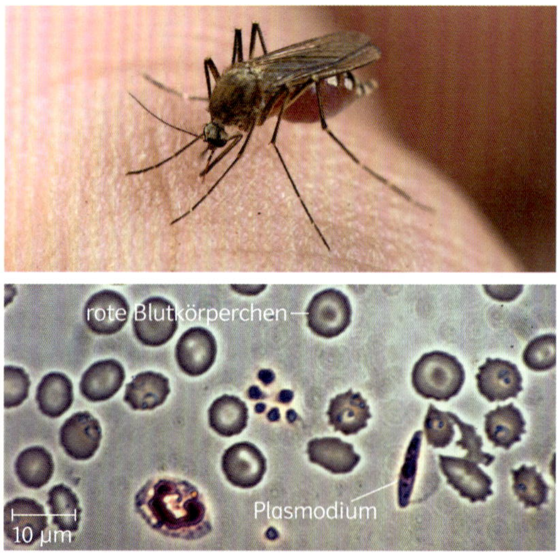

Abb. 4: Oben: Gemeine Stechmücke (*Culex pipiens*) – ein Ektoparasit. Dieser auch als Gelse bekannte Ektoparasit ist in ganz Österreich verbreitet. **Unten: Malariaerreger Plasmodium – ein Endoparasit.** Mikroskopische Aufnahme verschiedener Stadien inmitten roter Blutkörperchen (→S. 42)

Aufgaben

W/E 1 Opportunistische Parasiten: Es gibt Parasiten, die einen Wirt nur dann schädigen können, wenn er durch andere Faktoren bereits geschwächt oder geschädigt ist. Ein bekanntes Beispiel sind Menschen, die an der Immunschwäche AIDS leiden. Mit Voranschreiten einer AIDS-Erkrankung kann es zum Befall mit diversen Parasiten kommen. Sofern die Krankheit nicht behandelt wird, führt sie zum Tod. Recherchiere diesen Sachverhalt und stelle eine Tabelle auf, welche Pilze, Viren, Bakterien einen an AIDS erkrankten Menschen befallen können.

Basiskonzept

Variabilität, Verwandtschaft, Geschichte und Evolution: Auf S. 12 wird die Koevolution zweier Arten erklärt. Die Evolution von Parasiten ist oft eng mit der Evolution des Wirts verbunden. Selbst Änderungen in der Lebensweise des Wirts können zu evolutionären Anpassungen von Parasiten führen. Ein besonders interessantes Beispiel ist die Trennung der Menschenlaus in zwei Unterarten, die Kopflaus und die Kleiderlaus. Diese Trennung begann mit der „Erfindung" der Kleidung. Genaugenommen konnte diese historische Tatsache überhaupt erst durch biologische Forschung datiert werden: Genetische Untersuchungen zeigten, dass die Trennung der beiden Unterarten vor ca. 100 000 Jahren begann. Daher lässt sich der Schluss ziehen, dass die Kleidung zu diesem Zeitpunkt erfunden wurde.

Klassifikation von Parasiten

Tab. 1: Klassifikation von Parasiten. Parasiten können nach mehreren Kriterien eingeteilt werden.

Kriterium	Bezeichnung	Beschreibung
Aufenthaltsort am Wirt	**Endoparasiten**	leben auf der Körperoberfläche des Wirten
	Ektoparasiten	leben im Körperinneren des Wirten
Enge der Beziehung	**Obligate Parasiten**	sind auf ihren Wirt angewiesen
	Fakultative Parasiten	leben gelegentlich parasitisch
Wirtsspezifität	**Monoxene Parasiten**	sind auf eine Wirtsart spezialisiert
	Oligoxene Parasiten	sind auf wenige Wirtsarten spezialisiert
	Polyxene Parasiten	sind wenig spezifisch und können viele Wirtsarten befallen
Wirtswechsel	**Homoxene Parasiten**	sind Parasiten ohne Wirtswechsel
	Heteroxene Parasiten	sind Parasiten mit Wirtswechsel
Dauer der parasitischen Lebensweise	**Temporäre Parasiten**	leben nur zeitweilig am oder im Wirt
	Stationäre Parasiten	leben andauernd am oder im Wirt
Lokalisation am/im Wirt	**Darmparasiten Hautparasiten etc.**	

Abb. 5: Obligater Parasitismus: Die Riesenrafflesie *(Rafflesia arnoldii)* bildet bis zu 11 kg schwere Blüten. Die Pflanze lebt vollständig innerhalb ihrer Wirtspflanze und bildet selbst weder Blätter noch Wurzeln aus – nur die bis zu 1 m große Blüte ist sichtbar.

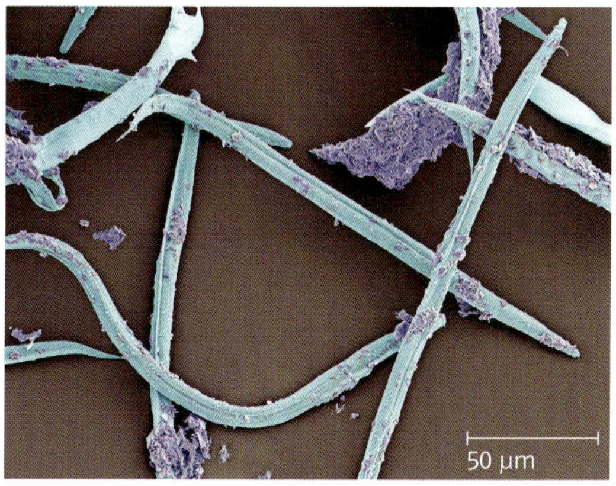

Abb. 6: Fakultativer Parasitismus: Fadenwürmer sind eine vielfältige Organismengruppe. Manche Arten leben frei im Erdboden, können aber auch Käfer parasitieren und sich in deren Darm entwickeln.

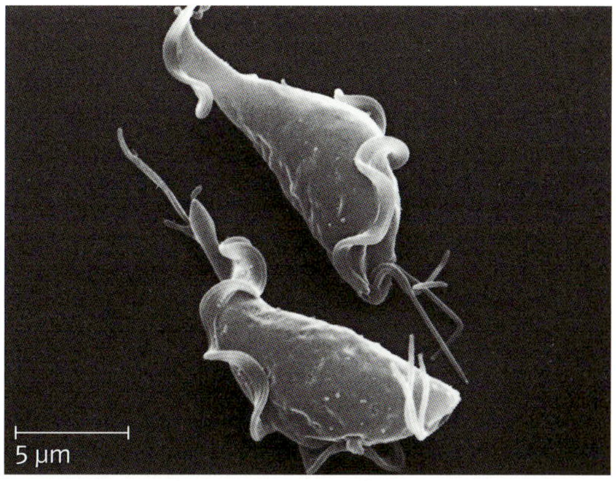

Abb. 7: Monoxener Parasitismus: Das Geißeltierchen *Trichomonas vaginalis* wird direkt von Wirt zu Wirt, in diesem Fall Menschen beiderlei Geschlechts, übertragen und verursacht bei diesen eine meist ungefährliche Geschlechtskrankheit. (Elektronenmikroskopische Aufnahme)

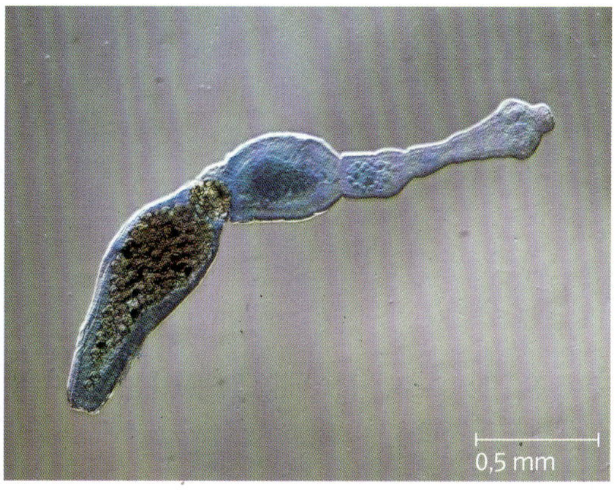

Abb. 8: Polyxener Parasitismus: Der Fuchsbandwurm ist bei der Wahl des Zwischenwirtes nicht besonders spezifisch: Er befällt Wühlmäuse, Nagetiere und andere Säugetiere. (Lichtmikroskopische Aufnahme)

Parasiten des Menschen

Tab. 2: Parasiten des Menschen. Von etwa 70 Parasiten des Menschen sind hier vier Beispiele gezeigt und klassifiziert.

Name	Klassifikation	Angaben zur Parasitose
a) Pärchenegel (*Schistosoma sp.*), mehrere Saugwurmarten	Obligater, stationärer (periodischer) Endoparasit (Körperhöhlenparasit). Heteroxen: Endwirt Menschen, Zwischenwirt Süßwasserschnecken	Schistosomiasis (Bilharziose): Die frei lebenden Larven gelangen in Gewässern durch die Haut in Venen des Menschen und reifen dort zu den erwachsenen Pärchenegeln heran. Vorkommen: Tropen und Subtropen, 200 Millionen Betroffene weltweit.
b) Rinderbandwurm (*Taenia saginata*)	Obligater, stationärer (periodischer) Endoparasit (Körperhöhlenparasit). Heteroxen: Endwirt Menschen, Zwischenwirt Rinder	Mit rohem Rindfleisch werden die Larven aufgenommen, die sich im Dünndarm mit einem Hakenkranz verankern und zu einem bis zu 10 m langen Bandwurm auswachsen. Weltweit ca. 60 Millionen Infektionen.
c) Holzbock (*Ixodes ricinus*), eine Zeckenart	Obligater, temporärer Ektoparasit	Wenn Wärme und Geruch von Buttersäure dem Parasiten ein Säugetier melden, lässt er sich fallen und bohrt sich in die Haut zur Blutmahlzeit ein. Nach erfolgreicher Mahlzeit fällt das Tier wieder ab.
d) Kopflaus (*Pediculus capitis*)	Obligater, stationärer (permanenter) Ektoparasit	Eier, Larven und erwachsene Tiere am Kopfhaar des Menschen. Ernährt sich von Blut. Vorkommen v. a. bei Kindergarten- und Schulkindern.

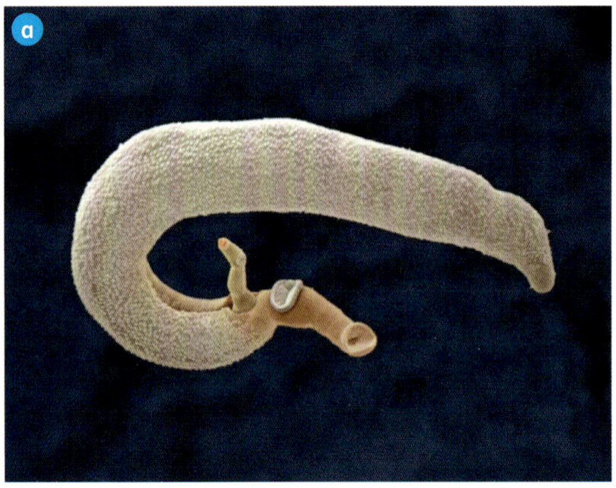

Abb. 9a: Pärchenegel (elektronenmikroskopische Aufnahme, wird etwa 10–20 mm lang)

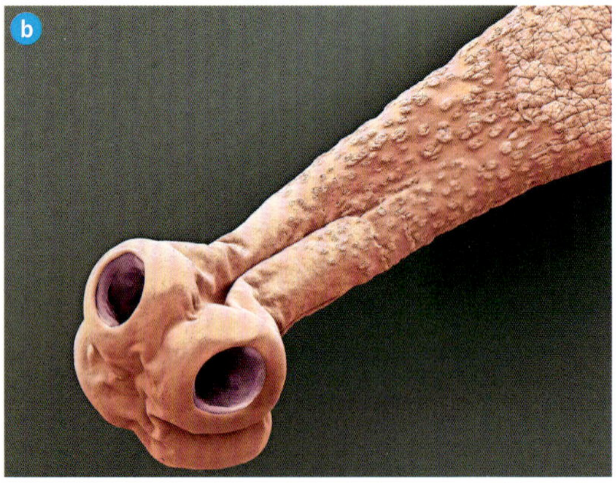

Abb. 9b: Rinderbandwurm (elektronenmikroskopische Aufnahme, kann bis zu 7 mm breit und 10 m lang werden)

Abb. 9c: Holzbock (wird etwa 3–4 mm groß)

Abb. 9d: Kopflaus (wird bis zu 3 mm groß)

Basiskonzept

Reproduktion: Viele Parasiten wechseln im Laufe ihres Lebens mehrmals ihren Wirt. Erst im letzten Wirt, dem Endwirt, erlangen sie ihre Geschlechtsreife und pflanzen sich fort. Ihre Nachkommen wechseln erneut den Wirt und der Lebenszyklus beginnt erneut.

Sonderformen des Parasitismus: Brutparasiten, Raubparasiten und Pathogene

Brutparasiten lassen ihre Jungtiere durch andere Arten aufziehen

Parasitoide parasitieren ihre Wirte, bevor sie diese schließlich töten.

Variabilität, Verwandtschaft, Geschichte und Evolution

Neben den echten Parasiten gibt es auch Organismen, die Sonderfälle bzw. Grenzfälle darstellen.

Bekannt sind **Brutparasiten** (auch als **Sozial-** oder **Kleptoparasiten**[1] bezeichnet). Du kennst sicher den heimischen Kuckuck (*Cuculus canorus*, →Abb. 10), der für seinen Brutparasitismus berühmt ist: Kuckucksweibchen legen ihre Eier in Nester anderer Vogelarten. Der junge Kuckuck bewegt sich im Nest so lange, bis die anderen Eier oder Jungvögel aus dem Nest entfernt sind. Die brutpflegenden Eltern ziehen dann den jungen Kuckuck statt ihres eigenen Nachwuchses auf.

Neben dem heimischen Kuckuck gibt es andere Kuckuckarten. Jede davon ist auf wenige Wirtsvogelarten spezialisiert.

Außer bei Vögeln gibt es Brutparasitismus auch bei Insekten. Außerdem ist er bei Fischen, den Kuckucks-Fiederbartwelsen, nachgewiesen.

Eine weitere Sonderform stellen **Raubparasiten** oder **Parasitoide** dar. Dabei handelt es sich gewissermaßen um eine Grenzform zwischen Räubern und Parasiten. Bekannte Beispiele sind Grabwespen, Schlupfwespen und Schlupffliegen, die ihre Eier in lebende Insekten oder Larven legen (→Abb. 11, siehe dazu auch „Methoden in der Praxis", S. 20). Die heranwachsende Larve ernährt sich zunächst von den weniger wichtigen inneren Organen des Wirts, bis sie diesen schließlich von innen völlig auffrisst und damit tötet. Die Larve des Parasitoiden macht dann die Häutung zur freilebenden erwachsenen Form durch.

Parasitoide sind insofern keine echten Parasiten, da sie ihre Wirte töten. Die Abgrenzung zu Räubern ist dadurch gegeben, da der Wirt zunächst parasitiert wird und erst dann getötet wird, wenn die Entwicklung des Parasitoiden abgeschlossen ist.

Unter den Parasitoiden sind auch Fälle von **Hyperparasitismus** bekannt: Darunter versteht man Parasiten anderer Parasiten. So gibt es zB Gallwespen, die Blattläuse befallen, in denen bereits Parasitoidenlarven leben. Diese Gallwespen legen ihre Eier dann in die Larven, die ihrerseits in den Blattläusen leben.

Krankheitserreger (**Pathogene**) haben eine ähnliche Wirkung auf den Wirt wie Parasiten. Man zählt krankmachende Viren, Bakterien, Einzeller, aber auch Pilze und Prionen (infektiöse Proteinmoleküle) dazu. Pathogene sind mikroskopisch klein und können – im Unterschied zu echten Parasiten – tödliche Auswirkungen auf den Wirt haben.

Abb. 10: Kuckuck. Der Kuckuck ist der bekannteste Brutparasit, viele andere Brutparasiten werden nach ihm benannt (zB Kuckucksbienen oder Kuckuckswespen).

Abb. 11: Schlupfwespen werden zur biologischen Schädlingsbekämpfung eingesetzt.

Glossar

[1] **Kleptoparasitismus**, vom Griechischen *kléptein* für stehlen.

Aufgaben

W/S **1** **Der Malariaerreger *Plasmodium*:** Diskutiere, inwieweit der Malaria-Erreger *Plasmodium* ein echter Parasit ist und welche Bedeutung diese Unterscheidung hat: Der Hauptwirt ist die *Anopheles*-Mücke, die selbst durch *Plasmodium* kaum beeinträchtigt wird. Der Mensch ist Zwischenwirt für eine Serie ungeschlechtlicher Vermehrungszyklen. Die Produkte dieser Massenvermehrung lösen beim Menschen Fieberschübe aus, die auch zum Tod führen können. (→S. 42.)

Basiskonzept

Variabilität, Verwandtschaft, Geschichte und Evolution: Es ist wichtig zu bedenken, dass diese Lebensweisen nicht als „böse" oder „schlecht" zu bewerten sind, auch wenn die Verhaltensweisen nach unserer Moralvorstellung verwerflich scheinen: Der Kuckuck wirkt auf uns wie ein Sozialschmarotzer, ein Nahrungsdieb, ein Mörder. Dennoch handelt es sich um eine Lebensweise, die im Zuge der Evolution entstanden ist, und ist genauso wenig „gut" oder „schlecht" wie jede andere Lebensweise.

1.3 Symbiosen

Lässt sich eine Symbiose nachweisen?

Symbiosen können durch Experimente als solche erkannt werden

Eine Symbiose ist das Zusammenleben zweier Arten zum wechselseitigen Nutzen. So einfach das klingt, ist eine Symbiose nicht immer leicht zu erkennen (vergleiche die Übergangsformen, die auf S. 12 beschrieben sind). Gerade eine Abgrenzung zu Parabiosen ist oft schwierig.

Wissenschafterinnen und Wissenschafter versuchen daher – wie in der Biologie üblich – **experimentelle Nachweise** zu erbringen, dass eine Beziehung einen wechselseitigen Vorteil erbringt. Beispielhaft soll dies an der Symbiose zwischen Ameisen und Ameisenpflanzen (Gattung *Myrmecodia*) gezeigt werden (→Abb. 12 links). Die Ameisenpflanzen wachsen als Aufsitzer[1] auf anderen Pflanzen. In ihren verdickten Stängeln entstehen Hohlräume, die von Ameisen besiedelt werden. Die Ameisen profitieren vom Nektar der Pflanzen, die Pflanzen von den Mineralstoffen aus dem Kot der Ameisen. Außerdem verteidigen die Ameisen die Pflanze gegen Fressfeinde.

Soweit die Hypothese. Im Experiment wurden Ameisenpflanzen, bei denen die Ameisen entfernt wurden, mit einer Kontrollgruppe verglichen. Gemessen wurde der Blattverlust über einen gewissen Zeitraum (→Abb. 12 rechts). Es zeigt sich deutlich, dass die Pflanzen ohne Ameisen mehr Blattverlust aufweisen. Als Schlussfolgerung ergibt sich, dass die Anwesenheit der Ameisen den Blattverlust durch Fraß anderer Tiere reduziert.

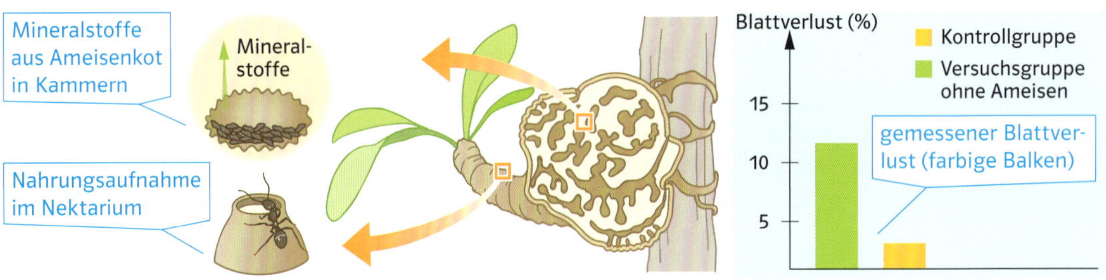

Abb. 12: Symbiose zwischen Ameisenpflanzen und Ameisen.

Symbiose ist nicht gleich Symbiose

Je nach Intensität des Zusammenlebens und der wechselseitigen Abhängigkeit unterscheidet man Allianzen, Mutualismen und Eusymbiosen

Wie bei Parasiten gibt es verschiedene Möglichkeiten, Symbiosen zu klassifizieren.

Als **Allianz** wird eine lockere, zum Teil zufällig entstehende, Gemeinschaft mit wechselseitigem Vorteil bezeichnet. Dazu gehören zB Weidegemeinschaften von Huftieren und Straußen, die gemeinsam besseren Schutz vor Raubtieren genießen. Eine engere, regelmäßige, aber meist nur kurz andauernde Gemeinschaft zwischen zwei Arten wird als **Mutualismus**[2] bezeichnet. Hierzu zählen Beziehungen zwischen blütenbestäubenden Insekten und Blütenpflanzen.

Diesen beiden Formen wird die **Eusymbiose**[3] gegenübergestellt, die echte Symbiose. Darunter versteht man eine meistens lang andauernde Gemeinschaft, zum Teil mit obligatorischen (d.h. notwendigen) Wechselbeziehungen der beiden Arten. Das vielleicht bekannteste Beispiel ist die gegenseitige Schutzgemeinschaft zwischen Clownfischen (Gattung *Amphiprion*) und Seeanemonen (→Abb. 13). Andere Beispiele stellen Flechten oder Mykorrhiza-Symbiosen dar (S. 19).

Ähnlich wie bei Parasitismus unterscheidet man Symbiosen danach, ob der kleinere Partner außerhalb oder innerhalb des größeren lebt. Bei **Ektosymbiosen** lebt der kleinere Partner außerhalb des anderen (zB Clownfisch und Seeanemone). Bei einer **Endosymbiose** lebt der kleinere Partner im Körper des größeren (zB Bakterien und Einzeller im Darm von Pflanzenfressern).

Abb. 13: Clownfische und Seeanemone. Der Fisch genießt Schutz zwischen den Tentakeln und verteidigt gleichzeitig „seine“ Seeanemone gegen räuberische Feinde.

Glossar

[1] **Aufsitzer:** Bezeichnung für Pflanzen, die nicht am Boden, sondern auf anderen Pflanzen wachsen.

[2] **Mutualismus**, vom Lateinischen *mutuus* für gegenseitig.

[3] **Eusymbiose**, vom Griechischen *eu* für gut, echt.

Die Mykorrhiza – Grundlage unserer Wälder

Die Mykorrhiza ist eine Symbiose zwischen Pilz und Pflanzen, bei denen der Pilz die Wurzeln umhüllt oder in diese eindringt

Hast du dich schon mal gefragt, warum man Champignons zu jeder Jahreszeit in beliebigen Mengen kaufen kann, Eierschwammerl oder Steinpilze aber nur im Sommer, und oft nur in begrenzten Mengen?Der Grund liegt in der Lebensweise: Während Champignons Saprophyten sind, also totes Material (Laub etc.) abbauen und entsprechend leicht kultiviert werden können, sind Steinpilze und Eierschwammerln Mykorrhizapilze. Als **Mykorrhiza**[1] bezeichnet man eine Symbiose zwischen einem Pilz und einem Baum, genauer dessen Wurzeln. Der Pilz kann ohne Baum nicht existieren, daher kann man Steinpilze und Eierschwammerln nur züchten, wenn man den Wald dazu züchtet – das „Schwammerlsuchen" im Wald ist also nicht nur ein Hobby, sondern die einzige Möglichkeit, Mykorrhizapilze zu ernten.

Struktur und Funktion

Genaugenommen ist eine Waldgemeinschaft ohne Mykorrhiza gar nicht existenzfähig. Bei dieser Symbiose wachsen die Pilzfäden – die Hyphen – in enger Beziehung zur Wurzel (→Abb. 14 oben). Der Baum liefert dem Pilz Kohlenhydrate aus der Fotosynthese. Der Pilz ernährt sich davon und erhöht im Gegenzug die Versorgung des Baums mit Wasser und Mineralsalzen aus dem Boden (→Abb. 14 unten). Dies wird dadurch erreicht, dass die Pilzfäden eine viel größere Oberfläche ermöglichen, als die Wurzel alleine hat. Das resultiert in gefördertem Wachstum des Baumes. Zusätzlich ist eine erhöhte Abwehrkraft des Baumes gegen Schwermetallbelastung nachgewiesen.

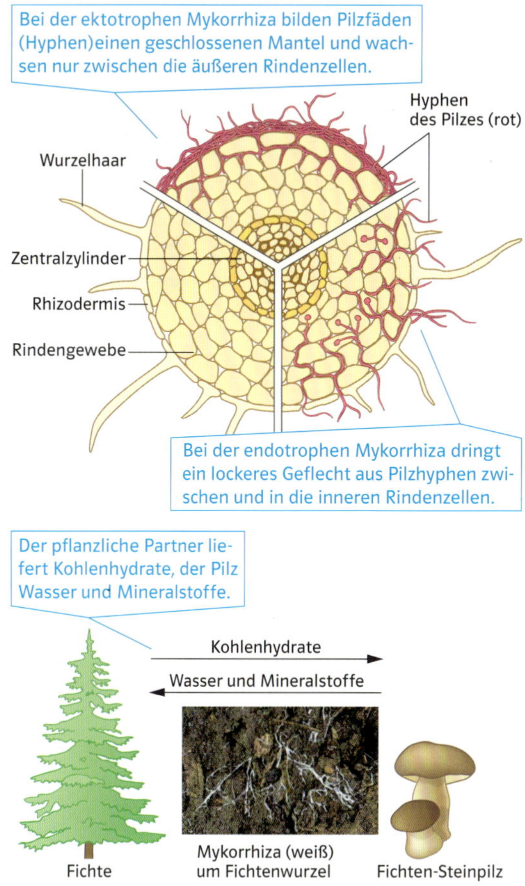

Abb. 14: Mykorrhiza. Die Zeichnung oben zeigt mögliche Wurzelquerschnitte: Ohne Mykorrhiza, mit ektotropher Mykorrhiza und endotropher Mykorrhiza

Mischlebewesen aus Algen und Pilzen: Flechten

Flechten bestehen aus Pilzen, die den Körper bilden, und Algen, die darin leben

Eine besonders enge Symbiose stellen die **Flechten** dar. Flechten wurden bis vor ca. 150 Jahren als eigene Lebewesen beschrieben, erst im 19. Jhdt. erkannte man, dass es sich um „Doppellebewesen" aus Pilzen und Algen handelt. Der Pilz bildet den Körper, der die Algen einschließt, die ihrerseits durch Fotosynthese die Ernährung sichern. Durch diese Symbiose können Flechten bestimmte Flechtensäuren und Farbstoffe produzieren, die die einzelnen Symbiosepartner alleine nicht herstellen können. Heute sind weltweit ca. 25 000 Flechtenarten bekannt. Viele davon sind Spezialisten extremer Lebensräume – so wachsen viele **Krustenflechten** auf nacktem Fels (→Abb. 15).

Andere Arten, etwa bestimmte **Bartflechten**, reagieren sehr empfindlich auf Luftverschmutzung und sind daher wichtige Zeigerorganismen für die Bewertung von Luftqualität.

Abb. 15: Krustenflechten auf Felsen

Glossar

[1] **Mykorrhiza**, vom Griechischen *mykes* für Pilz und *rhiza* für Wurzel.

Aufgaben

E **1** **Mykorrhizapilz oder nicht?** Gib an, wie du bei einem Speisepilz experimentell herausfinden kannst, ob es sich um einen Mykorrhizapilz handelt.

S **2** **Symbiose Haustier?** Argumentiere, ob es sich beim System Mensch – Haushund um eine Symbiose handelt.

Basiskonzept

Struktur und Funktion: Auch Pflanzen ohne Mykorrhiza nehmen Wasser und Mineralstoffe mit den Wurzeln auf. Der Vorteil der Symbiose besteht darin, dass die Pilzfäden die Oberfläche stark vergrößern. Du hast das Prinzip der Oberflächenvergrößerung ja schon an anderen Stellen kennengelernt.

Biologische Schädlingsbekämpfung

Was ist das Problem mit Insektiziden?

Wenn eine Zimmerpflanze an Blattlausbefall leidet, wird sie schlimmstenfalls eingehen. Getreidebäuerinnen und -bauern, die nichts gegen eine Vermehrung von Schädlingen unternehmen, werden schweren wirtschaftlichen Schaden erleiden. Gerade großflächige **Monokulturen**, also große Bestände nur einer Art (zB Weizen), bieten Pflanzenschädlinge ideale Vermehrungsbedingungen – Nahrung im Überfluss, und natürliche Feinde fehlen (meist).

Das Mittel der Wahl sind dann vielerorts **Insektizide**[1], d.h. Chemikalien zur Abtötung der Schadinsekten. Aber der Einsatz von Insektiziden hat auch negative Folgen. So sind viele Insektizide wenig spezifisch und töten auch gleich die Nutzinsekten mit ab. Überleben Schadinsekten, die zufällig resistent gegen das Insektizid sind, können sie sich ungehindert vermehren. Ein Blick auf das Lotka-Volterra-Modell (siehe am Puls 6, S. 114) zeigt einen weiteren Schwachpunkt beim Einsatz von Breitband-Insektiziden: Nach dem Einsatz erhöht sich die Beutepopulation schneller als die Räuberpopulation. Die Landwirte werden also versucht sein, wieder zum Insektizid zu greifen.

Wie kann Schädlingsbekämpfung sinnvoll erfolgen?

Alternativ zur chemischen Bekämpfung haben sich Verfahren zur **biologischen Schädlingsbekämpfung** eingebürgert. Dabei werden Arten ausgebracht, die ganz gezielt die Schädlinge fressen oder parasitieren. Besonders entwickelt ist der Einsatz von Schlupfwespenarten, ein Verfahren, das du übrigens auch im Haushalt gegen Blattläuse oder Motten einsetzen kannst.

In Abbildung 16 siehst du ein Beispiel für den Einsatz in einer Weizenkultur. Besonders wichtig ist die ständige Kontrolle der Schädlingspopulation, um den richtigen Zeitpunkt des Einsatzes nicht zu verpassen – nämlich vor der exponentiellen Zunahme der Schädlingszahl. Ein solches Schädlingsmonitoring[2] in Kombination mit biologischer Schädlingsbekämpfung (und reduziertem Einsatz chemischer Mittel) kennzeichnet den integrierten Pflanzenschutz. Dabei werden biologische, toxikologische[3] und landwirtschaftliche Maßnahmen (zB Fruchtfolge oder geeignete Kulturtechniken) aufeinander abgestimmt, um den Schädlingsbefall zu minimieren.

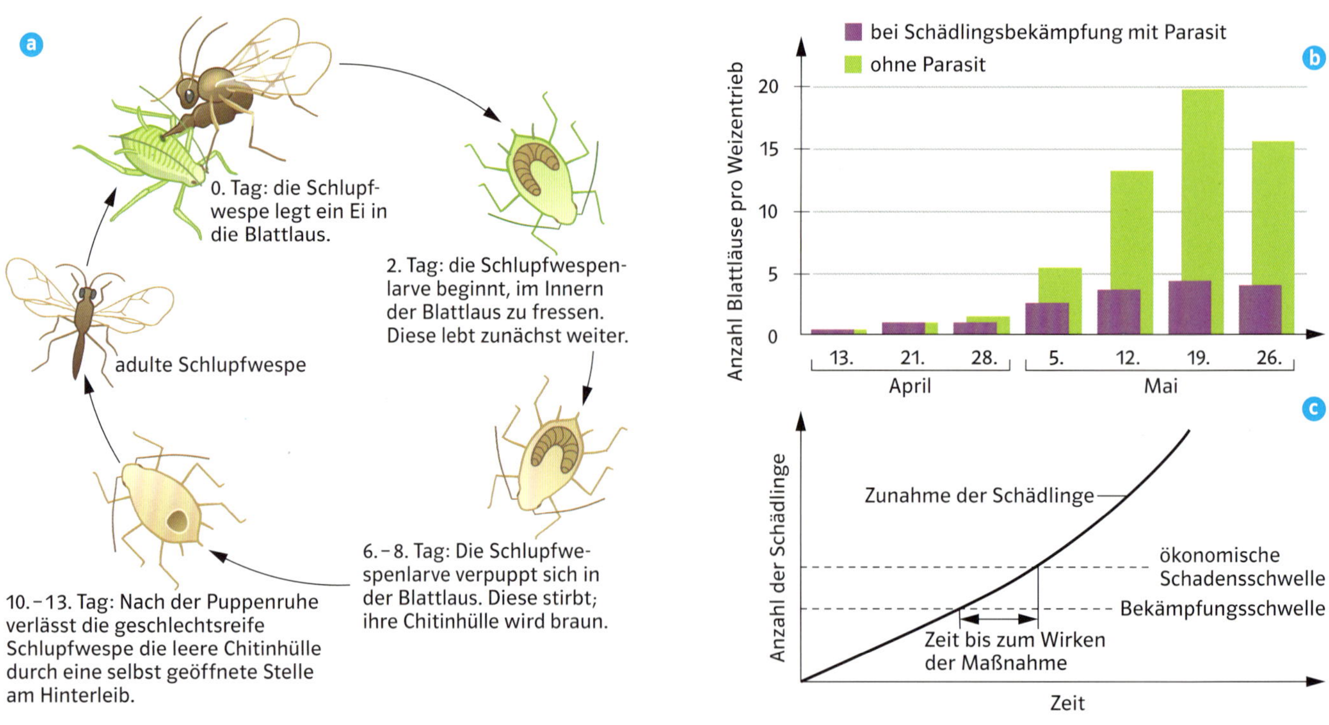

Abb.16: Raubparasiten wie die Schlupfwespe *Lysiphlebus testaceipes* werden in der biologischen Schädlingsbekämpfung eingesetzt. Gezieltes Monitoring der Schädlingspopulation ist nötig, um den Einsatz der Schlupfwespen zum richtigen Zeitpunkt durchzuführen.

Glossar

[1] **Insektizide:** Pestizide zur Bekämpfung von Insekten. Als Pestizid bezeichnet man allgemein chemische Substanzen, die Lebewesen, die als schädlich angesehen werden, töten (vom Lateinischen *pestis* für Geißel oder Seuche und *caedere* für töten).

[2] **Schädlingsmonitoring:** Überwachung der Bestände von Schädlingen.

[3] **Toxikologie:** Lehre von Giftstoffen; vom Griechischen *toxikon* (= Gift).

Aufgabe

E 1 Interpretiere Abb.16 b und c und diskutiere, wieso die Schlupfwespen möglichst genau an der „Bekämpfungsschwelle" freigesetzt werden müssen. Was passiert, wenn die Freisetzung zu früh oder zu spät erfolgt?

S 2 Im Juni 2017 hat Greenpeace eine Presseaussendung veröffentlicht, in der der Einsatz des Herbizids Glyphosat scharf kritisiert wird. Recherchiert diese Aussendung und versucht die Argumentation von Greenpeace nachzuvollziehen. Wo wird das Problem gesehen? Diskutiert die Ergebnisse in der Klasse.

Die Symbionten in unserem Darm

Kannst du Symbionten für den Darm im Supermarkt kaufen?

Wenn man den Versprechungen mancher Werbespots glaubt, können probiotische Jogurts die eigene Darmflora[1] durch zusätzliche verdauungsfördernde Bakterien stärken, um gesund und glücklich zu werden.

Ob das wirklich so ist, versucht ein Team von Mikrobiologinnen und Mikrobiologen der Universität Wien rund um Alexander Loy und David Berry (→Abb. 17) herauszufinden. Über das Forschungsprojekt „Nutrition and the Intestinal Microbiota-Host Symbiosis“ (Deutsch: Ernährung und die Mikrobiota-Wirt Symbiose im Darm) laufen seit 2013 Untersuchungen über die Symbionten in uns.

Die Artenvielfalt der **Mikrobiota**[2], die in unseren Därmen leben, ist bereits gut erforscht. Weit weniger ist aber bekannt, was die verschiedenen Lebewesen genau in uns bewirken. Es ist leicht zu mutmaßen, dass es sich um Symbionten handelt, die unsere Verdauung unterstützen. Doch was heißt das genau? Was macht welche Art denn wirklich?

Die Lebensgemeinschaft im Darm ist bei jedem von uns anders, und verändert sich auch – oft innerhalb von Stunden. Wenn du zB die Zusammensetzung deines Frühstücks veränderst, verändert sich auch die Gemeinschaft deiner Darmbakterien.

Wie du auf S. 12 erfahren hast, ist es nicht leicht, eine Symbiose als solche zu identifizieren. Sind die Bakterien in uns wirklich Symbionten? Oder handelt es sich um eine Parabiose, eventuell sogar um Parasiten?

Wie lässt sich nun herausfinden, welche Bakterien welche Funktion erfüllen? Die Wissenschafterinnen und Wissenschafter rund um Loy und Berry arbeiten mit Nahrungsbestandteilen, die mit stabilen, harmlosen nicht-radioaktiven Isotopen markiert sind. Dann verfolgen sie den Weg dieser Nährstoffmoleküle und beobachten, welche Bakterienzellen diese aufnehmen. Daneben werden Mikroorganismen mit bestimmten Methoden eingefärbt, in dem zB spezifische Farbstoffe verwendet werden, die sich an unterschiedliche DNA-Abschnitte binden. Dadurch können sie identifiziert werden.

Um dies zu beantworten, untersuchen die Forscher und Forscherinnen, wie sich die Ernährung auf den Stoff- und Energiefluss von den Mikroorganismen zu uns auswirkt. Mit Hilfe von Massenspektrometern[3] kann der Stoffwechselweg der isotopenmarkieren Nahrung verfolgt werden. Die Abteilung an der Universität Wien ist für diese Methoden weltweit anerkannt (siehe Quellenangaben unten).

Welchen Sinn hat diese Forschung?

Wer schon öfter an Darmbeschwerden gelitten hat, kann sicher verstehen, dass detailliertes Wissen über die Mikroorganismen in uns wichtig ist, um bei Problemen gezielt und treffsicher eingreifen zu können. Das Forschungsteam rund um Loy und Berry trägt also wesentlich zum Fortschritt der so genannten personalisierten Medizin bei – einem Blickwinkel der modernen Medizin, dem gegenwärtig immer mehr Bedeutung zugeschrieben wird.

Abb. 17: Das Team um Alexander Loy und David Berry beim „langen Tag des Darms“ 2014 im Museumsquartier in Wien. Die Forscherinnen und Forscher befinden sich in einem begehbaren Darmmodell und tragen ihre „Lieblings-Mikroben“ als Plüschfiguren bei sich.

Literatur:

Butler, R.N.; Kosek, M.; Krebs, N.F.; Loechl, C.U.; Loy , A.; Owino, V.O.; Zimmermann, M.B.; Morrison, D.J.: Stable Isotope Techniques for the Assessment of Host and Microbiota Response During Gastrointestinal Dysfunction. In: Journal of Pediatric Gastroenterology and & Nutrition. 2017, Jg. 64, Nr. 1, S. 8–14.

Stecher, B; Berry, D.; Loy, A.: Colonization resistance and microbial ecophysiology: using gnotobiotic mouse models and single-cell technology to explore the intestinal jungle. In: FEMS Microbiology Reviews. 2013, Jg. 37, Nr. 5, S. 793–829.

Glossar

[1] **Darmflora:** Unter dem Begriff versteht man die Gesamtheit der Mikroorganismen, die den Darm von Menschen (bzw. Tieren) besiedelt. Der Begriff „Flora“ stammt von der älteren Ansicht, dass Bakterien und Pilze zu den Pflanzen zu zählen sind. Heute werden diese Gruppen als eigene Reiche der Lebewesen – neben Pflanzen, Tieren und Einzellern – betrachtet. D.h. der Begriff Darmflora ist zwar noch gebräuchlich, aber eigentlich nicht korrekt.

[2] **Mikrobiota:** ökologische Gemeinschaft von Mikroorganismen.

[3] **Massenspektrometer:** Messgerät zum Messen der Masse von Atomen bzw. Molekülen.

Aufgabe

W 1 Dir ist vielleicht bekannt, dass man bei einer Behandlung mit Antibiotika an Übelkeit bzw. Verdauungsbeschwerden leidet. Oft wird der Verzehr von Jogurt empfohlen. Suche dazu Studien im Internet. Vergleicht eure Ergebnisse in der Klasse und diskutiert, ob alle Studien glaubwürdig sind. Webtipp: www.medizin-transparent.at.

Fragestellung, Hypothese und Methode

Wie kommen Forscherinnen und Forscher zu ihrer Forschung?

Können Forscherinnen und Forscher einfach sagen, dieses und jenes interessiert mich, das will ich herausfinden?

Ja, zumindest mit gewissen Einschränkungen. Wer an einem Universitätsinstitut oder einer Firma arbeitet, bekommt oftmals Themen von der Leitung vorgegeben, aber im Rahmen von Bachelorarbeiten, Masterarbeiten oder Dissertationen (Doktorarbeiten) gibt es vielfach große Freiheit bei der Wahl des Themas. Wie kannst du vorgehen, um ein Thema (zB im Rahmen der vorwissenschaftlichen Arbeit) naturwissenschaftlich zu untersuchen?

Zunächst musst du eine **Fragestellung** finden, die du zu beantworten versuchst. Diese Fragestellung geht meist Hand in Hand mit einer **Hypothese**, die deiner Arbeit zu Grunde liegt.

Ein Beispiel für eine Fragestellung wäre: „Wie ändert sich die Wuchsleistung von Wasserpflanzen bei unterschiedlichen Lichtverhältnissen?" Dieser Fragestellung können verschiedene Hypothesen zu Grunde liegen. Du könntest vermuten, dass eine Erhöhung der Lichtintensität die Wuchsleistung erhöht, oder senkt, oder dass dies je nach Art des Lichts bzw. der Pflanze unterschiedlich ist, etc.

Eine **gute Fragestellung** ist der Schlüssel zu einer erfolgreichen wissenschaftlichen Untersuchung. Ist die Fragestellung zu weit gefasst oder zu allgemein, wirst du sie wahrscheinlich nicht zufriedenstellend beantworten können, etwa „Wie wachsen Wasserpflanzen bei Veränderung von Umweltfaktoren?" Alle Umweltfaktoren zu untersuchen übersteigt selbst den Rahmen einer Doktorarbeit.

Ist sie zu eng gefasst, kann es sein, dass die Antwort zu leicht zu finden ist. Grundsätzlich schlecht geeignet sind daher Fragestellungen, die mit Ja oder Nein zu beantworten sind, oder durch einmaliges Nachschlagen zu beantworten sind, so zB die Frage „Wachsen Wasserpflanzen auch ohne Licht?"

Mit deiner Fragestellung legst du ein Ziel für deine Arbeit vor – und entscheidest, ob du dieses Ziel im Rahmen der Vorgaben gut erreichen kannst.

Abb. 18: Ein Forschungsteam untersucht ein Gewässer.

Über Leitfragen zur Fragestellung

Um zu einer guten Fragestellung zu kommen, formuliere zunächst **Leitfragen**. Diese stellen die Ausgangspunkte deiner Arbeit dar, helfen dir also, ins Thema zu finden. Durch die Beschäftigung mit den Leitfragen engst du den Themenbereich ein, präzisierst deine Fragestellung und verschaffst dir einen Fokus auf dein Thema.

Günstig ist, mit unterschiedlichen W-Fragen (wie, was, warum, wann, wer, wo?) zu beginnen und diese dann miteinander in Verbindung zu bringen.

Beispiele für Leitfragen:

- Welche Gruppen von Wasserpflanzen gibt es?
- Wie lässt sich Wuchsleistung von Pflanzen messen?
- Welche Wasserpflanzen sind für Versuche verfügbar/geeignet?
- Welche ökologischen Faktoren spielen für das Wachstum von Wasserpflanzen eine Rolle?
- Welche experimentellen Aufbauten sind denkbar?

Diese Leitfragen könnten zB zu unserer bereits genannten Fragestellung führen: „Wie ändert sich die Wuchsleistung von Wasserpflanzen bei unterschiedlichen Lichtbedingungen?"

Fragestellung und Methode

Zur Beantwortung deiner Fragestellung musst du eine bestimmte Methode anwenden. Grundsätzlich wird zwischen reproduktiven und produktiven Arbeiten unterschieden.

- Bei **reproduktiven Arbeiten** greifst du auf vorhandene Daten zurück (man spricht auch von einer Literaturarbeit).
- Bei **produktiven Arbeiten** schaffst du neue Daten – mithilfe einer empirischen Methode (ebenfalls auf Basis von Literatur zu deinem Thema).

Zu den empirischen Methoden zählen **Interviews**, **Umfragen**, **Beobachtungen** oder **Experimente**.

Bedenke, dass nicht jede Methode zur Beantwortung aller Fragestellungen geeignet ist. Willst du zB herausfinden, ob totalitäre Regierungen in der Vergangenheit anders als demokratische mit der Frage umgegangen sind, ob Evolutionstheorie Teil der Lehrpläne sein sollen, wirst du reproduktiv arbeiten. Willst du wissen, wie der Mineralstoffgehalt von Stillgewässern mit der Wasserklarheit korreliert, wirst du eine produktive Arbeit (mit Experimenten, siehe Nebenseite) durchführen.

Aufgaben

1 Leitfragen.

Formuliere fünf Leitfragen zur Fragestellung „Wie ändert sich die Wuchsleistung von Landpflanzen bei unterschiedlichen Lichtverhältnissen?“

2 Fragestellungen.

Entscheide, welche der hier genannten Fragestellungen gut bzw. weniger gut für eine wissenschaftliche Arbeit geeignet sind. Begründe deine Entscheidung mit jeweils ein bis zwei Sätzen.

a. Seit wann ist Biologie und Umweltkunde ein eigener Unterrichtsgegenstand in Österreich?

b. Welche ökologischen Faktoren beeinflussen Asseln in der Wahl ihres Lebensraumes?

c. Zeigen Hauskatzen dieselben Bewegungsmuster wie Wildkatzen?

d. Gibt es einen Zusammenhang zwischen Alter, Geschlecht, und gesunder Ernährung?

Modifiziere die ungeeigneten Fragestellungen so, dass sie besser geeignet sind. Überlege dann zu jeder Fragstellung, welche Methode für ihre Beantwortung angewendet werden könnte.

3 Experiment und Fragestellung.

In den Naturwissenschaften kommen oft Experimente als Methode zum Einsatz. Natalie hat unter anderem zwei kleine Paradeiserpflanzen in Töpfe gesetzt, zwei weitere Töpfe blieben leer. Vor dem Versuch hat sie das Gewicht der Pflanzen und der (im Ofen getrockneten) Erde notiert. Alle vier Töpfe wurden mit derselben Menge an Wasser gegossen. Nach acht Wochen hat Natalie wiederum Pflanzen und Erde gewogen (→Abb. 19).

Überlege, welche Fragestellung Natalie mit diesem Experiment beantworten wollte, welche Hypothese zu Grunde lag und wie das Ergebnis zu interpretieren wäre. Begründe dazu, warum sie vier und nicht nur zwei Töpfe verwendet hat.

Gewicht der Pflanze zu Beginn	6 g	6 g	–	–
Trockengewicht der Erde zu Beginn	40 g	40 g	40 g	40 g
Gewicht der Pflanze nach 8 Wochen	32 g	38 g	–	–
Trockengewicht der Erde nach 8 Wochen	38,5 g	39 g	39,5 g	39 g

Abb. 19: Ergebnisse des Experiments aus Aufgabe 3

4 Experimente variieren.

Kilian will anhand eines Experiments überprüfen, ob der ökologische Faktor Licht für die Keimung von Pflanzen notwendig ist. Seine Betreuungslehrerin meint, die Fragestellung sei zu eng, und empfiehlt, diese so auszuweiten, dass mehrere ökologische Faktoren eingeschlossen werden. Überlege anhand von Abbildung 20, welche Varianten des Experiments Kilian durchführen sollte und welche Faktoren er untersuchen soll. Plane möglichst genau, wie er die Versuchsreihe durchführen soll, um zu guten Ergebnissen zu kommen.

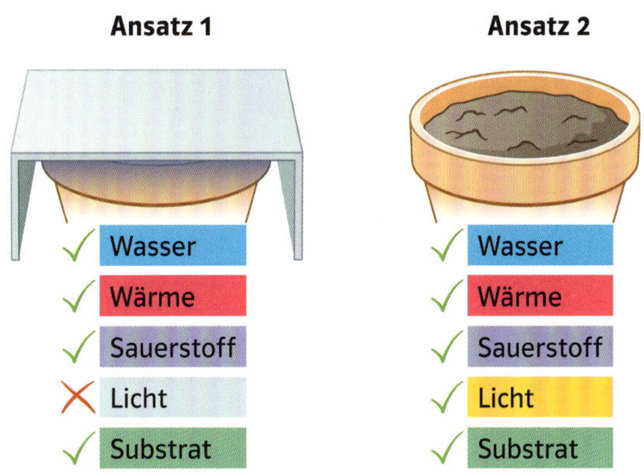

Abb. 20: Experiment zu Aufgabe 4

5 Korrelationen von empirischen Daten.

Kerem will den Mineralstoffgehalt mehrerer kleiner Teiche in der Nähe seiner Schule bestimmen. Dazu untersucht er zwei Faktoren: Erstens bestimmt er die Sichttiefe mit Hilfe einer hellen Scheibe mit schwarzem Kreuz (ähnlich einer Secchi-Scheibe[2]) (→Abb. 21), zweitens führt er einen quantitativen Nachweis von Nitrat-, Ammonium- und Phosphat-Ionen sowie von Sauerstoff durch (mittels eines kommerziell erhältlichen Test-Sets). Überlege, von welcher Hypothese Kerem hinsichtlich der Korrelation[1] (dem Zusammenhang) der beiden Ergebnisse ausgehen könnte.

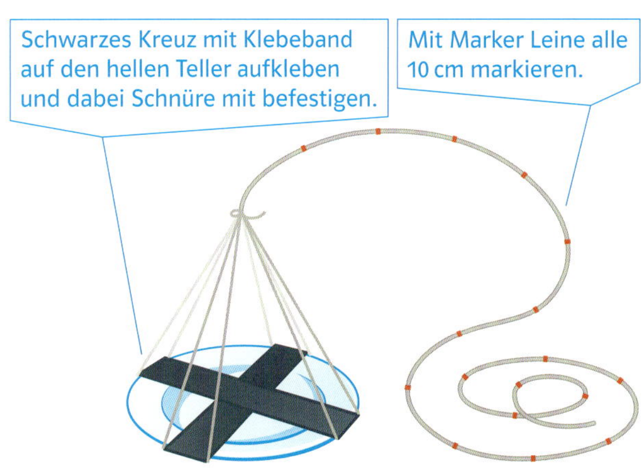

Abb. 21: Material zu Experiment von Aufgabe 5 (Secchi-Scheibe)

Glossar

[1] **Korrelation:** (von Lateinisch *correlatio* für Wechselbeziehung) ist die Beziehung oder der Zusammenhang von zwei (oder mehr) Aspekten, Ereignissen, Ergebnissen, Merkmalen etc.

[2] **Secchi-Scheibe:** Von Angelo Secchi 1865 entwickeltes Hilfsmittel zur Ermittlung der Sichttiefe in Gewässern.

Kompetenz-Check: Parasiten und Symbionten

Was hast du in diesem Kapitel gelernt?

Lösungen
z6f42c

- ✓ Du hast einen Überblick über die Wechselbeziehungen zwischen Arten und weißt, dass es zwischen diesen Beziehungen Übergänge gibt.
- ✓ Du kennst die verschiedenen Typen von Parasitismus und der Symbiose und kannst Beispiele dazu nennen.
- ✓ Du kannst die Begriffe Wirtswechsel, End-, Zwischen-, und Fehlwirt erklären und anhand eines Beispiels erläutern.
- ✓ Du weißt über einige Parasiten des Menschen Bescheid.
- ✓ Du kannst erklären, warum Brut- und Raubparasiten Sonder- bzw. Grenzfälle von Parasitismus darstellen.
- ✓ Du kannst Fragen zur Bedeutung von Parasiten und Symbiosen im Kontext kritisch beurteilen und Argumente für ihre evolutionäre Entwicklung (bis hin zur Wirtsspezifität) nennen.
- ✓ Du hast gelernt, dass der Nachweis von Symbiosen experimentell geführt werden kann und kannst dir eine reflektierte Meinung bilden, warum dieser experimentelle Nachweis von Bedeutung ist.
- ✓ Du kannst die Tatsache, dass Parasiten nicht „böse“ oder „schlecht“ sind, mit biologischen Argumenten belegen. Du kannst in diesem Kontext auch die Anwendung und wirtschaftliche Bedeutung von Parasiten für die biologische Schädlingsbekämpfung erklären.

Du kannst dir Fachwissen aneignen und kommunizieren

W 1 Erkläre die folgenden Begriffe: Parabiose – Ektoparasit – Endoparasit – Symbiont – Mutualismus – Eusymbiose – Mykorrhiza. Nenne zu jedem Begriff auch ein konkretes Beispiel.

W 2 Suche im Internet nach Bildern, die einen Flechtenkörper im Querschnitt zeigen. Vergleiche die gefundenen Abbildungen mit Abb. 22 und versuche Übereinstimmungen zu erkennen. Beschrifte dann die markierten Teile mit den Begriffen „Markschicht“, „obere Rindenschicht“, „untere Rindenschicht“, „Pilzfäden“, „Algenzelle“.

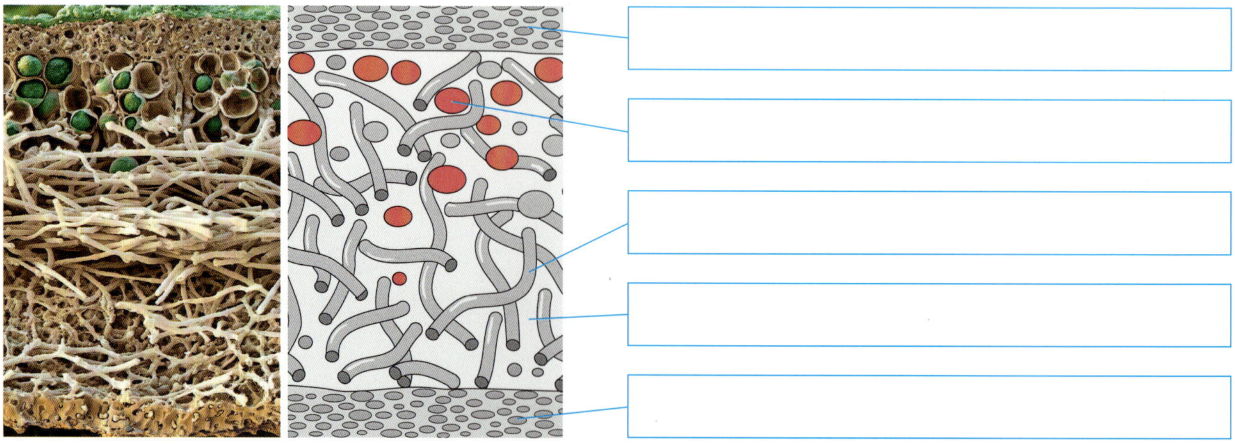

Abb. 22: Querschnitt einer Flechte. Links: Mikroskopische Aufnahme; **rechts:** Schema

W 3 Grenze die Begriffe Echte Parasiten, Parasitoide und Räuber gegeneinander ab, indem du eine Tabelle erstellst und wesentliche Unterschiede der drei Gruppen gegenüberstellst.

Du kannst Erkenntnisse gewinnen

E 1 Der Mensch ist Lebensraum vieler Organismen. Neben harmlosen Parabionten (etwa Bakterien auf unserer Haut) gibt es eine Vielzahl von Parasiten, die den Menschen schädigen können (Abb. 23).
Teilt euch in Gruppen. Jede Gruppe wählt (oder lost) einen Parasiten aus Abb. 23 aus. Beschreibt dann „euren" Parasiten (verwende dazu die Begriffe von S. 15).
Suche Daten und Ergebnisse zur Lebensweise und zu Folgen eines Befalls des Menschen sowie Therapien und analysiere diese. Verfasse aus diesen Informationen einen kurzen Steckbrief.

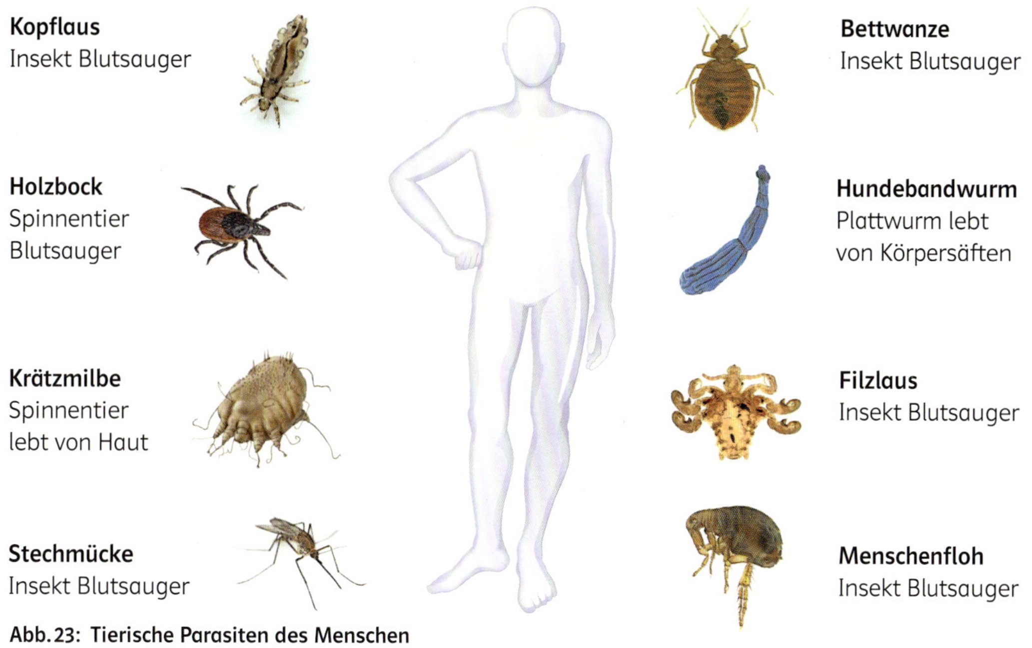

Abb. 23: Tierische Parasiten des Menschen

E 2 Recherchiere Maßnahmen zur Verhinderung eines Befalles. Stelle danach Vermutungen auf, welche Maßnahmen einen Befall mit Eiern des Fuchsbandwurms verhindern können, und begründe, warum Menschen, die sich mit Eiern von Fuchsbandwürmern infizieren, an diesem Befall sterben können, wenn Parasiten doch ihre Wirte nur in seltenen Fällen töten.

Du kannst Standpunkte begründen und reflektiert handeln

S 1 An milden Sommerabenden sind Gelsen in vielen Teilen Österreichs eine Plage. Vielfach werden die Tiere in Gesprächen rund um einen Heurigentisch als „lästig" oder „unnötig" bezeichnet. Generell haben Parasiten keinen guten „Ruf". Reflektiere, inwiefern dieser Ruf ungerechtfertigt ist und formuliere sachliche Argumente, mit denen du die Existenz und Bedeutung von Parasiten erklären kannst – auch in dem o. g. Gespräch rund um den Heurigentisch.

S 2 Abbildung 24 zeigt dir die Populationsentwicklungen des Kartoffelkäfers (eines Schädlings an Kartoffeln) und der nordamerikanischen Raupenfliege (eines Raubparasiten des Kartoffelkäfers, der zur biologischen Schädlingsbekämpfung eingesetzt wird). Im 16. Jahr kommt es zu einem sehr starken Anstieg der Schädlingspopulation. Überlege und begründe, ob es sinnvoll ist, hier ein chemisches Insektizid einzusetzen. Skizziere eine mögliche Populationsentwicklung, wenn dieser Einsatz erfolgt wäre und diskutiere mögliche Folgen.

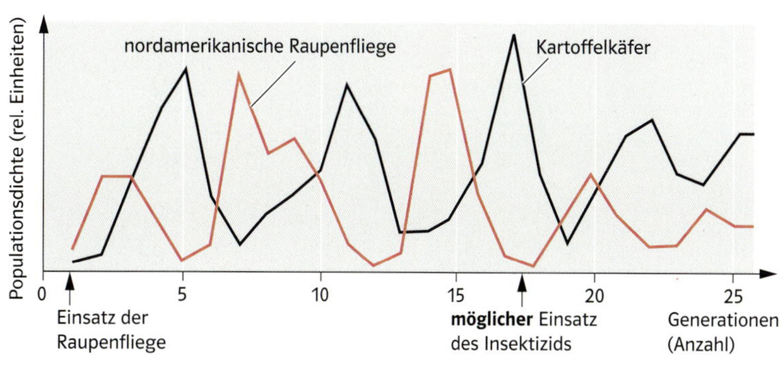

Abb. 24: Populationsentwicklung von Kartoffelkäfern und Raubfliegen über mehrere Jahre.

2. Krankheitserreger

Bonusmaterial
x3ti8x

Du lernst in diesem Kapitel ...

W Wissen organisieren

... Du lernst verschiedene Krankheitserreger kennen.
... Du erfährst etwas über die Symptome von weit verbreiteten Krankheiten wie Masern, AIDS, Borreliose und Scharlach.
... Du erkennst, dass der Erreger von Malaria ein Einzeller ist, der sowohl eine bestimmte Mückenart als auch den Menschen für die Vollendung seines Lebenszyklus benötigt.

E Erkenntnisse gewinnen

... Du testest anhand von Fingerabdrücken in Petrischalen, die mit Nährmedium gefüllt sind, wie sich die Bakterienanzahl auf deiner Haut verändert, wenn du dir die Hände wäschst oder Desinfektionsmittel benutzt.
... Du untersuchst verschiedene Getränke auf das Vorkommen einer Substanz, die in der Behandlung von Malaria eingesetzt wird.

S Schlüsse ziehen

... Du verstehst, dass Viren keine Bakterien sind und daher nicht mit Antibiotika bekämpft werden können.
... Du entwickelst Vorschläge für die Eindämmung von Malaria bzw. dem Vermeiden einer Lebensmittelvergiftung.

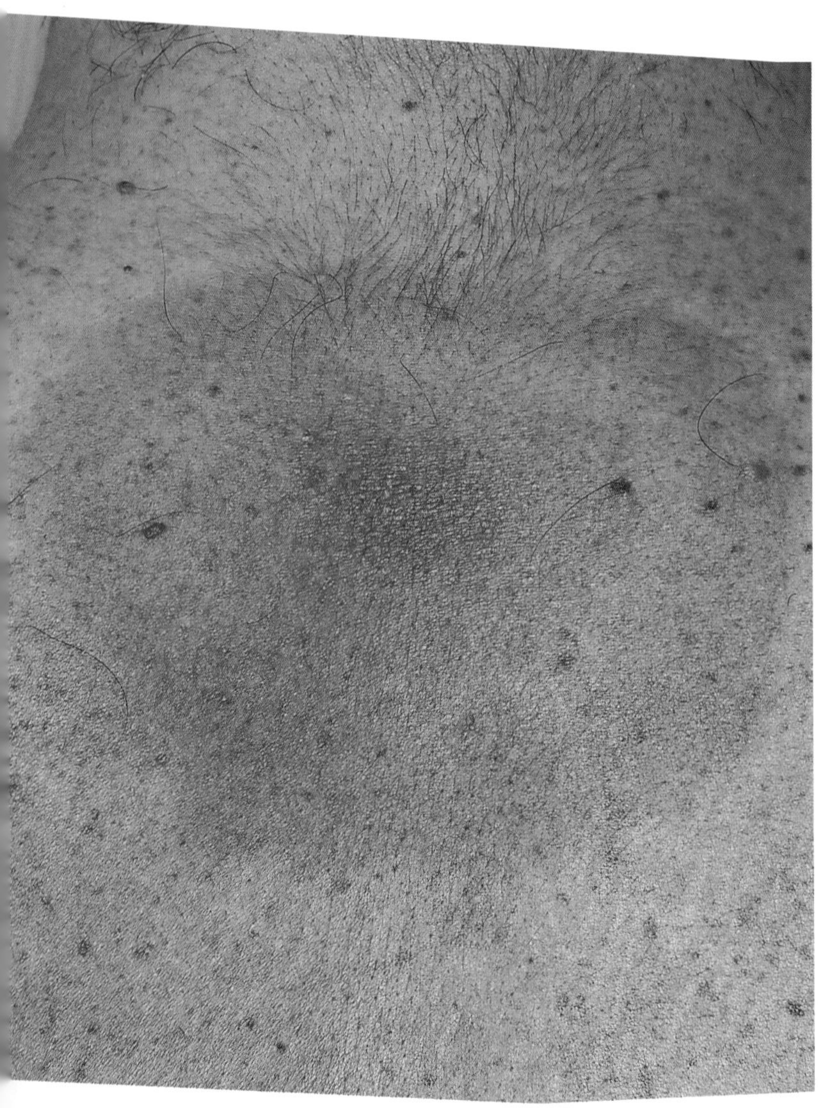

» Die unschönen Folgen der Wanderröte

Wenn du irgendwo auf deinem Körper einen roten Fleck entdeckst, der sich langsam ausbreitet (→ Abb. links), ist die Wahrscheinlichkeit groß, dass du an Borreliose erkrankt bist.

Die Ursache dafür war ein Zeckenbiss, der wenige Tage oder gar ein Monat zurückliegen kann. Beim Biss gelangten Borreliose-Bakterien aus dem Zeckendarm in dein Blut. Fieber, Kopf- oder Gelenkschmerzen können die Folge sein. Unbehandelt kann die Krankheit zu Taubheitsgefühlen, Lähmungen im Gesichtsbereich, und Hirnhautentzündung führen.

Die „Wanderröte" tritt nur bei 50–80 % der Erkrankten auf. Daher sollte auch bei anderen Symptomen ein Arzt/eine Ärztin aufgesucht werden. Die Bakterien werden mit Antibiotika abgetötet.

Allerdings wird man nicht automatisch nach jedem Zeckenbiss krank. Einerseits sind nicht alle Zecken Borreliose-Träger. Andererseits kann das Immunsystem des Körpers oft mit einer Infektion fertig werden.

2.1 Hygiene und Vorsorge

Händewaschen als Hygienemaßnahme

Hygiene: Bedingungen und Handlungen, die die Gesundheit erhalten und die Ausbreitung von Krankheiten verhindern

Im Bus die Halteschlaufe fest im Griff, „give me five" mit dem niesenden Freund, auf der Toilette gewesen: Es gibt viele Anlässe, nach denen man sich die **Hände waschen** sollte, um das **Risiko einer Kontakt-Infektion zu minimieren (→Abb. 1)**.

In Österreich ist es selbstverständlich, Zugang zu sauberem Wasser und Seife zu haben. Das sieht anderswo ganz anders aus. Die WHO berichtete für 2015, dass in den ärmsten Ländern der Erde nur 27% der Menschen Zugang zu **Handwaschmöglichkeiten mit Seife und sauberem Wasser** hatten. Weiterhin mussten sich 892 Millionen Menschen im Freien entleeren, weil ihnen **keine Toiletten**, geschweige denn solche mit Anschluss an ein Klärsystem zur Verfügung standen.

Hygiene hat viele Facetten. Hände-Waschen ist nur eine davon. Hygiene umfasst u.a. die **Intimpflege, den sachgerechten Umgang mit Lebensmitteln, Reinlichkeit im Lebensumfeld**. Auch in der **Medizin** ist Hygiene von grundlegender Bedeutung (siehe „Blick in die Forschung", S. 45).

Andererseits scheint es der Gesundheit nicht zu dienen, aus Furcht vor Mikroorganismen im Haushalt Desinfektionsmittel einzusetzen oder Kindern das Spielen „im Dreck" zu untersagen: So ist seit Jahren bekannt, dass auf einem Bauernhof aufwachsende Kinder wesentlich seltener

Abb. 1: Zugang zu sauberem Wasser und Seife ist nicht für alle Menschen selbstverständlich.

unter Allergien und Asthma (siehe S. 28) leiden als Stadtkinder. Der frühzeitige Kontakt mit Mikroorganismen im Stall scheint das Immunsystem besser zu ‚trainieren'.

Neuere Forschungen zeigen, dass zudem eine Substanz namens **Sialinsäure Neu5Gc** eine wichtige Rolle spielen könnte: Dieser Stoff wird von vielen Huftieren produziert und scheint im Menschen die Immunreaktion auf allergieauslösende Moleküle zu verringern.

Ein zu **häufiger Gebrauch von Seife** zerstört zudem den Fettfilm auf der Haut. Dieser schützt vor Austrocknung und durch einen pH-Wert von 5,5 auch vor vielen Bakterien.

Hygiene im Intimbereich und ärztliche Vorsorge-Untersuchungen

Intimpflege besser ohne Seife

Ab der Pubertät nimmt der Körpergeruch zu, weil die Hautdrüsen **mehr Schweiß** produzieren. Manche Jugendlichen greifen nun verstärkt zu Deos. Produkte mit Aluminium sollten jedoch vermieden werden, weil dadurch möglicherweise Brustkrebs ausgelöst werden kann.

Doch auch im Intimbereich ändert sich etwas: Bei Männern sammeln sich auf der Eichel Reste von Hautzellen und Sperma an, das so genannte **Smegma**. Daher sollte die Eichel regelmäßig mit warmem Wasser gereinigt werden. Weißfluss und Regelblutung bei Frauen verlangen eine besondere Scheidenhygiene, um Infektionen mit Bakterien, Pilzen oder Viren weitgehend zu vermeiden. Daher sollte der **Intimbereich außen regelmäßig gewaschen** werden. Das Scheideninnere reinigt sich durch den Weißfluss von selbst.

Eichel und Scheide sollten **nur mit Wasser oder allenfalls Haut-neutraler Seife** in Kontakt kommen, um die natürliche Besiedlung durch Milchsäurebakterien zu erhalten.

Bei Unklarheiten oder Sorgen sollte ein Arzt oder eine Ärztin um Rat gefragt werden.

Jede Frau sollte einmal jährlich zur Kontrolle zu einem Frauenarzt oder einer Frauenärztin gehen. Vor dem ersten Besuch sind junge Frauen oft nervös. Dennoch sind diese Termine ab der Geschlechtsreife wichtig, da bei Vorsorgeuntersuchungen überprüft wird, ob bei den inneren und äußeren Geschlechtsorganen alles in Ordnung ist. Beispielsweise wird die **Brust auf Knoten (Brustkrebs) abgetastet und ein so genannter Abstrich von Zellen am Gebärmutterhals und Muttermund gemacht als Test auf Gebärmutterhalskrebs**.

Männer sollten ihre Geschlechtsorgane ebenfalls regelmäßig untersuchen. Wenn **Knoten am Hoden** zu spüren sind, sollte ein Urologe oder eine Urologin aufgesucht werden. Auch wenn nichts Ungewöhnliches zu bemerken ist, ist ein regelmäßiger Arztbesuch ratsam. In Österreich ist eine Vorsorgeuntersuchung für Personen ab dem vollendeten 18. Lebensjahr einmal jährlich kostenlos.

Reinlichkeit im Lebensumfeld

Weniger Staub = weniger Asthmaanfälle

Die persönliche Hygiene beschränkt sich nicht auf das Händewaschen. Bereits beim Betreten einer Wohnung kann man eine Menge Schmutz mit möglicherweise daran haftenden Erregern draußen lassen, indem man sich die Straßenschuhe auszieht. Wer unter Hausstauballergie bzw. Asthma leidet (siehe unten), sollte auf Teppiche, Vorhänge, offene Bücherregale etc. verzichten. Holz- oder Fliesenböden lassen sich wesentlich besser reinigen. **Regelmäßiges Staubsaugen bzw. Wischen** reduziert die Staubmenge (und damit den Hausstaubmilbenkot) erheblich. Menschen mit Asthma ist zu empfehlen, so genannte **HEPA-Mikrofilter** in den Staubsauger einzusetzen (→ Abb. 2). Sie filtern selbst kleinste Partikel aus der Saugerabluft, die ohne diese Filter zurück in den Raum geblasen werden.

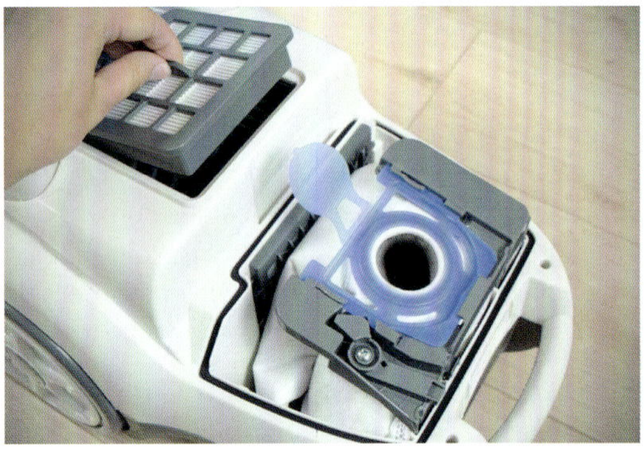

Hygiene gilt natürlich ganz besonders für Toilette und Bad, wo auf **Sauberkeit der Sanitäreinrichtungen** zu achten ist – etwa durch Benutzen der WC-Bürste und dem Vermeiden von Schimmelbildung bei zu hoher Luftfeuchtigkeit durch Lüften. **Hygiene in der Küche** bedeutet u. a., sorgsam mit Lebensmitteln umzugehen. So sollte man nur so viel einkaufen, wie gegessen werden kann, um das Verderben von Lebensmitteln zu vermeiden, und verderbliche Waren ausreichend kühl aufbewahren. Verschimmelte Lebensmittel sollten umgehend entfernt und benutztes Geschirr sofort abgewaschen werden, damit sich auf den Essensresten keine Pilze ausbreiten können. Küchenschwämme müssen regelmäßig erneuert werden, da sie viel Feuchtigkeit speichern und so einen idealen Lebensraum für viele Mikroorganismen darstellen. Auch Schneidbretter und Arbeitsplatten in der Küche gehören regelmäßig gereinigt.

Abb. 2: HEPA-Filter für Staubsauger gegen Feinstaubpartikel und Milbenkot (HEPA = High Efficiency Particulate Air filter).

Asthma: Atemnot durch Allergene

Asthma wird meist durch eine Überreizung des Immunsystems ausgelöst, aber auch durch Kälte oder veränderte Luftfeuchte

Asthma ist eine Erkrankung, die auf Allergien (s. am Puls Band 6) beruht. Bei einem Asthmaanfall empfindet die betroffene Person starke Atemnot, die oft mit trockenem Husten, Kurzatmigkeit und einem Engegefühl im Brustkorb einhergeht. Meist sind pfeifende Atemgeräusche zu hören, das so genannte „Giemen". In den meisten Fällen ist die Ursache eine Hausstaubmilbenallergie. Die Überreizung des Immunsystems wird durch den Kot der Milbe hervorgerufen. Bei manchen Patientinnen und Patienten hilft eine so genannte Desensibilisierungstherapie. Hier wird über mehrere Jahre hinweg das Allergen in abgeschwächter Form unter die Haut gespritzt. In schlimmen Fällen kann eine Kur in Heilbädern beantragt werden.

Eine wichtige Rolle spielt die Psyche. Atemnot erzeugt Angstgefühle, die sich wiederum negativ auf das Atmen auswirken. Man kann trainieren, im Falle von Atemnot mit gezielten Übungen das Atmen zu beruhigen.

Auch kalte Luft oder starke Veränderungen der Luftfeuchte können einen Asthmaanfall auslösen, weil sich die Bronchien plötzlich verengen.

Medikamentös kann Asthma fast immer gut mit Inhalationssprays behandelt werden. Bei leichteren Atembeschwerden genügen Wirkstoffe wie Salbutamol, die die Bronchien erweitern. Schwere Asthmaanfälle müssen mit Cortison behandelt werden. Diese Substanz unterdrückt die überreizte Immunantwort des Körpers. Unmittelbar nach Einatmen von Cortison muss der Mund gründlich ausgespült werden. Andernfalls könnte ein Pilz aufgrund der herunterregulierten Immunabwehr die Mundschleimhaut befallen (siehe S. 43).

Schweres und chronisches Asthma wird oft medikamentös mit Tabletten behandelt. Doch kann das natürlich ebenfalls, zB bei Einnahme von Cortison, starke Nebenwirkungen hervorrufen.

In den letzten Jahren erlebte die Forschung an Medikamenten gegen Asthma jedoch einige größere Erfolge. Neben der Verfeinerung der bereits erwähnten Methoden scheinen insbesondere spezifische Antikörpertherapien sehr vielversprechend zu sein. Dabei werden künstlich erzeugte Antikörper gespritzt, die sich zB an bestimmte Rezeptoren heften und dadurch die Allergiereaktion drosseln.

Impfungen beugen der Ausbreitung vieler Krankheiten vor

Impfen bereitet das Immunsystem auf einen Erreger vor, wird aber von manchen Menschen abgelehnt

Einige Krankheitserreger wie das Masern-Virus können durch eine Impfung erfolgreich an der Ausbreitung gehindert werden, während bei anderen wie HIV, Borrelien, Plasmodium derzeit kein Impfmittel existiert (du wirst diese Erreger in diesem Kapitel noch näher kennenlernen). In vielen Laboren weltweit wird an Impfstoffen geforscht. Manchmal hat eine Impfung **Nebenwirkungen**, weshalb diese Methode von manchen abgelehnt wird. Andere glauben, dass das erfolgreiche Durchleben einer Krankheit den Körper letztlich stärkt und wichtig für die Entwicklung ist.

Die möglichen Auswirkungen der Krankheiten, gegen die geimpft werden kann, sind allerdings wesentlich dramatischer. Eine Impfung ist daher die Folge einer **Kosten-Nutzung-Abwägung**: der sehr seltene Fall einer schwerwiegenden Nebenwirkung eines Impfstoffes auf der einen, die deutlich höhere Wahrscheinlichkeit, dass Erreger in einer nicht geimpften Person eine Krankheit mit oft sehr schweren, zuweilen gar tödlichen Folgen hervorrufen, auf der anderen Seite. (Falls du nicht mehr genau weißt, wie eine Impfung funktioniert, kannst du das in Band 6, Kapitel 6 nachlesen.)

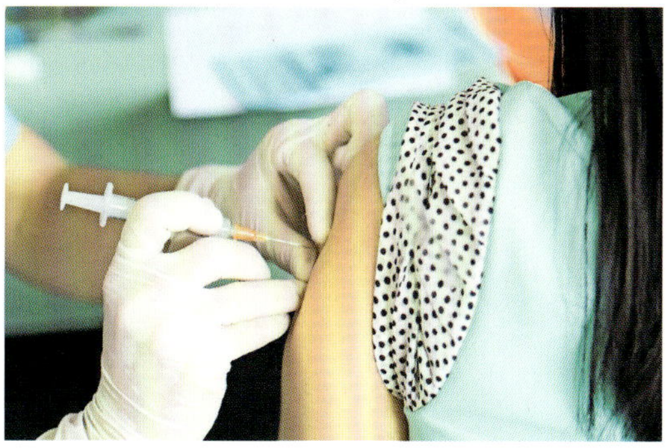

Abb. 3: Impfung gegen einige HPV-Typen

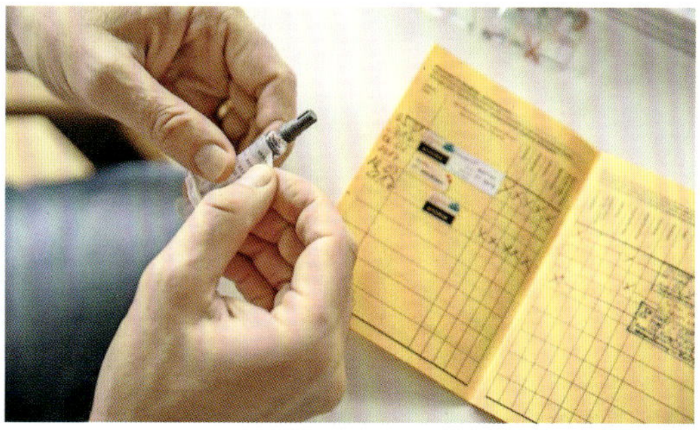

Abb. 4: Im Impfausweis werden Informationen zu verabreichten Impfungen gesammelt.

HPV-Impfung: Ändert ein Impfschutz das Verhalten?

Die HPV-Impfung schützt gegen einige Viren, die Krebs in der Gebärmutter oder am Penis hervorufen können

Manche Impfungen sind auch aus anderen Gründen umstritten. So wird seit einigen Jahren verstärkt über **Humane Papilloma Viren (HPV)** berichtet. Mittlerweile kennt man über 100 verschiedene HPV-Typen. Die **Infektion erfolgt meist beim Geschlechtsverkehr**, doch können sich Babys zB bei der Geburt anstecken. Eine Infektion mit harmlosen HPV-Typen bleibt oft folgenlos; sie werden von der Immunabwehr erfolgreich bekämpft.

Manche können jedoch Warzen erzeugen. Einige HPV-Typen sind krebserregend und führen zu Geschwüren bzw. zu bösartigen Schleimhautveränderungen in der **Gebärmutter (Gebärmutterhalskrebs), am Penis oder im After**. In Österreich ist die Impfung gegen diese HPV-Typen mittlerweile Teil der 9-fach-Impfung, d.h. gegen neun HPV-Typen. Die Impfung erfolgt zwischen dem 9. und 15. Lebensjahr. Sie schützt nur gegen bestimmte Viren-Typen. Ob eine Auffrischung vonnöten ist, wird derzeit noch erforscht. Das Risiko einer Infektion kann auch durch Verzicht auf Sex mit wechselnden Partnern sowie durch die Benutzung von Kondomen gesenkt werden.

Gegnerinnen und Gegner der HPV-Impfung argumentieren, dass abgesehen von möglichen Nebenwirkungen auch das Sexualverhalten sorgloser werden könnte: Wenn man weiß, dass man geimpft ist, sinkt möglicherweise die Angst vor Ansteckung.

Diese Befürchtung ist nicht ganz von der Hand zu weisen. Beispielsweise scheint die Furcht vor AIDS (siehe S. 36) in den Ländern zurückzugehen, in denen Medikamente zur Verfügung stehen, die den Ausbruch von AIDS im Körper hinauszögern oder gar verhindern. Das zeigt sich u.a. im geringerem Einsatz von Kondomen. Ein derartiges Verhalten ist verantwortungslos. Denn man riskiert nicht nur die eigene Ansteckung, sondern auch die des Partners oder der Partnerin, da gerade bei wechselnden Sexualpartnern und -partnerinnen nicht ausgeschlossen werden kann, dass man den Erreger einer Geschlechtskrankheit unbemerkt in sich trägt. Der sicherste Schutz gegen diese Krankheiten ist daher **gegenseitige sexuelle Treue und der Gebrauch von Kondomen.** Letzteres gilt für den Fall, dass Unsicherheit besteht, ob die Partnerin oder der Partner oder man selber den Erreger einer Geschlechtskrankheit in sich trägt.

Aufgabe

W, S **1** Erstelle eine Liste mit Argumenten für oder gegen eine bestimmte Impfung. Nutze dazu Informationen aus diesem Kapitel und weitere Informationen aus Büchern, dem Internet oder Meinungen von Verwandten und dem Freundeskreis. Begründe schriftlich, warum du diese Impfung befürwortest oder ablehnst.

2.2 Krank durch Krankheitserreger

Ursachen von Krankheiten

Einige Prionen, Viren, Bakterien, Pilze und Protozoen verursachen Infektionskrankheiten

Wenn du dich matt fühlst, deine Nase rinnt und das Fieberthermometer erhöhte Werte zeigt, dann bist du wahrscheinlich **erkältet**. Ist das Fieber sehr hoch (meist deutlich über 38.5 °C) und schmerzen Kopf und Glieder, dann leidest du vermutlich unter einer **Grippe**. Beide Krankheiten werden von **Viren** hervorgerufen. Eine Einnahme von Antibiotika macht daher keinen Sinn.

Krankheiten können **viele Ursachen** haben. Viren sind nur eine davon. Daneben gibt es eine ganze Reihe von Bakterien, Pilzen, Prionen, eukaryotischen Einzellern (Protozoen), Würmern und Gliederfüßern, die unseren Körper befallen können. Sie alle nennt man **Krankheitserreger** (Abb. 5).

Allerdings gibt es viele Krankheiten, die nicht von bestimmten Erregern hervorgerufen werden. Hierzu gehören Herz-Kreislauf-Erkrankungen (die oft durch ungesunde Ernährung und Rauchen verursacht und daher Zivilisationskrankheiten genannt werden), die meisten Formen von Krebs und Erbkrankheiten. In weiterem Sinne zählen hierzu auch Haltungsschäden, Vergiftungen, Drogensucht und Verstrahlung. Einige dieser Krankheiten wirst du im dritten Kapitel kennenlernen.

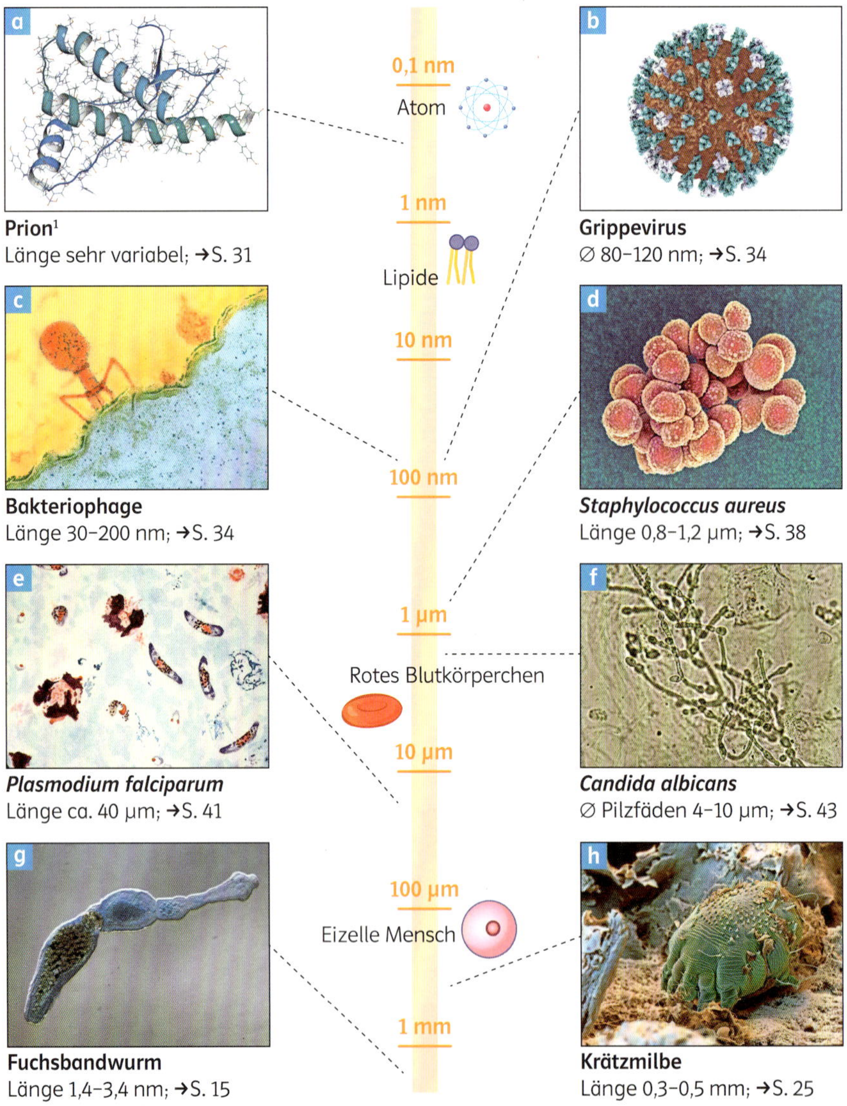

Abb. 5: Krankheitserreger und Zellstrukturen im Größenvergleich: a) Prion[1]: Computersimulation **b)** Grippevirus: Computersimulation **c)** Bakteriophage: elektronenmikroskopische Aufnahme, gefärbt **d)** *Staphylococcus aureus* (u. a. Erreger der bakteriellen Lungenentzündung): elektronenmikroskopische Aufnahme, gefärbt **e)** *Plasmodium falciparum* (Erreger der Malaria): lichtmikroskopische Aufnahme **f)** *Candida albicans* (Hautpilz): lichtmikroskopische Aufnahme **g)** Fuchsbandwurm: lichtmikroskopische Aufnahme **h)** Krätzmilbe: Computersimulation

Glossar

[1] **Prionen:** bestimmte Proteine, die fehlerhaft gefaltet sind und gleich aufgebaute, normal gefaltete Proteine dazu veranlassen, diese Strukturveränderung zu übernehmen, wodurch es zu schweren Nervenerkrankungen kommen kann (zB BSE →S. 31).

Prionen: fehlerhafte Faltung führt zu Veränderungen im Gehirn

Creutzfeldt-Jakob, BSE und Scrapie beruhen auf fehlgefalteten Proteinen

Abb. 6: Kühe mit Silofutter. Eine Zugabe von Tiermehl ist verboten.

Struktur und Funktion

Im Jahre 1984 beobachtete ein englischer Bauer ein merkwürdiges Verhalten einer seiner Kühe: Erst begann sie zu torkeln, dann wurde sie aggressiv. Am Ende starb sie qualvoll. Das untersuchte Gehirn wies Hohlräume auf – ein Symptom, wie man es bislang nur von der Schafs- und Ziegenkrankheit **Scrapie** kannte.

Letztlich starben ca. 180 000 Rinder an der nunmehr **BSE**[1] **(„Rinderwahn")** genannten Krankheit, mehr als vier Millionen Tiere wurden aus Sicherheitsgründen geschlachtet. Aber es starben auch mindestens 177 Menschen an einer sehr ähnlichen, nämlich der **Creutzfeldt-Jakob-Krankheit**.

Es wird vermutet, dass neben genetischen Ursachen auch eine Ansteckung durch infiziertes Rindfleisch die Ursache gewesen sein könnte. Dies führte zu einem Verbot von Tiermehl als Futterzusatz in der Tierhaltung. Heutzutage gibt es nur noch sehr wenige Fälle von BSE. An Scrapie erkranken allerdings zB in Großbritannien noch immer jährlich 0,5–2 % der Schafe.

BSE, Scrapie und Creutzfeldt-Jakob werden alle durch natürlich im Körper vorkommende Proteine ausgelöst, deren Struktur sich verändert hat und die diese Fehlfaltung vor allem im Gehirn an Proteine übertragen, deren Struktur eigentlich korrekt ist. Die krankhaft gefalteten Proteine bilden Ablagerungen in Nervenzellen, die daraufhin absterben. Schließlich sieht das Gehirn porös wie ein Schwamm aus. Die Krankheit ist derzeit unheilbar.

Viroide sind kleinste Pflanzenparasiten

Viroide sind die kleinsten bekannten Moleküle, die sich mithilfe von Wirtsenzymen vermehren

Viroide sind mit ca. 15–40 nm Länge die kleinsten eigenständigen Moleküle, die sich mit Hilfe von Enzymen der befallenen Wirtszellen vermehren. Sie bestehen aus ringförmiger RNA[2], die im Gegensatz zu Viren (s. folgende Seite) von keiner Kapsel umgeben ist. Wegen starker intramolekularer Wechselwirkungen sehen Viroide stäbchenförmig aus.

Infizierte Pflanzenzellen enthalten oft mehrere tausend Viroid-RNA-Moleküle, und zwar va. im Zellkern. Derzeit sind ungefähr 30 Viroide bekannt. Sie alle befallen ausschließlich Pflanzen. Manche richten erhebliche Schäden an. Beispielsweise vernichtete das Coconut cadang-cadang Viroid (CCCV) Millionen von Kokospalmen auf den Philippinen. Andere befallen Hopfen, Apfel, Avocado oder Chrysanthemen.

Entdeckt wurde das erste Viroid 1971 von dem US-Amerikaner Theodor Diener in Kartoffeln. Entsprechend der hervorgerufenen Symptome taufte er es Kartoffelspindelknollenviroid. Dieners Arbeit wurde im Jahr 2000 von der Amerikanischen Gesellschaft für Pflanzenkrankheiten als eine der wichtigsten Beschreibungen neuer Krankheitserreger des Jahrtausends bezeichnet.

Abb. 7: Durch ein Viroid geschädigte Kartoffelpflanze

Glossar

[1] **BSE:** Bovine spongiforme Enzephalopathie („Rinderwahn"); beim Menschen heißt die entsprechende Variante **Creutzfeldt-Jakob-Krankheit**, bei Schafen Scrapie.

[2] RNA = Ribonukleinsäure; Moleküle zur Vermehrung von DNA (Desoxyribonukleinsäure) oder zur Herstellung von Proteinen; bei Viroiden und RNA-Viren (s. folgende Seite) Träger von Erbinformation

Basiskonzept

Struktur und Funktion: Proteine funktionieren nur dann richtig, wenn sie in korrekter Faltung vorliegen. Bei Prionen ist dies nicht der Fall. Zusätzlich veranlassen Prionen die Fehl-Faltung von eigentlich korrekt gefalteten Proteinen mit derselben Aminosäureabfolge.

Viren: Struktur und Herkunft

Viren sind keine Lebewesen, sondern parasitäre Teilchen

Im Vergleich zu Lebewesen, selbst zu Bakterien, sind Viren relativ einfach aufgebaut. Viren sind keine Zellen und haben keinen Stoffwechsel. Weder besitzen sie Zellwände oder eine eigene Membran, noch Zellorganellen wie Ribosomen. Stattdessen bestehen sie aus einer Kapsel aus Proteinen oder Ribonukleoproteinen (Proteinkomplexe, die RNA enthalten). Diese Kapsel wird **Capsid** genannt und umgibt die virale Erbsubstanz **DNA**[1] **oder RNA** (→Abb. 8). Je nach Virus liegt diese als einfacher oder als Doppelstrang vor.

Viren sind daher keine Lebewesen, brauchen aber lebende Zellen für ihre Vermehrung. Man kann sie somit als **Parasiten bzw. parasitäre Teilchen** bezeichnen.

Manche Viren sind zusätzlich von einer Lipiddoppelschicht umgeben, die von der befallenen Wirtszelle stammt und virale Proteine enthält. Diese Viren nennt man **„behüllt"**. Dank der Hülle kann das Virus mit der Wirtszelle fusionieren und dabei sein Erbmaterial in die Zelle abgeben (zB Grippevirus →Abb. 8). Außerdem tarnt die Hülle das Virus in gewissem Maße vor der Immunabwehr des Wirts und schützt teilweise vor Umwelteinflüssen.

Je nach Virus sind die Übertragungswege unterschiedlich: Grippeviren werden durch **Tröpfcheninfektion** (→Abb. 8), HIV beim **Geschlechtsverkehr** oder **Stillen**, Ebolaviren durch Verzehr **kontaminierter Nahrung** oder **Kontakt mit Körperflüssigkeiten infizierter Personen**, Windpocken-Viren durch Kontakt oder durch die **Luft** verbreitet.

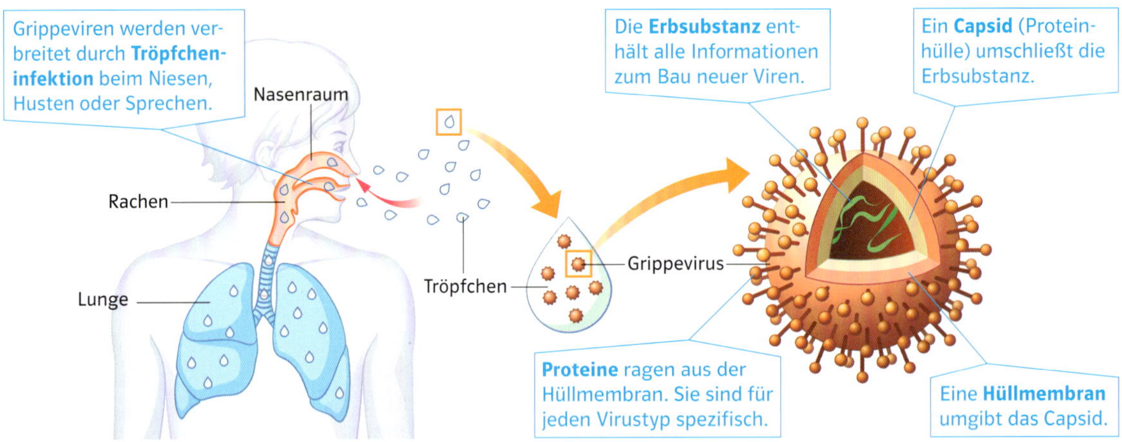

Abb. 8: Aufbau und Übertragung von Grippeviren.

Die Entstehung der ersten Viren ist noch nicht geklärt

Bisher ist unklar, wie Viren entstanden sind. In der Wissenschaft herrschen dazu verschiedene Meinungen: Da Viren teilweise Erbgutabschnitte besitzen, die mit denen ihrer Wirte identisch sind, könnte es sein, dass sie „entwischtes" Erbmaterial darstellen. Allerdings zeigen Erbgutanalysen mancher Viren, dass der Teil, der möglicherweise von einer Wirtszelle stammt, eher gering ist. Beispielsweise sind weniger als 1% der Gene des Mimivirus offenbar vom Wirt übernommen. Das Mimivirus infiziert Amöben und ist mit ca. 400 nm Durchmesser eines der größten bisher entdeckten Viren (→Abb. 9). Zudem zeigen einige völlig unterschiedliche Viren eine erstaunliche Übereinstimmung im Aufbau ihres Capsids.

Daher gehen andere Forscherinnen und Forscher davon aus, dass es Viren bereits gab, bevor zelluläres Leben entstand, und dass es Viren waren, die ihrerseits Spuren viraler Gene in den von ihnen befallenen Zellen hinterließen.

Wieder andere nehmen an, dass es vor den heutigen Zellen mit DNA als Erbmaterial so genannte RNA-Zellen gab, die von RNA-Viren parasitiert wurden. Die Entstehung von DNA-Zellen wurde gemäß dieser Theorie maßgeblich von RNA-Viren beeinflusst, weil die Wirtszelle auf diese Weise dem RNA-Parasitismus zunächst entkam.

Vielleicht ist die Herkunft verschiedener Viren auch sehr unterschiedlich. Jedenfalls besteht in diesem Bereich noch Forschungsbedarf.

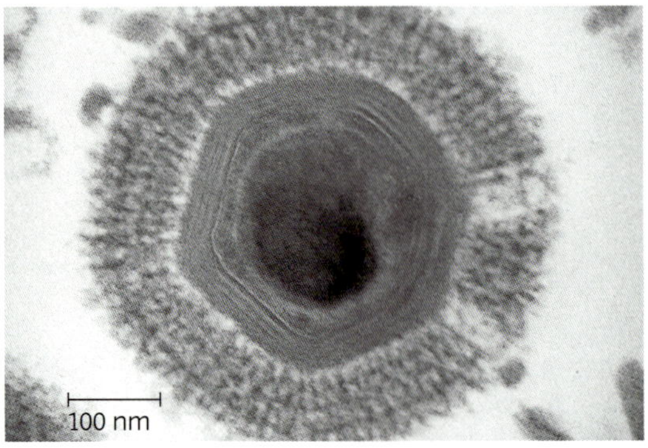

Abb. 9: Mimivirus. Im Inneren befindet sich dicht gepackte DNA (schwarzer Kern), umgeben von einem Capsid und der Hüllmembran (beides grau) aus welcher Proteine nach außen ragen.

Glossar

[1] **DNA** = Desoxyribonukleinsäure; Träger der Erbinformation aller Lebewesen

Einschub: Ausflug in die Welt der Erbgut-Moleküle

Unser Erbgut besteht aus DNA; bei Viren kann es auch RNA sein

Wenn ein Virus eine deiner Zellen attackiert und sich von ihr vermehren lässt, kommt es zu einem vielfältigen Wechselspiel zwischen Virus-Molekülen und Molekülen der Wirtszelle. Deshalb machen wir an dieser Stelle einen kleinen Ausflug in die Molekularbiologie, auch wenn das eigentlich erst Thema der achten Klasse ist.

Zunächst einmal ist es wichtig zu wissen, dass es **zwei verschiedene Formen von Erbgut** gibt: Während bei allen Lebewesen ein Molekül mit dem Namen **Desoxyribonukleinsäure (DNA)** die Erbinformation speichert, gibt es einerseits Viren, die ebenfalls DNA in sich tragen, andererseits solche, deren Erbgut aus **Ribonukleinsäure (RNA)** besteht. DNA und RNA bestehen aus

- **Zucker** (Desoxyribose in DNA, Ribose in RNA),
- **Phosphat**
- und verschiedenen ringförmigen Molekülen, den **Basen**.

Das Erbgut vieler Viren mutiert sehr schnell und entkommt so dem Immunsystem der Wirte

Die DNA in unseren Zellen bildet verschiedene Abschnitte, die man **Gene** nennt. Gene sind also Stücke der DNA und können daher vererbt werden. Jedes Gen trägt dabei die Information für ein **Merkmal** in sich. Sehr viele Merkmale (zB deine Augenfarbe) beruhen auf dem Zusammenspiel mehrerer Gene. Bei RNA-Viren dient RNA statt DNA als Informationsspeicher.

Damit ein Merkmal überhaupt entstehen kann, muss das dafür verantwortliche Gen aktiviert und abgelesen werden. Dabei wird der spezifische DNA-Abschnitt, der dieses Gen ausmacht, in ein RNA-Molekül umgeschrieben. Das nennt man **Transkription (= Umschreiben)**. Das Enzym, das dafür verantwortlich ist, heißt **Transkriptase**. Das entstandene RNA-Molekül dient wiederum als Vorlage, um an den Ribosomen der Zelle daraus ein Protein herzustellen. Dieser Vorgang heißt **Translation (= Übersetzen) (→Abb. 10)**.

Viren sind in der Lage, diese Vorgänge für sich zu nutzen. Dabei **verändern sie den Stoffwechsel ihrer Wirtszelle** so, dass diese einerseits genau die Proteine herstellt, die die Viren für ihre Hülle benötigen. Andererseits wird die Zelle gezwungen, das Erbgut des Virus-Teilchens zu vermehren. Das nennt man **Replikation (= Herstellen von Kopien)**.

Vielleicht fragst du nun, warum dein Körper nicht **Abwehrstrategien** gegen Viren entwickelt: Wenn man immer wieder attackiert wird, sollte man den Feind doch kennengelernt haben und wissen, wie ihm beizukommen ist? Bei Tieren ist dafür die Immunabwehr zuständig. Spezifische **Antikörper** sorgen dafür, dass Viren, die der Körper kennt, buchstäblich herausgefischt werden und keinen größeren Schaden anrichten können.

Doch Viren „tarnen“ sich. Denn immer dann, wenn ein DNA- oder RNA-Molekül kopiert wird, besteht die Möglichkeit, dass dabei „Fehler“ entstehen. Diese Abweichungen vom Originalmolekül nennt man **Mutationen**. Mutationen können auch durch Umwelteinflüsse entstehen, zB **UV-Licht, radioaktive Strahlung oder Gifte wie Nikotin**. Das Erbgut von Viren ist besonders fehleranfällig. Zudem arbeiten die Reparatursysteme der Wirtszelle, die bei der Vermehrung von DNA derartige Fehler weitgehend beheben können, beim Erbgut von Viren nicht besonders gut. So entstehen bei vielen Viren ständig neue Viren-Varianten, die unser Immunsystem nicht mehr erkennt. Daher kannst du auch in diesem Jahr an Grippe erkranken, selbst wenn du bereits im letzten Jahr einen grippalen Infekt hattest.

Bei manchen Viren kommt noch etwas anderes hinzu: Wenn sie ihr Erbgut in die DNA der Wirtszelle einbauen lassen, können so lange Viren hergestellt werden, bis diese Zelle stirbt.

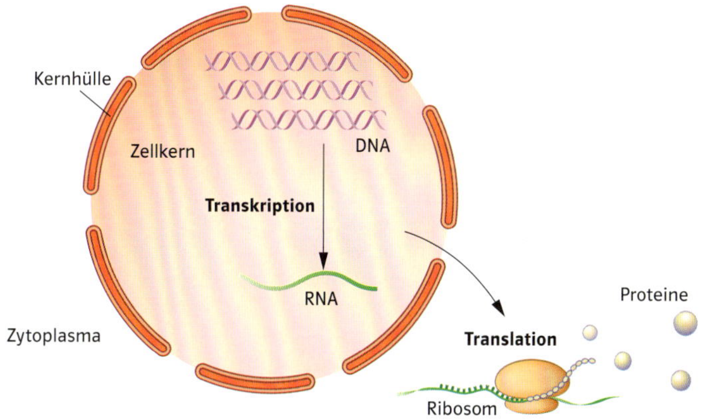

Abb. 10: Vom Gen zum Protein – ein normaler Prozess in unseren Zellen.

Viren werden in ihrer Wirtszelle vermehrt

Viren nutzen für ihre Vermehrung die molekularen Vervielfältigungsprozesse im Kern und/oder im Zytoplasma der von ihnen befallenen Wirtszellen

Viren sind intrazelluläre Parasiten. Folglich müssen sie für ihre Vermehrung **in ihre Wirtszelle eindringen** (→Abb. 11, 12). Das geschieht bei allen Viren mit folgendem Ablauf:

1) Anheften an die Wirtszelle
2) Eindringen in die Wirtszelle (Endozytose) und Freilegen des viralen Erbguts oder Injektion des Erbguts in die Wirtszelle
3) Synthese regulatorischer Proteine (für die Vermehrung des viralen Erbguts)
4) Synthese viraler DNA oder RNA mit Hilfe von Wirtsenzymen
5) Synthese von Strukturproteinen (für die Herstellung des Capsids) mit Hilfe von Wirtsenzymen
6) Zusammensetzung der neuen Viruspartikel
7) Freisetzen der neuen Partikel aus der Wirtszelle.

Je nach Virus gibt es dabei aber gravierende Unterschiede: **Viren mit DNA** als Erbgut nutzen bestimmte Enzyme **im Zellkern** ihrer Wirte für die Vermehrung (Replikation) der viralen DNA. Einzig bei Pockenviren, die eigene Replikationsenzyme besitzen, wird die DNA im Zytoplasma der Wirtszellen vermehrt.

Viren mit RNA als Erbgut werden überwiegend **im Zytoplasma** ihrer Wirtszellen synthetisiert. Doch auch hier gibt es Ausnahmen: Influenza-(Grippe-)Viren lassen sich im Zellkern ihrer Wirtszellen die neuen Viruskopien mit Hilfe bestimmter Enzyme zurechtschneiden.

Dann gibt es noch Retroviren (Kurzform für Reverse Transkriptase Onkoviren). Der Name kommt von einem Enzym, der Reversen Transkriptase, welches das RNA-Erbgut des Virus in DNA umschreibt (→S. 37). Manche von ihnen erzeugen Krebs (griech. „onkos" = Anschwellung). Zu ihnen gehört HIV. Diese DNA wird dann in die DNA der Wirtszelle eingebaut und bringt sie dazu, neue virale RNA herzustellen. So entstehen letztlich wieder RNA-Viren (siehe Abb. 17, S. 37).

Virales Erbgut, das in die DNA der Wirtszelle eingebaut wurde, wird auch bei deren Teilung vermehrt, sofern die Zelle nicht durch die Freisetzung von Viruspartikeln stirbt. Manche Viren stimulieren die Zellteilung und können dadurch **Krebs** verursachen, beispielsweise einige Typen des Humanen Papilloma Virus (HPV).

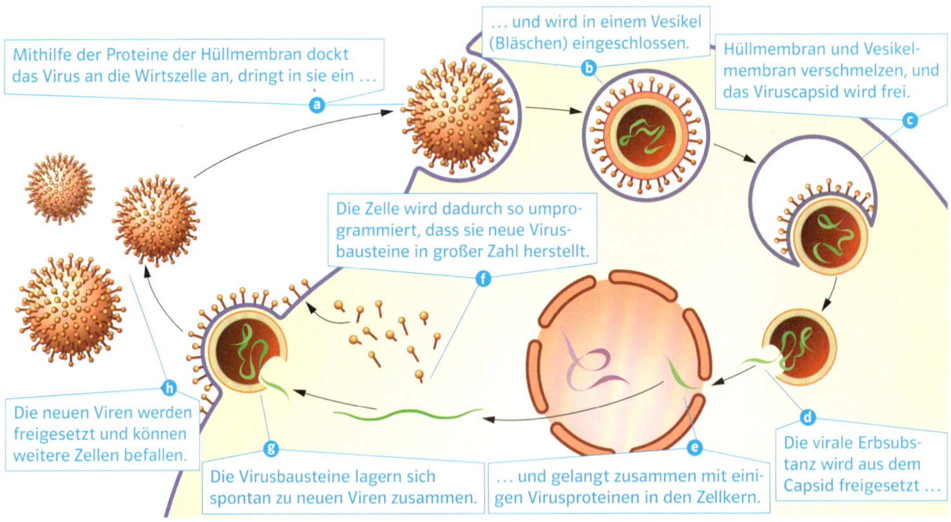

Abb. 11: Vermehrungszyklus eines Grippevirus. Grippeviren beinhalten je nach Typ sieben oder acht einzelne RNA-Moleküle. Ihre RNA wird im Zellkern der Wirtszelle vermehrt, aber nicht in das Erbgut der Wirtszelle eingebaut.

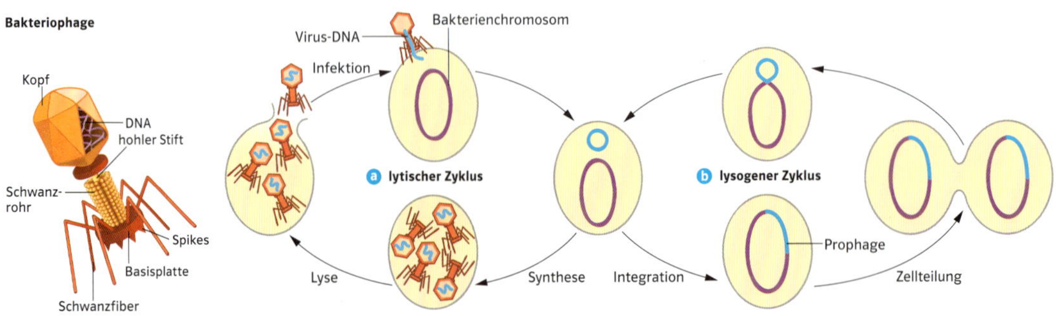

Abb. 12: Vermehrungszyklus von Bakteriophagen (DNA-Viren, die Bakterien befallen). Bakteriophagen heften sich mithilfe von Spikes und Schwanzfibern an die Wirtszelle an und injizieren ihre DNA. In der Wirtszelle werden neue Bakteriophagen gebildet. Beim lytischen Zyklus (a) wird die Zelle zerstört, beim lysogenen (b) bleibt sie erhalten.

Beispiele viraler Infektionskrankheiten

Viren befallen Tiere, Pflanzen, Pilze und Bakterien

Viren verursachen viele **Krankheiten**. Manche, wie Schnupfenviren, rufen bei Menschen mit ansonsten stabilem Immunsystem nur vorübergehend unangenehme Symptome hervor. Infektionen mit den Erregern von AIDS, Kinderlähmung, Zika-Fieber oder Ebola können dagegen dramatische, nicht selten tödliche Folgen nach sich ziehen. Übrigens befallen Viren bei weitem nicht nur den **Menschen. Tiere, Pflanzen, ja selbst Pilze und Bakterien dienen ihnen als Wirte.**

Entdeckt wurden Viren in **Tabakblättern.** Bei uns bekannte Virenkrankheiten sind Masern, Mumps, Röteln, Kinderlähmung, Gürtelrose/Herpes, Feuchtblattern (Windpocken), Hepatitis, Schnupfen, Grippe, AIDS, Dornwarzen am Fuß, Warzen im Genitalbereich, Pfeiffersches Drüsenfieber und die von Zecken übertragene Frühsommer-Gehirn-/Gehirnhautentzündung (FSME). Ebola, Zytomegalie, Gelbfieber, Marburg-Fieber und Dengue-Fieber sind Tropenkrankheiten.

Masern sind keine harmlose Kinderkrankheit

Masern breiten sich in Österreich wieder aus – weil nicht alle geimpft sind

Manche Eltern lehnen es ab, sich und ihre Kinder gegen Krankheiten impfen zu lassen. **Impfgegner** bringen damit nicht nur die eigene Familie in Gefahr. Bei ansteckenden Krankheiten **riskieren sie die Infektion anderer Menschen.**

Ein Beispiel hierfür sind die **Masern.** In Österreich werden Kinder normalerweise um den ersten Geburtstag herum gegen Masern geimpft. Doch in den letzten Jahren steigt die Zahl der Masernfälle stetig. Das Gesundheitsministerium zählte im September 2017 mit 84 Erkrankungen bereits mehr als im gesamten Jahr 2016. Daraufhin wurde die Ärzteschaft zu erhöhter Wachsamkeit und die Bevölkerung zur Impfkontrolle aufgerufen.

So genannte **Impflücken** (nicht durchgehend geimpfte Jahrgänge) gibt es in Österreich vor allem bei zwischen 2008 bis 2010 Geborenen sowie bei Erwachsenen, die in den 1990er Jahren zur Welt kamen. Außerdem war 2017 ein Drittel der 15- bis 30-Jährigen noch kein zweites Mal geimpft, also mehr als 500 000 Personen.

Warum sind Masern so gefährlich? Die behüllten **Masernviren** (→Abb. 13) **zählen zu den ansteckendsten Erregern von Viruskrankheiten.** Ähnlich wie Grippe- und Schnupfenviren werden sie durch **Tröpfchen** verbreitet, die beim Sprechen, Niesen oder Husten entstehen.

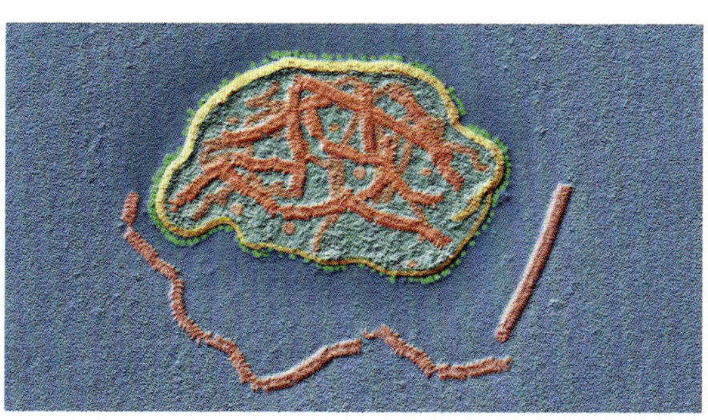

Abb. 13: Masernvirus. Elektronenmikroskopische Aufnahme mit 84 000facher Vergrößerung, gefärbt: Oberflächenproteine (grün), RNA-Stränge in und außerhalb des Virus (rot).

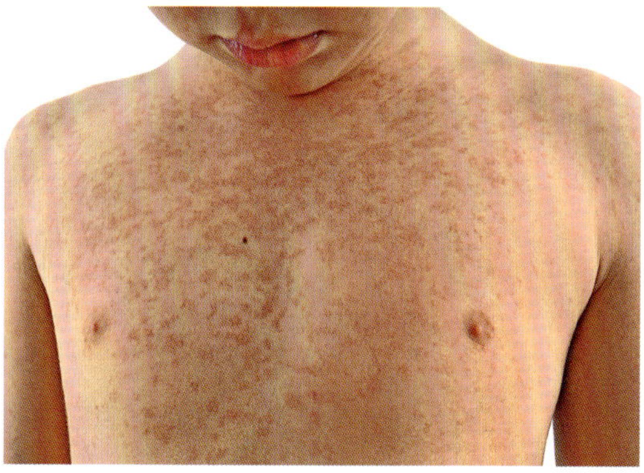

Abb. 14: Hautausschlag bei Masern.

Meist gelangen Masernviren durch **Schleimhäute im Atemtrakt** in den Körper. Sie vermehren sich in Lymphknoten und breiten sich durch das **Blut** im Körper aus. Letztlich infizieren sie wiederum den Atemtrakt und die Haut, wodurch es zu Schnupfen-ähnlichen Symptomen, Fieber und dem charakteristischen **Hautausschlag** kommt (→Abb. 14).

Der Ausschlag beginnt meist im Gesicht und hinter den Ohren. Ungefähr eine Woche nach Ausbruch der Krankheit sinkt das Fieber und der Ausschlag heilt unter **Schuppenbildung** ab.

Die Zeit zwischen Infektion und Ausbruch der Krankheit, die **Inkubationszeit**, dauert üblicherweise acht bis zehn Tage. Während dieser Phase fühlen sich Infizierte oft schlapp.

Masern sind etwa fünf Tage vor bis vier Tage nach Auftreten des Hautausschlags höchst ansteckend. Bei einem von Tausend Infizierten kommt es zu einer **Entzündung des Gehirns** mit Kopfschmerzen, Fieber und Bewusstseinsstörungen bis hin zum Koma. Dieser Verlauf endet oft tödlich. Außerdem **schwächen Masernviren das Immunsystem** derart, dass für ein bis zwei Jahre ein erhöhtes Risiko besteht, an anderen Infektionskrankheiten zu erkranken oder gar zu sterben.

Aufgabe

W 1 Vergleiche die Vermehrung eines Grippe-Virus mit der eines HI-Virus (→S. 37) in einer menschlichen Zelle. Stelle schriftlich dar, was ähnlich ist und worin sich die beiden Viren bei ihrer Vermehrung unterscheiden.

AIDS – eine Viruskrankheit, deren Erreger vor allem durch Leichtsinn übertragen werden

AIDS wurde erstmals 1981 beschrieben

5. Juni 1981: Die Centers for Disease Control and Prevention (CDC) der Vereinigten Staaten veröffentlichen ihren wöchentlichen Bericht zu epidemiologischen[1] Befunden. Darin werden fünf junge homosexuelle Männer in Los Angeles beschrieben, die an einer seltenen Lungeninfektion erkrankten und zusätzlich andere, ungewöhnliche Infektionen aufwiesen. Offenkundig stimmte irgendetwas nicht mit ihrem **Immunsystem**. Zwei der Männer waren bereits verstorben, als der Bericht erschien. Dieser Text gilt als der erste offizielle Hinweis auf das, was ein Jahr später als **AIDS**[2] bezeichnet werden wird.

Sofort berichtet die Presse darüber. Innerhalb weniger Tage senden Ärztinnen und Ärzte aus dem ganzen Land Berichte über ähnliche Fälle an die CDC. Einige der beschriebenen Patienten leiden an einem seltenen, aber höchst aggressiven Krebs (siehe S. 57ff.), dem **Kaposi Sarkom**[3].

Ein Jahr danach berichten die CDC über ein Kind, das nach einer **Bluttransfusion** an sonderbaren Immunschwächesymptomen litt. 1983 werden ähnliche Fälle bei Frauen bekannt, die Geschlechtsverkehr mit AIDS-kranken Männern hatten.

Ansteckung erfolgt va. durch ungeschützten Sex und häufigem Partnerwechsel

In Österreich tritt AIDS erstmals 1983 auf. Im selben Jahr zeigen zwei Forschungsteams, dass AIDS von einem **Retrovirus** (siehe S. 34) hervorgerufen wird: dem **Humanen Immunschwächevirus (HIV)**. Die CDC weisen darauf hin, dass die meisten (allerdings nicht alle) Fälle von AIDS **homosexuelle Männer mit häufigem Partnerwechsel** betreffen sowie **Drogensüchtige**, die **Injektionsnadeln** gemeinsam nutzen. Als Übertragungswege des Virus gelten von nun an **Geschlechtsverkehr** und Kontakt mit **Blut bzw. Blutprodukten**.

In der Öffentlichkeit erregte der Fall von Earvin „Magic" Johnson große Aufmerksamkeit. Johnson war ein weltweit bewunderter Basketball-Star, der mit den Los Angeles Lakers fünfmal die NBA-Meisterschaft gewann (→ Abb. 15). Er trat 1991 aus dem Team aus, da er erfahren hatte, HIV-positiv zu sein. Johnson war die erste Persönlichkeit, die öffentlich machte, HIV bei **ungeschütztem heterosexuellen Geschlechtsverkehr** erworben zu haben. Zugleich machte er deutlich, dass niemand, der ihm die Hand geben oder ihn umarmen würde, AIDS bekäme. Auch betonte er wiederholt, dass er zwar HIV hätte, jedoch (noch) nicht AIDS – dass **HIV und AIDS also nicht gleichzusetzen** wären.

Obwohl seit langem klar ist, dass häufiger Wechsel der Sexualpartner verbunden mit ungeschütztem Geschlechtsverkehr der Hauptgrund für eine Infektion mit HIV ist, steigen die Zahlen Betroffener stetig an. Weltweit gab es 2017 ca. 37 Millionen Infizierte, darunter über zwei Millionen Kinder. In Österreich sind ca. 15 000 Fälle dokumentiert, davon 510 Neuinfektionen im Jahr 2017. Wer befürchtet, sich mit HIV infiziert zu haben, kann anonym und kostenlos bei verschiedenen Organisationen einen Test durchführen lassen (→Abb. 16).

HI-Viren sind v. a. in **Blut, Lymphe, Sperma und Vaginalsekret** zu finden. Urin, Kot, Speichel, Schweiß und Tränen enthalten HIV in so geringen Mengen, dass hierüber keine Ansteckung erfolgen kann. Eine besondere Gefahr besteht für Embryonen, Föten und Säuglinge. Offenbar kann HIV über die **Nabelschnur**, bei der **Geburt** oder beim **Stillen** das Kind infizieren. Erkenntnisse der Weltgesundheitsorganisation deuten jedoch darauf hin, dass Stillen mit Muttermilch bei HIV-infizierten Müttern weitgehend gefahrlos ist, wenn Mutter (am besten bereits während der Schwangerschaft) und Kind **antiretrovirale**[4] **Medikamente** nehmen.

Abb. 15: „Magic" Johnson: gab 1991 seine HIV-Infektion durch ungeschützten Sex bekannt.

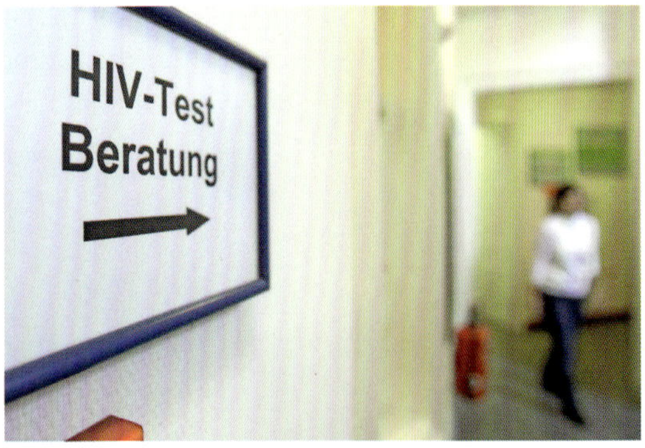

Abb. 16: Wo du anonym und kostenlos einen HIV-Test machen lassen kannst, erfährst du auf www.aidshilfen.at.

Glossar

[1] **Epidemie:** deutlich vermehrtes, aber örtlich und zeitlich begrenztes Auftreten einer Infektionskrankheit

[2] **AIDS:** Acquired Immune Deficiency Syndrome (erworbenes Immunschwäche Syndrom; **Syndrom:** verschiedene Symptome, die auf einer gemeinsamen Ursache beruhen.

[3] **Kaposi-Sarkom:** Sarkom = bösartiger Tumor, nach griech. *sarko* = Fleisch, *-om* = Geschwulst. Mori(t)z Kaposi (1837–1902) war ein Wiener Hautarzt.

[4] **antiretroviral:** gegen ein Retrovirus gerichtet; bei einer antiretroviralen Therapie wird die Umschreibung von Viren-RNA zu DNA sowie deren Einbau in das Erbgut der Wirtszelle unterbunden

HIV – ein Virus entert die DNA der Wirtszelle

HIV ist ein behüllter Retrovirus mit einem Oberflächenprotein, das an bestimmte Zellen bindet

Der Humane Immunschwäche-Virus ist, ähnlich wie der Grippevirus, **behüllt**. Es trägt auf seiner Oberfläche ein Protein namens **gp 120**[1]. Dieses Protein bindet an den so genannten **CD4-Rezeptor**[2], der insbesondere auf der Oberfläche von einigen Blutzellen wie Makrophagen und T-Helferzellen vorkommt. Nach der Bindung eines HI-Virus an die Wirtszellmembran **fusionieren Virushülle und Zellmembran**. Dabei gelangt das Capsid in das Zellinnere (→Abb. 17).

Dort wird der Capsid-Mantel des Virus aufgelöst. **Die freigelegte virale RNA wird nun mit Hilfe eines weiteren Enzyms, das im Capsid enthalten war, zu DNA umgeschrieben.** Dieses Enzym heißt „Reverse Transkriptase[3]."

Die neue, virale DNA wird in den Zellkern verfrachtet und dort mithilfe eines weiteren Virus-Enzyms, der Integrase, **in die DNA der Wirtszelle eingebaut.** So wird bei jeder Zellteilung das in DNA umgeschriebene HIV-Erbgut vermehrt, weshalb die Folgezellen infizierter Zellen bereits bei der Entstehung virales Erbgut in sich tragen.

Nach wenigen Stunden oder erst nach Jahren wird mit Wirtsenzymen die integrierte **Virus-DNA zurück in RNA umgeschrieben**; ein Vorgang, den man „Transkription" nennt (siehe S. 33).

HI-Viren werden a) durch Teilung der Wirtszelle, b) v. a. aber durch Neusynthese in der Wirtszelle vermehrt (wobei die Zelle abstirbt)

Zusätzlich wird die Wirtszelle dazu gebracht, die zuvor erwähnten Virus-Enzyme und die Proteinhülle neu zu synthetisieren. Letztlich entstehen **aus einem infizierenden Virus pro Zelle viele neue Virus-Teilchen**, die durch Knospung die **Wirtszelle (die dabei abstirbt)** verlassen und neue Zellen infizieren können. Das Immunsystem des Körpers bekämpft die Viruspartikel durch Produktion von Antikörpern (siehe Band 6, Kap. 7).

Nach einiger Zeit (oft mehreren Jahren) kann die Immunabwehr aber mit der Zahl der neuen Virus-Partikel nicht mehr Schritt halten. Hinzu kommt, dass HI-Viren ca. eine Million Mal schneller mutieren als Säugetier-DNA. Das Immunsystem muss daher ständig neue Antikörper entwickeln, um sich an die veränderten Viren anzupassen – und scheitert letztlich daran. Deshalb ist eine HIV-Infektion fast immer eine tödliche Bedrohung. Denn die **abnehmende Zahl von T-Zellen schwächt das Immunsystem.** Es kommt zum Ausbruch von **AIDS**: So genannte Zweitinfektionen (zB mit Tuberkulose-Bakterien, Herpes-Viren oder Hefe-Pilzen), können bei AIDS-Kranken oft zum Tod führen. Wenn Gehirnzellen von HI-Viren befallen werden, kann es zu schweren Gehirnschäden kommen.

Eine Heilung ist bisher nicht möglich. Man kann aber den Ausbruch von AIDS durch antiretrovirale Medikamente (siehe vorherige Seite) weitgehend unterbinden.

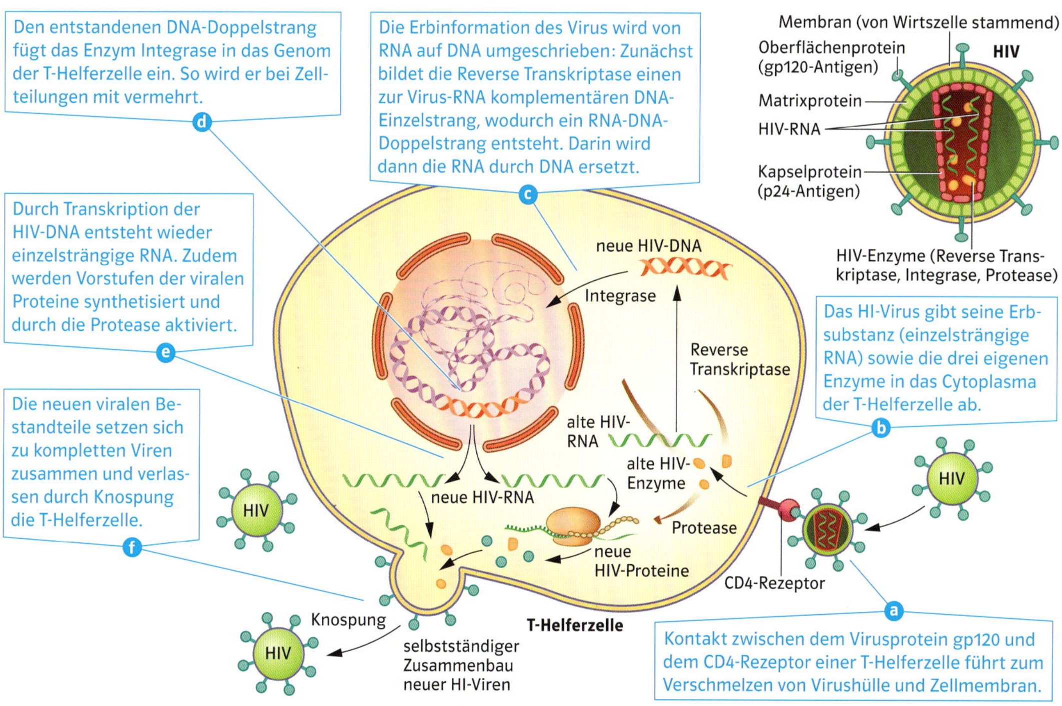

Abb. 17: Vermehrungszyklus eines HI-Virus. Die Virus-RNA wird zunächst in DNA umgeschrieben. Diese DNA wird dann in das Erbgut der Wirtszelle eingebaut.

Glossar

[1] **gp120:** Glykoprotein (Makromolekül, das aus einem Proteinteil und einem oder mehreren Zuckermolekülen besteht; siehe Band 5, Kap. Zellstoffwechsel) auf der Oberfläche von HIV-Partikeln. Die Zahl „120" bezeichnet die Molekülmasse von 120 kDa (kilo-Dalton; 1 Dalton = $1{,}66 \cdot 10^{-27}$ kg).

[2] **CD4-Rezeptor:** ebenfalls ein Glykoprotein; kommt vor auf der Oberfläche von Monozyten, Makrophagen und T-Helferzellen (s. Band 6, Kap. 7), aber auch auf einigen Zellen des Zentralen Nervensystems und des Magen-Darm-Trakts.

[3] **Transkription:** Umschreiben von DNA zu RNA. „Revers" (= zurück) bedeutet, dass dieser Prozess durch die Reverse Transkriptase auch umgekehrt verlaufen kann.

Bakterien und Antibiotika

Bakterien besitzen keinen Kern, sondern ein freies Chromosom. Manche Bakterien haben zusätzlich ein Plasmid – Gene für Antibiotikaresistenz liegen meist auf einem Plasmid

Anders als Viren sind Bakterien einzellige Lebewesen. Sie sind jedoch so klein, dass Hunderte von ihnen in eine unserer Körperzellen passen würden. Im Gegensatz zu Tier-, Pflanzen- und Pilzzellen besitzen Bakterienzellen keinen Zellkern, keine Mitochondrien, kein endoplasmatisches Retikulum und keine Dictyosomen. Ihr Erbgut liegt frei im Zytoplasma in Form eines so genannten **Bakterienchromosoms**. Manche Bakterien tragen ein oder mehrere **Plasmide** in sich, die durch Sexpili[1] an andere Bakterien weitergegeben werden können (→Abb. 18).

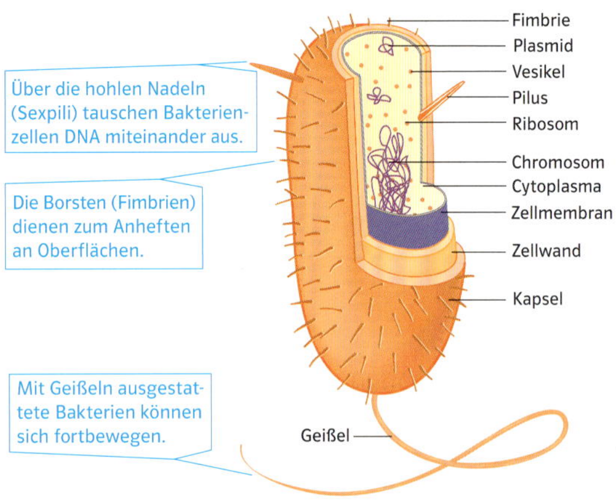

Abb. 18: Aufbau eines Bakteriums.

Variabilität, Verwandtschaft, Geschichte und Evolution

Resistenzen entstehen durch Mutationen und breiten sich durch Fehlverhalten aus

Plasmide sind für die Behandlung von Infektionskrankheiten von großer Bedeutung, denn die Gene für eine **Antibiotikaresistenz** liegen in den meisten Fällen auf diesen ringförmigen DNA-Molekülen. Wenn du zB an einer Harnwegsinfektion leidest, wird eine Urinprobe von dir auf Agarplatten[2] ausgestrichen, die jeweils verschiedene Antibiotika enthalten. Nach zwei bis drei Tagen kann man erkennen, welche Antibiotika wirken – denn dort wachsen keine Bakterienkolonien. Sind auf bestimmten Platten jedoch Kolonien entstanden, weiß die Ärztin oder der Arzt, dass dieses Antibiotikum unwirksam gegen den Erreger ist (→Abb. 19).

Antibiotika wirken ganz unterschiedlich. So setzt **Penicillin** die Stabilität der bakteriellen Zellwand herab, während **Streptomycin** die Synthese von Proteinen stört. Das Besondere an den herkömmlichen Antibiotika ist, dass sie aufgrund der Eigenheiten von Bakterien nur deren Stoffwechsel, nicht aber den von eukaryotischen Zellen stören. Sie sind **selektiv** in ihrer Wirkung.

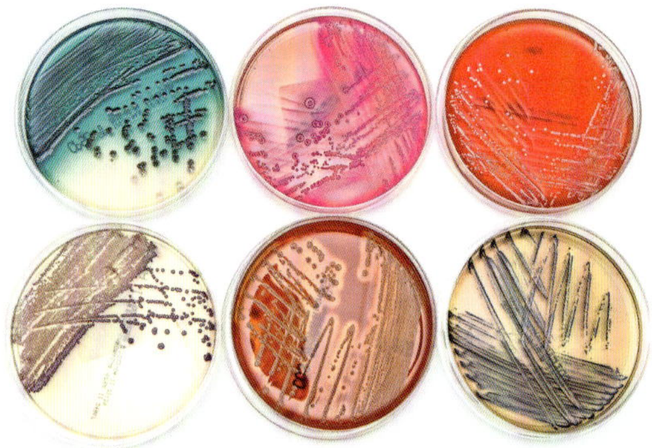

Abb. 19: Wachstum von Bakterien einer Urinprobe auf Agarplatten.

Mit Antibiotika muss sorgsam umgegangen werden. Denn die fälschliche Einnahme bei viralen Erkrankungen wie Grippe, die Nichtbeachtung der Einnahmeempfehlung, mangelhafte Hygiene, aber auch der massenhafte Einsatz von Antibiotika in der Tierzucht und damit die **Selektion** von resistenten Bakterienzellen können zur Ausbreitung von Resistenzen führen.

Resistenzen entstehen zunächst auf natürlichem Wege, nämlich durch zufällige Erbgutveränderungen (**Mutationen**) bei der Zellteilung oder durch Umwelteinflüsse. Weil in Gegenwart eines Antibiotikums nur die Individuen überleben, die eine Resistenz aufweisen, vermehren sie sich sehr schnell. Denn die anderen sterben ab und fallen damit als Konkurrenten um Nahrung und Platz weg. Außerdem können Resistenzgene über die Sexpili und andere Mechanismen an weitere Bakterien übertragen werden. Es gilt daher, Antibiotika nur dann anzuwenden, wenn es wirklich medizinisch erforderlich ist.

Resistenzen sind in manchen Kliniken ein großes Problem. Einige Bakterienstämme[3] sind bereits gegen mehrere Antibiotika resistent und werden daher **multiresistent** genannt, darunter Stämme von *Staphylococcus aureus* (→Abb. 5). Vor einer Behandlung ist es daher sinnvoll, abklären zu lassen, welche Antibiotika gegen das Bakterium wirken, das einen befallen hat.

Eine unnötige, zu kurze oder zu lange Einnahme kann zudem unbeabsichtigte **Nebenwirkungen** haben. So töten viele Antibiotika eigentlich nützliche Darmbakterien ab, was zB Verdauungsstörungen zur Folge haben kann.

Glossar

[1] **Sexpili:** Zytoplasmaauswüchse bei Bakterien zum Austausch von genetischem Material
[2] **Agarplatte:** mit sterilem Nährmedium gefüllte Schale, die als Nährboden für Mikroorganismen dient; Agar ist ein Polysaccharid einer Alge für die Verfestigung des Nährmediums.
[3] **Bakterienstämme:** Bakterien derselben Art, die sich aber in einer oder mehreren Eigenschaften unterscheiden (zB Antibiotikaresistenz)

Aufgabe

W 1 Liste auf, worin sich eine Bakterienzelle von einer menschlichen Zelle unterscheidet. Findest du noch andere Merkmale als die im Text genannten? Begründe, warum ein Antibiotikum wie Penicillin bei tierischen Zellen nicht wirkt.

Basiskonzept

Variabilität, Verwandtschaft, Geschichte und Evolution: Zufällig entstandene Resistenzen bringen in Anwesenheit eines Antibiotikums einen entscheidenden Überlebensvorteil.

Beispiele bakterieller Infektionskrankheiten

Salmonellen durch mangelnde Hygiene

Plötzlich einsetzender **Brechdurchfall** mit hohem **Fieber** könnte auf eine Infektion mit **Salmonellen** hindeuten. Diese Bakterien gelangen meist durch **Nahrungsmittel** wie nicht durchgegartes Geflügelfleisch, unzureichend erhitzte eihaltige Speisen, Softeis oder **kontaminiertes Trinkwasser** in den Menschen. Dort befallen sie zunächst den Dünndarm, können sich aber durch das Blut im ganzen Körper ausbreiten.

Der Verlauf einer Salmonellose ist typisch für bakterielle Infektionskrankheiten (→Abb. 22). Die **Inkubationszeit** ist je nach Bakterienart unterschiedlich lang. Schon während der Inkubationszeit kann man andere Personen anstecken. Auch Dauer und Schwere der Erkrankung sind unterschiedlich. Sie hängen neben der Art des Erregers auch vom allgemeinen Gesundheitszustand und vom Alter ab. Das Immunsystem des Körpers kann oft den Ausbruch einer Krankheit verhindern oder deren Symptome abmildern.

Besonders gefährlich ist eine Salmonelleninfektion für Kleinkinder, alte Menschen und solche mit geschwächtem Immunsystem. Der starke **Verlust an Flüssigkeit** sowie die von den Bakterien ausgeschiedenen Toxine (Giftstoffe) können zum Kreislaufzusammenbruch führen. Daher müssen Erkrankte viel trinken oder in schlimmen Fällen intravenös (mit einem Tropf direkt in eine Vene) Flüssigkeit erhalten.

Eine besonders schwere Salmonellose ist **Typhus**, hervorgerufen von *Salmonella enterica*. Bei dieser Erkrankung schlägt das Herz trotz hohen Fiebers ungewöhnlich langsam. Vereinzelt kommt es zu Haarausfall, Hirnhaut- und Knochenentzündungen sowie Darmdurchbruch.

Weltweit infizieren sich jedes Jahr etwa 20 Millionen Menschen an Typhus. Die beste Vorsorge, zB bei Tropenreisen, ist es, nur gut gekochte Speisen und abgekochtes Wasser zu sich zu nehmen. Impfungen bieten ebenfalls einen gewissen Schutz.

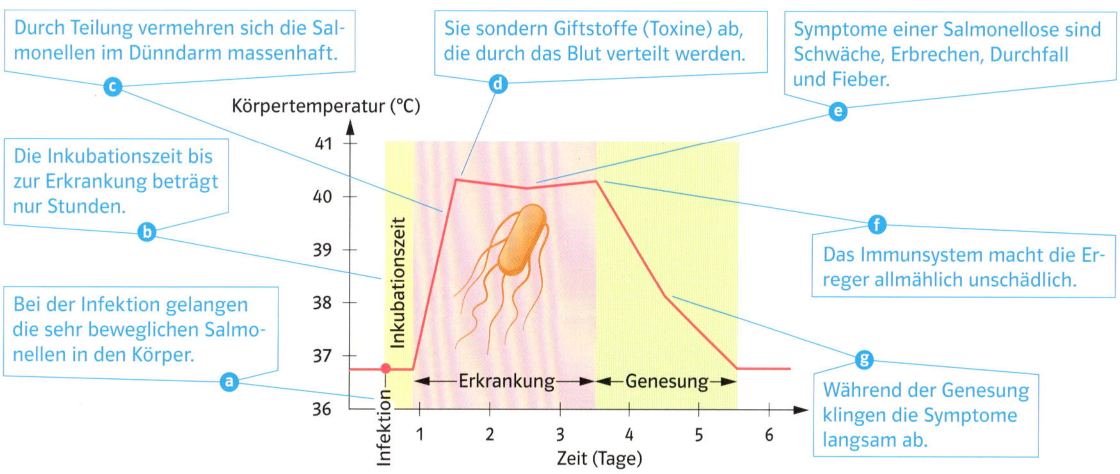

Abb. 20: Der Verlauf einer Salmonelleninfektion zeigt bei Erwachsenen eine typische Fieberkurve.

Aufgaben

W 1 Erstelle ein Flussdiagramm (Symptome/Zeit) zum Verlauf einer Salmonelleninfektion. Nutze dazu den Text und Abb. 20.

W 2 Suche dir eine beliebige andere bakterielle Erkrankung aus und fertige für diese ein ähnliches Flussdiagramm an. Erläutere schriftlich, wie man an der Symptomatik bzw. am Verlauf erkennen kann, ob eine Person an dieser Krankheit leidet.

S 3 Abbildung 21 zeigt die Vermehrung von Bakterien bei unterschiedlichen Temperaturen. Zudem werden die von Salmonellen gebildeten Toxine weder durch Kochen noch durch Einfrieren zerstört. Formuliere eine Handlungsempfehlung zur Vermeidung einer Salmonellose.

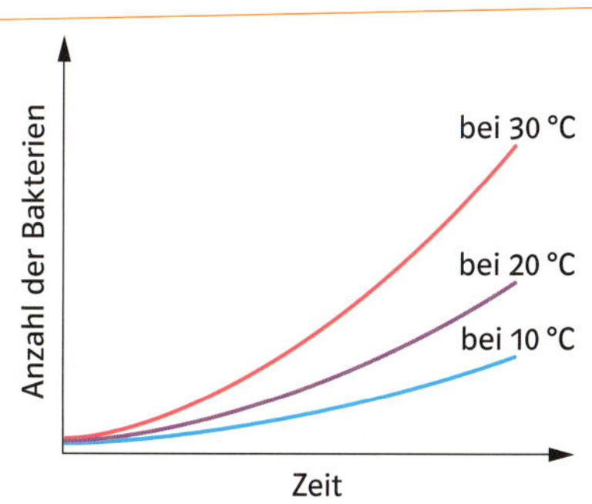

Abb. 21: Bakterienwachstum bei unterschiedlichen Temperaturen.

Scharlach ist eine weitverbreitete Kinderkrankheit

Hautausschlag und rot gefärbte Zunge sind charakteristische Symptome von Scharlach

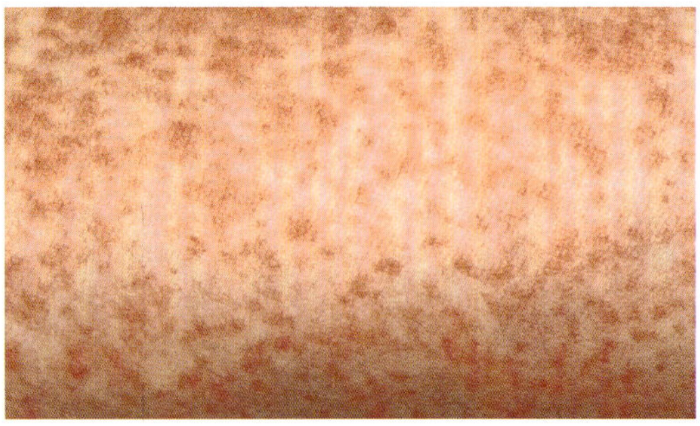

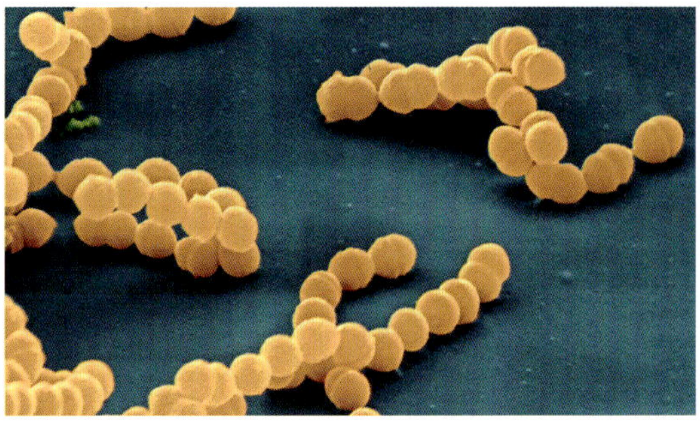

Abb. 22: Links: Typisches Scharlachsymptom: Hautausschlag. **Rechts:** Zellen des Erregers ***Streptococcus pyogenes*** (Durchmesser: ca. 1 µm).

Eine der häufigsten bakteriellen Kinderkrankheiten ist **Scharlach**. Ausgelöst wird Scharlach vom Bakterium *Streptococcus pyogenes*. Die Symptome können unterschiedlich sein: Anfangs schmerzen Kopf und Hals, die Körpertemperatur steigt rasch an. Der Rachenbereich ist entzündet. Die Zunge Erkrankter ist oft zuerst weiß belegt, nach einigen Tagen himbeerfarben.

Ein bis zwei Tage später breitet sich über den ganzen Körper ein **nicht juckender Hautausschlag** aus (→Abb. 22), der nach ungefähr einer Woche wieder verschwindet. Nach einiger Zeit schält sich die Haut.

Bei rechtzeitiger Behandlung mit **Antibiotika** kommt es normalerweise nicht zu Komplikationen. Wird auf Antibiotika verzichtet oder die Therapie zu früh beendet, kann es zu Entzündungen von Mittelohr, Nebenhöhlen und Lunge kommen. Selten werden große Gelenke, Herzbereiche oder Nieren befallen.

Scharlach gilt zwar als Kinderkrankheit, doch können auch Erwachsene daran erkranken. *S. pyogenes* ist einer der häufigsten Krankheitserreger. Laut Schätzungen medizinischer Organisationen tragen ihn fünf bis 15 % aller gesunden Menschen symptomlos („ruhend") in sich. Die Ansteckung erfolgt durch **Tröpfcheninfektion oder Hautkontakt**.

Syphilis und Tripper sind bakterielle Geschlechtskrankheiten

Die Verwendung von Kondomen ist der effektivste Schutz vor Syphilis und Tripper

Der Erreger von Syphilis (→Abb. 23) wird beim **Geschlechtsverkehr** übertragen. Das spiralig gewundene Bakterium bewegt sich durch Rotation um die Längsachse. Bei Syphilis entstehen an der Infektionsstelle nach einiger Zeit kleine, nicht schmerzende **Geschwüre**. Ihr farbloses Sekret enthält große Mengen des Bakteriums und ist daher **höchst ansteckend**. Die Geschwüre heilen meist wieder ab. Ungefähr zwei Monate danach kommt es zu Hautausschlägen, Schleimhautentzündungen und Haarausfall.

Zwischen einzelnen Symptomphasen können Jahre vergehen, in denen Infizierte **beschwerdefrei** leben, obwohl sie den Erreger noch immer in sich tragen.

Im Spätstadium werden oft weite Teile des Körpers befallen, worunter Knochen und Nerven leiden. Unbehandelte Syphilis kann zum **Tod** führen.

Eine der häufigsten sexuell übertragbaren Krankheiten ist **Tripper (Gonorrhoe)**, verursacht vom Bakterium *Neisseria gonorrhoeae* (→Abb. 24). Es nistet sich v. a. in den Geschlechtsorganen und den Harnwegen ein und kann unbehandelt zu **Unfruchtbarkeit** führen.

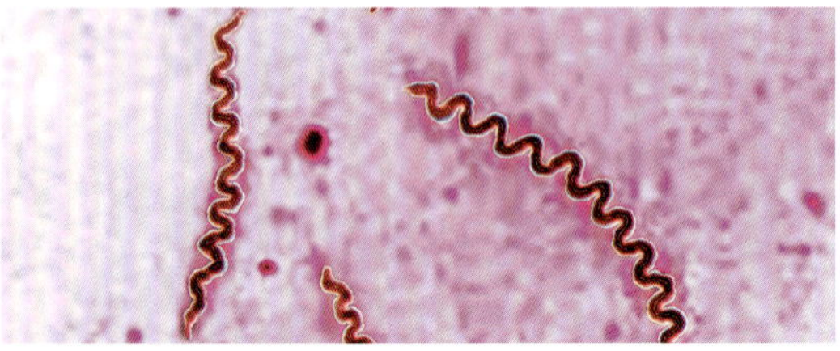

Abb. 23: Erreger von Syphilis, *Treponema pallidum* (ca. 10 µm lang, angefärbt)

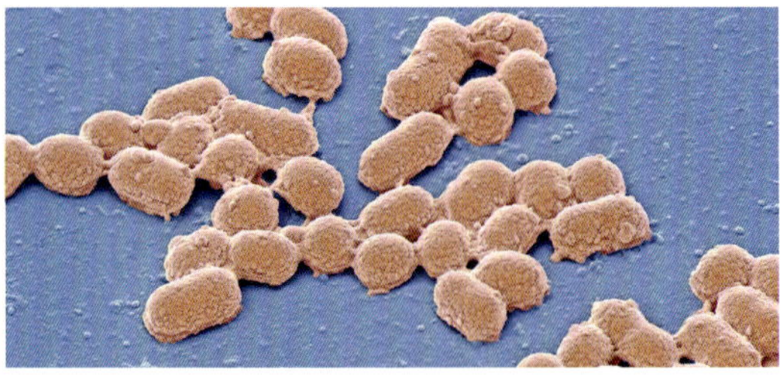

Abb. 24: Tripper, *Neisseria gonorrhoeae* (rechts, während der Teilung, ca. 1 µm im Durchmesser, angefärbt)

Die Fallzahlen an Syphilis und Tripper nehmen in den letzten Jahren in Österreich und Deutschland wieder zu – offenbar aufgrund wechselnder Sexualpartner und Verzicht auf Kondome beim Geschlechtsverkehr.

Malaria – die Geißel der Tropen

Malaria wird von Einzellern der Gattung *Plasmodium* ausgelöst

AIDS und Malaria sind zwei völlig verschiedene Krankheiten mit ganz anderen Erregern: AIDS wird von einem Virus ausgelöst, **Malaria von einem Einzeller namens *Plasmodium***. Doch beide fordern weltweit jedes Jahr so viele Todesopfer, dass die Vereinten Nationen der Bekämpfung dieser Krankheiten hohe Priorität einräumen. Und noch etwas haben die Erreger von AIDS und Malaria gemeinsam: Sie befallen u. a. Blutzellen. Anders als HI-Viren, die vornehmlich T-Zellen infizieren, dringt der Verursacher von Malaria in **Erythrocyten** ein. Und anders als bei HI-Viren sind für Infektionen mit *Plasmodium* **Mücken der Gattung *Anopheles*** verantwortlich.

In Abbildung 25 kannst du nachverfolgen, was passiert, nachdem eine *Anopheles*-Mücke einen Menschen gestochen hat. Anfangs ähneln die Symptome von Malaria einer Grippe: Fieber, allgemeines Unwohlsein, Übelkeit, Kopf- und Gliederschmerzen. Dann aber kommt es zur **starken Vermehrung von Plasmodium in den roten Blutzellen** der/des Infizierten, die bei der Malariaform „*tertiana*" alle 48 Stunden **platzen** und dabei neue Erreger entlassen. Der Krankheitsverlauf ist daher durch **wiederkehrende Fieberanfälle** gekennzeichnet. Malaria verläuft jedes Jahr für bis zu 1 Million Menschen tödlich.

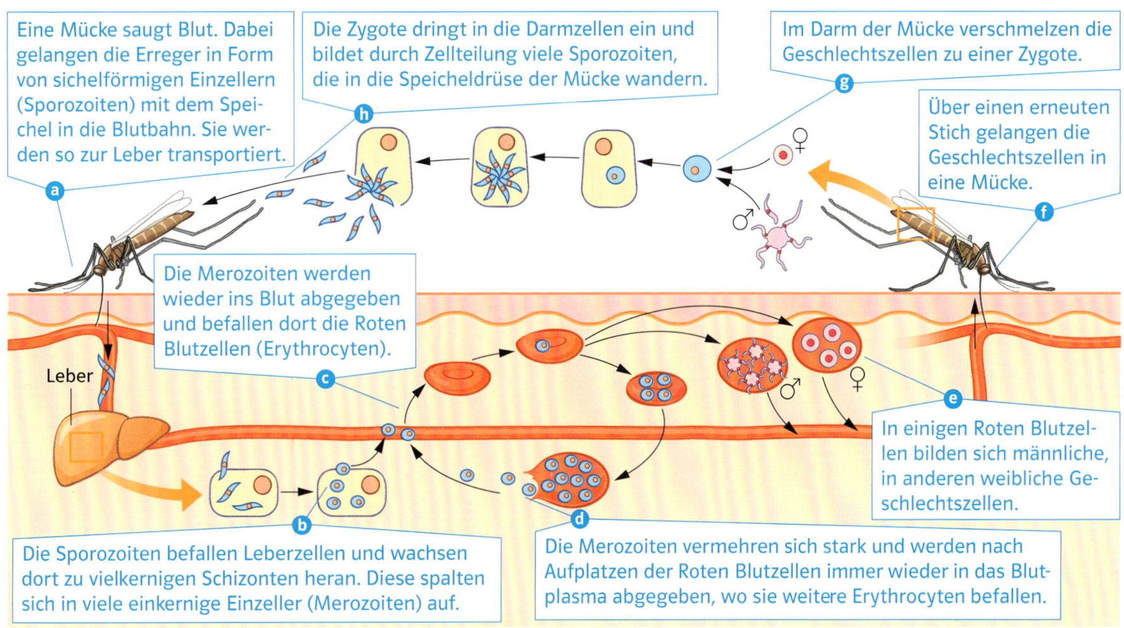

Abb. 25: Der Entwicklungskreislauf des Malariaerregers *Plasmodium*: Dieser Erreger braucht zwei Wirte: In ***Anopheles*-Mücken** entstehen aus haploiden *Plasmodium*-Geschlechtszellen diploide Sporozoiten. Gelangen sie bei einem Mückenstich ins Blut eines Menschen, bilden sie dort in der **Leber** zunächst Merozoiten, die in **rote Blutzellen** eindringen, sich dort stark vermehren und schließlich durch Meiose wieder Geschlechtszellen bilden.

Variabilität, Verwandtschaft, Geschichte und Evolution

Aufgaben

W **1** Malaria wird auch „Wechselfieber" genannt. Erkläre dies mithilfe der Fieberkurve einer an Malaria erkrankten Person (→Abb. 26).

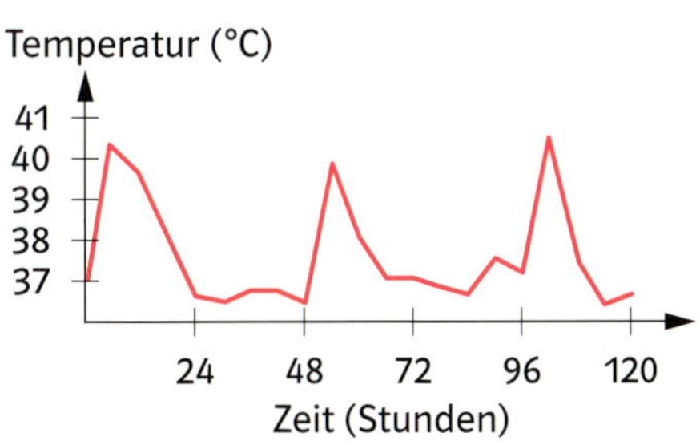

Abb. 26: Fieberkurve einer an Malaria erkrankten Person

S **2** Derzeit ist die Malariaprophylaxe (Vorbeugung) mit verschiedenen künstlich hergestellten Medikamenten die einzige Möglichkeit, sich vor einer Infektion zu schützen. Allerdings gibt es keinen absoluten Schutz, denn Malaria-Erreger weisen ähnlich wie Bakterien und Viren eine hohe Mutationsrate auf und entwickeln daher schnell Resistenzen gegenüber einem Medikament. Wie könnte man Malaria trotzdem eindämmen? Entwickle dazu eine Strategie und recherchiere danach im Internet, mit welchen Maßnahmen die Weltgesundheitsorganisation dies versucht.

Basiskonzept

Variabilität, Verwandtschaft, Geschichte und Evolution: Durch Veränderungen im Erbgut ist der dauerhafte Schutz gegen schnell mutierende Krankheitserreger kaum möglich. Das betrifft nicht nur sehr viele Viren und Bakterien, sondern auch Einzeller wie *Plasmodium*.

Der Kampf gegen Malaria

An der Entwicklung eines Malaria-Impfstoffes wird intensiv geforscht

Bis heute gibt es weder ein in allen Fällen wirkendes Medikament noch einen verlässlichen Impfstoff gegen Malaria. Als eine der gefürchtetsten Tropenkrankheiten mit jährlich über 200 Millionen Neuerkrankungen wird sehr viel daran geforscht, den Infektionsprozess zu verstehen und wirksame Therapien zu entwickeln. In einer der wichtigsten Wissenschaftszeitschriften, *Nature*, wurden allein im Jahr 2017 mehrere Dutzend Artikel zu Malaria veröffentlicht.

Vor kurzem gelang es einem Team aus Heidelberg, mit einer neuen Methode vielleicht doch den Weg zu einem Impfstoff zu bahnen: Dazu wurde das Erbgut des Erregers Plasmodium im Labor zunächst um 200 Gene verkleinert, dafür aber um Informationen für ein Schneideenzym ergänzt. Diese veränderten Erreger bilden daher genau dann, wenn sie die menschlichen Leberzellen infizieren, ein Enzym, dass ihr eigenes Erbgut zerschneidet. Die Idee dahinter: Das Immunsystem wird durch die Impfung mit dem gentechnisch veränderten *Plasmodium*-Stamm sensibilisiert und die Erreger können sich im Menschen nicht vermehren, selbst wenn die Immunantwort nicht ausreichend greift (Singer u.a., 2015).

Überrascht waren die Wissenschafterinnen und Wissenschafter, als sie bei Versuchen an Mäusen feststellten, dass die Impfung tatsächlich eine große Zahl der Nager vor einer Malariainfektion mit dem natürlichen Erreger schützte. Doch gab es einige Mäuse, bei denen das nicht der Fall war. Es zeigte sich, dass in diesen Fällen dem gentechnisch zum Erbgut-Selbstmord programmierten Erreger die Reparatur des Erbguts gelungen war. Nun arbeitet das Team daran, die Veränderung so zu verändern, dass eine Reparatur sehr unwahrscheinlich wird.

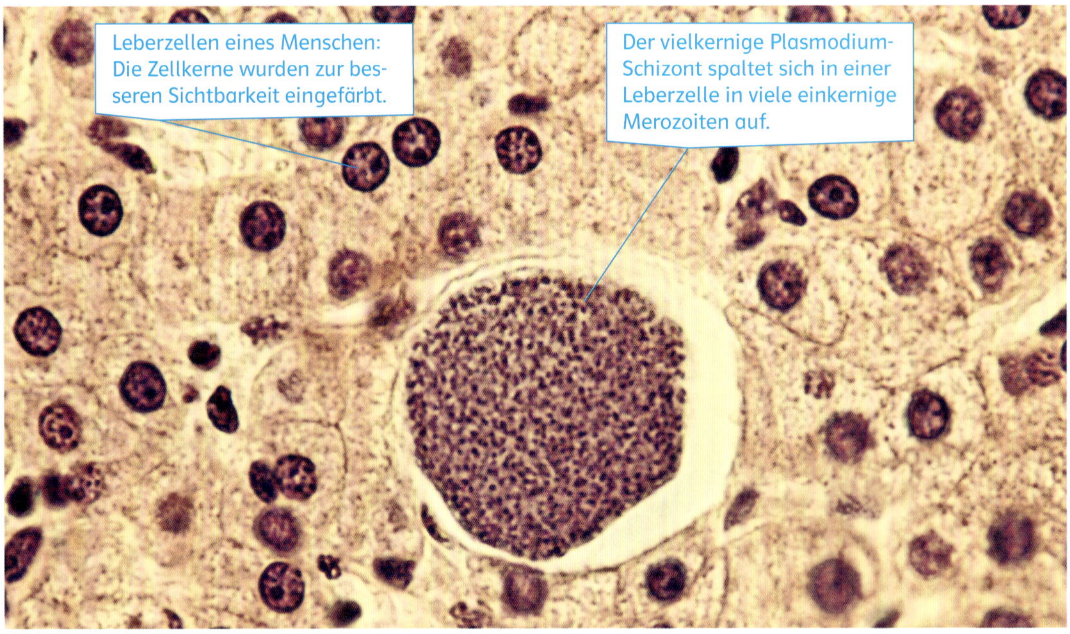

Abb. 27: Plasmodium-Schizonten in der Leber. Leberzellen sind etwa 20–30 µm, der Schizont etwa 60 µm groß. Lichtmikroskopische, gefärbte Aufnahme.

Literatur:

Singer, M.; Marshall, J.; Heiss, K.; Mair, G.;, Grimm, D.; Mueller A.-K.; Frischknecht, F.: Zinc finger nucle-ase-based double-strand breaks attenuate malaria parasites and reveal rare microhomology-mediated end joining. In: Genome Biology. 2015, Jg. 16, S. 249.

Aufgaben

W 1 Erkläre, in welcher Weise die Forschung, die auf dieser Seite dargestellt wird, mit den Informationen zusammenhängt, die du auf Seite 41 findest.

W 2 Wähle aus der Liste der Basiskonzepte (S. 6–7) eines aus, das zu den Beobachtungen des Heidelberger Teams passen könnte. Begründe deine Wahl.

W/E 3 Malaria spielt auch in der Literatur eine große Rolle. In Reiseberichten oder Abenteuergeschichten, die in der Südsee spielen (zB bei Jack London), wird im Zusammenhang mit dieser Krankheit immer wieder eine Substanz genannt, die aus der Rinde des Chinarindenbaums gewonnen wurde. Recherchiere im Internet, um welchen Stoff es sich handelt. Dieser Stoff wird nicht nur als Medizin gegen Malaria verwendet, sondern auch als Bitterstoff manchen Getränken zugesetzt.

Wenn ihr in der Schule eine UV-Lampe habt, könnt ihr zusammen mit eurem Lehrer/eurer Lehrerin testen, ob ein Getränk diesen Stoff enthält: Beschreibe, was passiert, wenn ihr Leitungswasser, Bitter Lemon und Zitronenlimonade im Dunkeln mit UV-Licht bestrahlt.

Heutzutage werden allerdings meist andere, synthetisch hergestellte Substanzen bei der Malariabehandlung eingesetzt. Auch eine weitere pflanzliche Substanz spielt eine immer größere Rolle. Finde die Namen dieser Substanzen heraus.

Candida albicans & Co. – Hefepilze als Krankheitserreger

Einige Pilze sind dem Menschen dienlich, andere können ihm schaden

Pilze sind dir in dieser Schulbuchreihe schon des öfteren begegnet: als Symbionten (zB Ektomykorrhiza), als Saprobionten (Abbau toten Gewebes), als Produzenten medizinisch oder industriell wichtiger Substanzen (Penicillin, Zitronensäure), als wichtige Helfer bei der Herstellung von Käse, Brot und Bier (Schimmelpilz, Hefen) und als **Krankheitserreger bei Pflanzen und Tieren** (zB Rostpilze, Kartoffelfäule und der Ameisen befallende Pilz *Ophiocordyceps unilateralis*).

Pilze können auch uns Menschen schaden, insbesondere dann, wenn das **Immunsystem geschwächt oder die Mund-, Scheiden- oder Darmflora aus dem Gleichgewicht** gebracht worden ist.

So befindet sich der Hefepilz ***Candida albicans*** (→Abb. 28) im Darm vieler Menschen und scheint dort normalerweise symptomlos zu existieren. Werden aufgrund bakterieller Erkrankungen Antibiotika eingenommen, kann dies dazu führen, dass sich *C. albicans* im Scheidenbereich oder im Darm ausbreitet: Der Tod der Bakterien schafft neuen Lebensraum für die Pilzzellen, die **beim Geschlechtsverkehr** übertragen werden oder **aus dem eigenen Darm** in die Scheide gelangen.

Ähnliches passiert durch die Gabe von **Cortison**. Das ist ein Medikament, das zB von Menschen mit schweren Allergien eingenommen wird. Die dadurch bewirkte Abschwächung der Immunreaktion lindert die allergischen Symptome – aber eben auch die Immunabwehr. Kinder und Erwachsene mit Asthma (siehe S. 28), die Cortison mittels Sprays inhalieren, um einer Atemnot vorzubeugen, müssen daher **nach einer solchen Cortisoninhalation gründlich den Mund mit Wasser ausspülen**. Andernfalls könnte es zu **Mundsoor** kommen (→Abb. 29). Diese **Mykose**[1] beobachtet man zuweilen auch bei Säuglingen, deren Immunsystem noch nicht voll funktionsfähig ist. Gegen den weißen Belag aus Pilzhyphen helfen nur **Fungizide**[2]. *C. albicans* und andere Hefepilze können die Haut und die inneren Organe befallen.

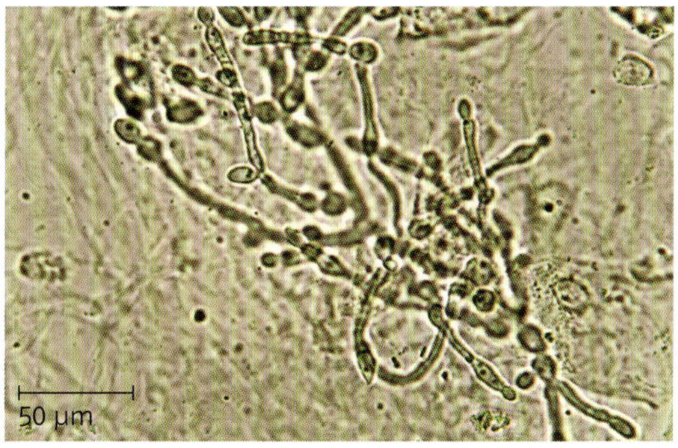

Abb. 28: Pilzzellen von *C. albicans*.

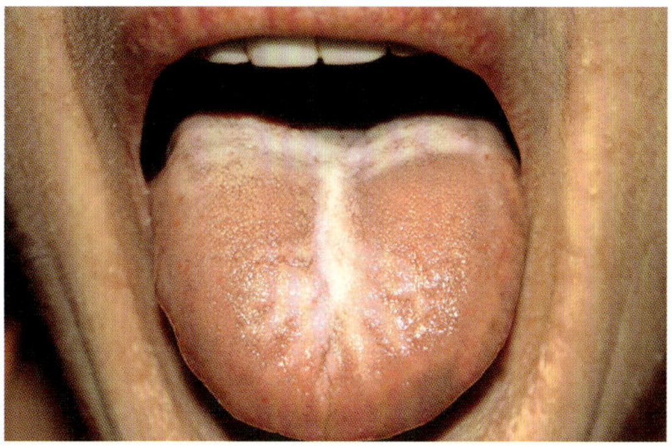

Abb. 29: Mundsoor.

Fuß- und Nagelpilze (→Abb. 30) sind eher lokal im Auftreten. Meist beginnt eine Infektion im Hautbereich zwischen einzelnen Zehen. Die Haut wird dabei spröde, reißt auf und juckt. Befallene Nägel werden dicker und verlieren ihr glattes, durchsichtiges Aussehen. Auch diese Mykose kann man nur mit pilztötenden Mitteln bekämpfen.

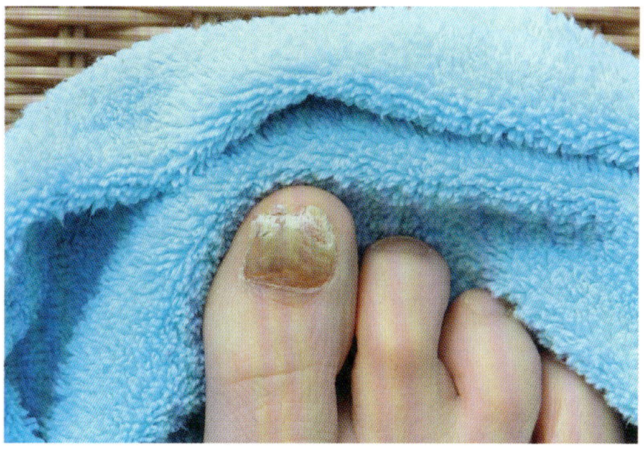

Abb. 30: Nagelpilz.

Glossar

[1] **Mykose:** Erkrankung, die von einem Pilz verursacht wird (griech. mykes = Pilz)
[2] **Fungizid:** pilztötendes Mittel

Aufgaben

W **1** Liste auf, was Pilze von Bakterien, Pflanzen und Tiere unterscheidet, und wo ggfs. Gemeinsamkeiten festzustellen sind. Wenn du dich nicht mehr erinnern kannst, lies das entsprechende Kapitel in Band 5 nach.

W **2** Fasse in einem kurzen Text zusammen, warum das längere Einnehmen von Antibiotika oder Cortison zu einer Mykose führen kann.

Weniger Bakterien durch Händewaschen?

Warum ist es sinnvoll, sich die Hände zu waschen? Mit dem folgenden Experiment kannst du die Wirkung von Händewaschen auf Mikroorganismen testen, die auf deiner Haut leben.

Fragestellung

Wie wirken sich verschiedene Reinigungsmethoden für die Hände auf Bakterien und Pilze aus, die sich darauf befinden?

Hypothesen

- Seife entfernt diese Mikroorganismen ebenso effektiv wie Desinfektionsmittel.
- Mit Wasser gewaschene Hände tragen weniger Mikroorganismen als ungewaschene Hände.
- … *[Hier kannst du eine eigene Hypothese eintragen.]*

Abb. 31: Mit Nährboden gefüllte Petrischale.

Durchführung

Eine mit Nährboden gefüllte Petrischale[1] wird mit einem Filzstift in fünf Felder unterteilt und unten entsprechend der jeweiligen Behandlung beschriftet. Vorsichtig wird in Feld 1 ein ungewaschener Finger gedrückt, in Feld 2 ein mit Leitungswasser, in Feld 3 ein mit Seifenwasser gewaschener und in Feld 4 ein mit Desinfektionsmittel gereinigter Finger. Feld 5 bleibt leer als Kontrolle.

Achte darauf, dass die Petrischale nur ganz kurz geöffnet ist. Ebenso solltest du den Deckel nur wenig anheben, um weitere Infektionsquellen (Ärmel, Haare) möglichst auszuschließen. Wenn du fertig bist, verschließe die Petrischalen mit Klebestreifen und verwahre sie zwei Tage lang bei 37 °C.

Ergebnis

Notiere dann für die einzelnen Felder Anzahl, Form und Farbe der einzelnen Mikroorganismenkolonien. Dabei darfst du die Schalen nicht öffnen! Nach der Auswertung müssen die Petrischalen fachgerecht entsorgt werden, zB durch drei- bis vierstündiges Erhitzen bei 121 °C in einem Schnellkochtopf, der nur für Laborzwecke genutzt wird. (Die Mikroorganismen müssen vollständig abgetötet werden!)

Diskussion

Deute das Ergebnis und begründe deine Schlussfolgerung. Diskutiere mögliche Fehlerquellen. Stimmen die Hypothesen?

Glossar

[1] **Petrischale:** Durchsichtige, flache, runde Schale mit Deckel, die in mikrobiologischen Laboren häufig zum Einsatz kommt. Sie wurde 1887 vom deutschen Bakteriologen Julius Richard Petri erfunden.

Hygiene – ein medizinischer Erfolg

Ignaz Semmelweis (1818–1865) – „Retter der Mütter“

In der Medizin ist Hygiene von grundlegender Bedeutung. So verdanken wir es dem Wiener Arzt Ignaz Semmelweis, dass die Zahl der Mütter, die an Kindbettfieber sterben, drastisch gesenkt werden konnte.

Denn Semmelweis hatte bemerkt, dass Mütter, die von Ärzten oder Medizinstudenten behandelt worden waren, wesentlich häufiger verstarben als Frauen, die von Hebammen oder Hebammenschülerinnen betreut wurden. Zur Ausbildung von Medizinern gehörte schon damals das Sezieren von Leichen. Zudem starb ein Kollege von ihm, nachdem er beim Sezieren versehentlich von einem Studenten verletzt worden war.

Offenbar enthielt das Leichengewebe irgendetwas, was zum Tode führte, sobald es in das Blut anderer Personen gelangte. Zu Zeiten von Semmelweis war die genaue Ursache nicht bekannt. Heute weiß man, dass es sich dabei um Viren wie Hepatitis-B-Erreger, Schimmelpilze, oder Bakterien (zB für Tuberkulose) handelte. Aber seine Anordnung, sich nach dem Aufschneiden einer Leiche die Hände zu waschen, rettete unzähligen Frauen das Leben.

Florence Nightingale (1820–1910) – Erfinderin der modernen Krankenpflege

Etwa zur selben Zeit wie Ignaz Semmelweis lebte die Britin Florence Nightingale. Sie arbeitete als Krankenpflegerin in vielen Ländern Europas und wurde bekannt für ihr Organisationstalent und ihren unermüdlichen Einsatz dafür, Krankenstationen hygienischer zu gestalten. 1855 starb sie selbst fast an einer Bakterieninfektion.

Nightingale hatte eine gute mathematische Ausbildung. Sie sammelte Daten mittels Fragebögen, analysierte diese und bereitete die Ergebnisse in statistischen Tabellen und verständlichen Grafiken auf, um dringend notwendige Verbesserungen der Hygiene einzufordern. 1859 wurde sie – als erste Frau – zum Mitglied der Royal Statistical Society in London gewählt.

Eine bedeutsame statistische Darstellung, die bekannt wurde als „Nightingales Rose“, ist in Abbildung 33 zu sehen. Sie zeigt die Todesursachen von Soldaten der britischen Armee während der Krimkriege und verdeutlicht, dass nur ein Teil der Soldaten den direkten Kriegsverletzungen erlag. Ein Großteil verstarb an Folgen der hygienischen Missstände in den Kriegslazaretten.

Abb. 32: **Oben:** Der Wiener Arzt Ignaz Semmelweis (1818–1865). **Unten:** Florence Nightingale (1820–1910)

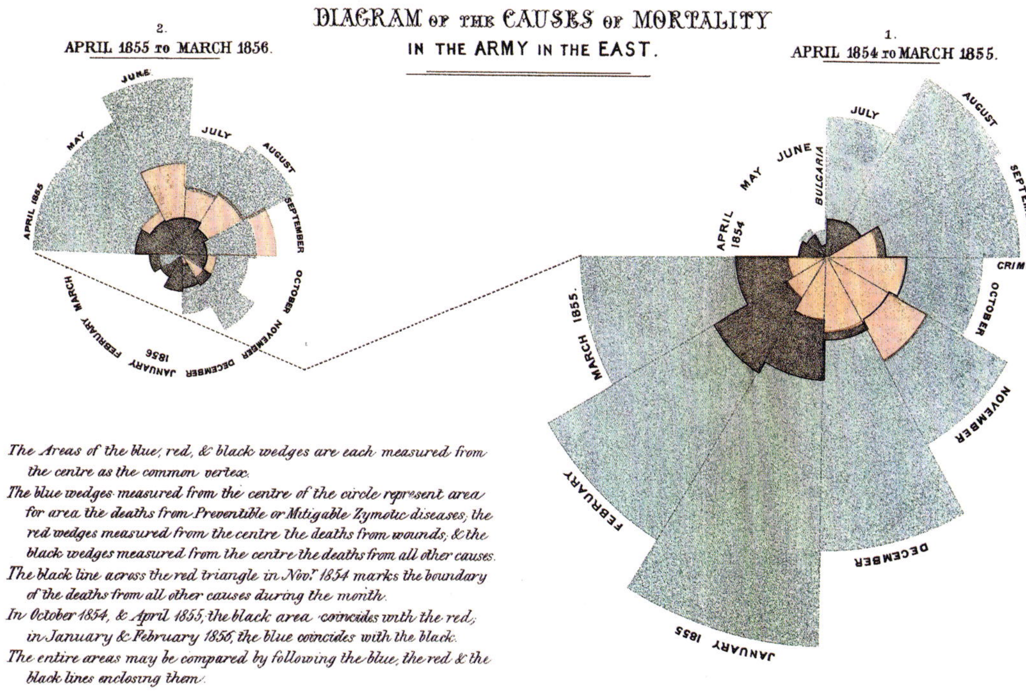

Abb. 33: Nightingales Rose Chart. Die Grafik zeigt die Anzahl der Todesfälle von Soldaten von April 1854 bis März 1856. Jedes Kreissegment stellt einen Monat dar. Dabei werden Todesfälle unterschieden aufgrund von Krankheiten, die verhindert hätten können (grau), aufgrund von Verwundungen und Kriegsverletzungen (rot) und aufgrund anderer Ursachen (schwarz).

Literatur:

Nightingale, F.: Notes on Matters Affecting the Health, Efficiency, and Hospital Administration of the British Army. 1858.

Recherche und Quellenkritik

Der Sinn gründlicher Recherche

Wissen verändert sich heutzutage so rasant wie vermutlich noch nie in der Geschichte der Menschheit. Das gleiche gilt für die Berichterstattung darüber in Fachzeitschriften, Zeitungen, dem Internet, auf Konferenzen und Workshops. Denn unglaublich viele Hochschulen, Firmen und Privatleute forschen an neuen und alten Fragen, von der Auslegung Jahrtausende alter Texte bis hin zur Frage, wie die Menschheit den Klimawandel vermeiden oder zumindest seine Auswirkungen verringern könnte.

Da drängt sich die Frage auf: Stimmt alles, was ich lese? Diese Frage ist wichtiger, als es zunächst erscheinen mag. Selbst in hochkarätigen Fachzeitschriften wurden schon Arbeiten publiziert, die später zurückgezogen werden mussten, weil herauskam, dass die Autorinnen und Autoren **Daten gefälscht oder von anderen ungefragt übernommen** hatten. **Ehrlichkeit und Genauigkeit** sind Grundpfeiler wissenschaftlichen Handelns. Aber auch in der Wissenschaft werden sie nicht immer beherzigt.

Ausgangspunkt einer Recherche

Um Informationen zu einem Thema zu erhalten, kannst du zunächst einmal leicht zugängliche Quellen nutzen, etwa **Schul- oder Fachbücher** oder die **Internetseiten einer Tageszeitung**. Wenn du bei „Presse", „Standard" und Co. in der Suchfunktion einen Begriff wie „Ebola" eingibst, wirst du sehr viele Artikel finden (→Abb. 34). Bei manch anderen Suchbegriffen bist du vermutlich weniger erfolgreich.

Suche

Ebola | SUCHEN

zur Detailsuche »

Artikelarchiv
Ihre Suche für „Ebola" ergab 283 Treffer

Abb. 34: Die Suchfunktion auf Internetseiten von Tageszeiten ist ein nützlicher Ausgangspunkt für eine Recherche.

In solchen Artikeln wird oft auf die Originalarbeit verwiesen (→Abb. 35) – wie man es eben bei korrektem Umgang mit Quellen machen sollte (siehe S. 104). Jetzt kann man sich bemühen, an die wissenschaftliche Publikation heranzukommen, in der die neuen Erkenntnisse erstmals und genauer beschrieben worden sind.

In jedem Fall solltest du versuchen, zusätzlich in **wissenschaftlichen Datenbanken** zu deinem Thema zu recherchieren (→Tabelle 1).

UV-Licht enthüllt bisher unbekannte Muster auf Chamäleons

22. Jänner 2018, 11:14

Forscher entdeckten, dass knöcherne Höcker unter der dünnen Haut der Tiere bei UV-Bestrahlung fluoreszieren. Das dürfte der Kommunikation dienen

München – Chamäleons können nicht nur ihre Farbe wechseln, viele von ihnen leuchten unter UV-Licht blau: Sonst unsichtbare Muster überziehen bei UV-Bestrahlung den Kopf der Tiere und setzen sich bei einigen Arten auch über den Körper fort, wie Forscher der Zoologischen Staatssammlung München nun herausfanden.

Eine dünne, durchlässige Haut überspanne knöcherne Höcker am Kopf, sodass das UV-Licht direkt auf den Knochen treffe und von dort in blaues Licht umbewandelt werde, berichten die Wissenschafter im Fachblatt "Scientific Reports". Einige Arten haben zudem Wirbelfortsätze knapp unter der Haut, sodass das Muster bis zum Schwanz reiche.

Abstract

Scientific Reports: "Widespread bone-based fluorescence in chameleons"

Abb. 35: Ausschnitt eines Artikels aus dem „Standard".
Am Ende des Textes wird auf die Originalarbeit verwiesen.

Tabelle 1: Weit verbreitete wissenschaftliche Datenbanken

Pubmed: www.ncbi.nlm.nih.gov/pubmed/
Google Scholar (wenn man die Autorennamen kennt: Hier sind die Arbeiten von Wissenschafterinnen und Wissenschaftern nach deren Namen sortiert): *https://scholar.google.at/*
Researchgate *(das „facebook" der Wissenschaft): www.researchgate.net*

Du kannst zudem **den Autorinnen oder Autoren schreiben** und sie bitten, dir ihren Artikel zuzuschicken. Die meisten kommen dem gerne nach, weil sie ihre Ergebnisse bekannt machen wollen. Die E-Mail-Adressen findest du meist auf der ersten oder letzten Seite einer Veröffentlichung.

Natürlich sind die meisten Veröffentlichungen auf Englisch und in zuweilen schwer verständlicher Fachsprache verfasst. Doch der „Abstract" (die Zusammenfassung) ist oft so geschrieben, dass auch Laien ihn verstehen können. Notfalls kann man wiederum versuchen, populärwissenschaftliche Berichte über diese Arbeit zu finden, zB in Zeitschriften wie „Spektrum der Wissenschaften", „Bild der Wissenschaften", „GEO", „Universum", „Scientific American".

Letztlich muss man immer, gerade aber bei weniger bekannten Quellen entscheiden, wie seriös die Autor/innen vorgegangen sind. Es gibt durchaus Artikel, die ernsthaft über esoterische Themen berichten. Neben gesundem Menschenverstand hilft es, verschiedene Quellen zu vergleichen: Kommen sie zu ähnlichen Schlussfolgerungen? Sind die Ergebnisse/Meinungen konträr? Welche Institution oder Person steht hinter dieser Website (Impressum) – und welche Interessen könnten sie verfolgen? Wenn dir die fachwissenschaftliche Expertise fehlt, ist es zumindest angesagt, gegensätzliche Ansichten darzustellen (und nachvollziehbar zu begründen, warum du eher zu der einen als zu der anderen Seite tendierst).

Aufgaben

Thema und erste Suche

Entscheide, zu welchem Thema du Informationen heraussuchen möchtest. Dabei musst du Folgendes beachten: Je breiter und damit ungenauer deine Suchbegriffe sind, desto mehr Artikel wirst du finden. Daher kann es sinnvoll sein, zweifach vorzugehen:

1) Zunächst möchtest du vermutlich wissen, was bei einem Thema der allgemein bekannte Stand der Forschung ist, ohne zu sehr in die Fachwelt eintauchen zu müssen. Wenn dich beispielsweise die Anfallsarten bei Epilepsie interessieren, könntest du zunächst „Epilepsie, Anfall, Formen" in einer Suchmaschine eingeben und zudem in einem möglichst aktuellen Lehrbuch für Neurologie das entsprechende Kapitel studieren. Für aktuelle englischsprachige Literatur wären die Schlüsselbegriffe „epilepsy, seizure, types".
2) Oder du interessierst dich für eine ganz bestimmte Art eines Anfalls, zB die „Absence", weil jemand in deiner Familie immer wieder Absencen hat. Dann kannst du nun nach genau diesem Anfallstyp suchen – und die Informationen, die du gefunden hast, später mit allgemeinen Informationen zu Epilepsie verbinden.
3) Fasse für jeden von dir gelesenen Text kurz zusammen, was die für dich wichtigen Aussagen sind. Mit einer derartigen Literaturdatenbank fällt dir später auch das Zitieren und das Erstellen eines Literaturverzeichnisses leichter (siehe S. 104).

Auf diese Weise näherst du dich deinem Interessensgebiet **vom Allgemeinen ins Spezifische und umgekehrt**. Vermutlich wirst du mehrmals zwischen allgemeinen und spezifischen Texten hin und her springen müssen, um dein Thema verstehen und spezifische Informationen einordnen zu können.

Probiere dies nun aus **für das von dir gewählte Thema**, indem du einerseits deine **Schulbibliothek** (falls zugänglich: auch eine Hochschulbibliothek) auf entsprechende **Schul- und Fachbücher** hin untersuchst und zum anderen mit der **Internetrecherche** bei Zeitungen, Zeitschriften und wissenschaftlichen Datenbanken beginnst.

Recherchekette

Dabei ergibt es sich automatisch, dass **weitere Quellen** gesucht und gelesen werden müssen, auf die in den Texten verwiesen wird, die du bereits herausgesucht hast. Denn natürlich ist es auch in wissenschaftlichen Veröffentlichungen Pflicht, auf bereits bekannte Arbeiten anderer Forscherinnen und Forscher, auf die man sich bezieht, namentlich zu verweisen (siehe S. 104). So kann es zu einer **Recherchekette** kommen. Das ist oft mühsam, aber wer ein Thema wirklich durchdringen will, sollte verstehen, wie sich das Wissen dazu entwickelt hat.

Artikel mit konträren Ansichten

Wenn du Texte zu deinem Thema findest, die sich in bestimmten Punkten widersprechen, dann sortiere deine Texte diesbezüglich und verweise jeweils getrennt auf diese Quellen, wenn du diese gegensätzlichen Standpunkte darstellst. Gegebenenfalls kannst du vermerken, warum dir ein bestimmter Text/eine gewisse Ansicht glaubwürdiger erscheint als eine andere (→S. 37).

Abb. 36: Fachbücher und -zeitschriften findest du in einer Schul- oder Fachbibliothek

Abb. 37: Unterschiedliche Medien für eine Recherche. Je leichter es ist, selbst in einem bestimmten Medium etwas zu veröffentlichen, desto kritischer sind diese Inhalte zu hinterfragen. Während es zB relativ einfach ist, eine eigene Webseite zu erstellen und persönliche Ansichten in einem Blog zu veröffentlichen, ist es ein langwieriger Prozess, in einer wissenschaftlichen Zeitschrift zu publizieren, wo jeder Beitrag erst von anderen Wissenschafterinnen und Wissenschaftern streng geprüft wird (Peer-review-Prozess).

Kompetenz-Check: Krankheitserreger

Was hast du in diesem Kapitel gelernt?

Lösungen
qr73vz

- Du kannst Merkmale von Bakterien und Viren aufzählen und begründen, worin sich diese unterscheiden.
- Du hast gelernt, dass Prionen, Viren, Bakterien, einzellige Krankheitserreger und Pilze nicht nur den Menschen, sondern auch Tiere und Pflanzen befallen. Ebenso weißt du nun, dass sogar Bakterien von Viren infiziert werden können.
- Du bist in der Lage, den Vermehrungszyklus von HIV darzustellen und zu erläutern.
- Du kannst den Wirtswechsel bei Malaria und den Lebenszyklus von Plasmodium beschreiben.
- Du hast gelernt, welche Verhaltensmaßnahmen dazu beitragen, die Wahrscheinlichkeit einer Ansteckung zu verringern.
- Dir sind wichtige Vorsorgeuntersuchungen im Intimbereich vertraut.

Du kannst dir Fachwissen aneignen und kommunizieren

W 1 Beschreibe die Unterschiede zwischen Bakterien und Viren und begründe, warum Viren keine Lebewesen sind (und Antibiotika damit wirkungslos gegen virale Erkrankungen).

W 2 Zecken können nicht nur die Erreger von Borreliose und FSME übertragen. Liste aufgrund von Recherchen weitere Krankheiten auf, die von einem Zeckenbiss ausgelöst werden können, und lege dar, welche davon in Österreich auftreten. Als Ausgangspunkt kannst du die Forschungen des Wiener Instituts für Hygiene und Angewandte Immunologie nehmen, zB die frei zugängliche Studie Schötta u. a. (2017) „Reverse Line Blot-based Detection Approaches of Microbial Pathogens in *Ixodes ricinus* Ticks Collected in Austria and Impact of the Chosen Method" in der Zeitschrift *Applied and Environmental Microbiology* 83.

W 3 In Abb. 38 siehst Du einen Ausschnitt aus dem Impfplan für Österreich von 2018. Schau dir den aktuellen Impfplan auf den Internetseiten des Gesundheitsministeriums an. Sortiere die dort angeführten Krankheitserreger bzw. Krankheiten nach Viren und Bakterien (einige Erreger findest du in diesem Kapitel, für andere musst du weitere Recherchen anstellen). Suche dir einen Krankheitserreger aus, der in diesem Kapitel nicht näher beschrieben wurde, und verfasse zu ihm einen kurzen Informationstext samt Quellenangaben.

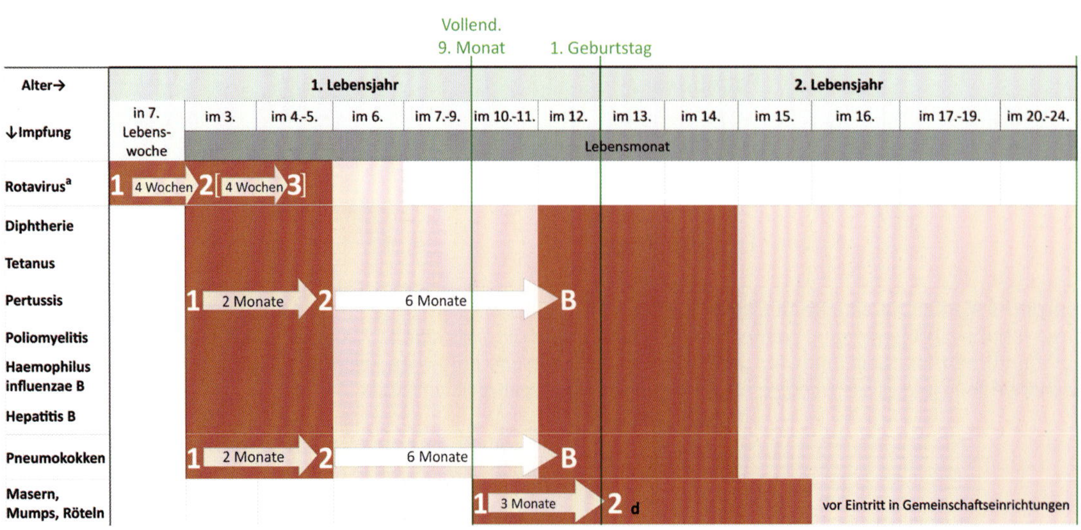

Abb. 38: Ausschnitt aus dem österreichischen Impfplan für 2018.

Du kannst Erkenntnisse gewinnen

E 1 Schau dir das Experiment auf S. 44 noch einmal an: Entwirf ein weiteres Experiment, bei dem du die Wirkung von Händeschütteln und zwischenzeitlichem Händewaschen mit Wasser, Seife und Desinfektionsmitteln auf Pilze (→Abb. 39) testest. Verwende dazu Bäckerhefe (in Form einer Suspension) als Testorganismus. Erläutere deine Vorgehensweise, formuliere eine Hypothese und teste sie.

E 2 Führe das Experiment anschließend mit mehreren Versuchspersonen durch. Protokolliere deine Ergebnisse und stelle dar, ob sich deine Hypothese als richtig oder falsch erwiesen hat. Diskutiere, was die Ursachen für deine Ergebnisse sein könnten.

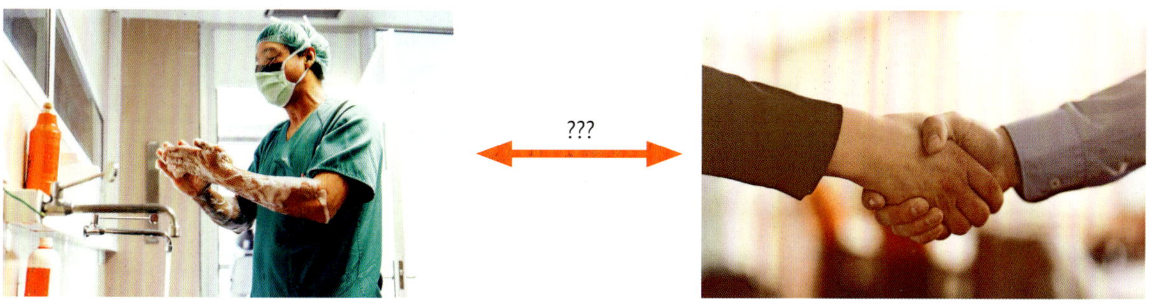

Abb. 39: Handpilzinfektion. *Auch auf gesunden Händen leben viele Mikroorganismen. Händeschütteln kann daher zu einer Ansteckung mit Pilzen, Bakterien oder Viren führen.*

Du kannst Standpunkte begründen und reflektiert handeln

S 1 Schau dir in Abb. 40 die Verbreitung von FSME in Österreich an. Begründe, ob du angesichts dieser Daten eine Impfempfehlung hinsichtlich FSME aussprechen würdest. Lege dar, welche Personen besonders gefährdet sein könnten (zB Waldkindergartenkinder) und nenne Gründe für deine Einschätzung. In alpinen Gegenden ist FSME selten, nimmt aber offenbar zu. Recherchiere und erkläre, welche Gründe es dafür geben kann.

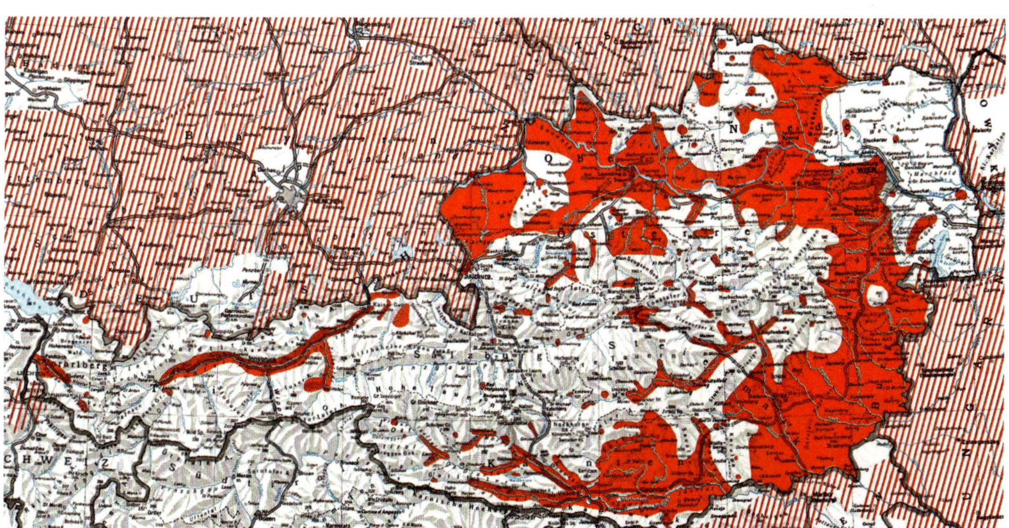

Abb. 40: FSME in Österreich. Rot markiert sind Gegenden, in denen Forschungsteams der Universitäten Graz, Innsbruck und Wien Zecken mit FSME-Viren fanden, die gestrichelten Flächen zeigen die Verbreitung in den Nachbarländern. (Stand: Dezember 2017.)

3. Gesundheitsförderung und Krankheiten

Du lernst in diesem Kapitel …

Bonusmaterial
r8b5sx

W Wissen organisieren
… Du lernst die Ursachen von Krankheiten wie Arteriosklerose, Diabetes, Epilepsie und Krebs kennen. Dabei erfährst du, welche Bedeutung eine gesunde Ernährung und ausreichend Bewegung für die Gesundheit hat.

E Erkenntnisse gewinnen
… Du erstellst Hypothesen zu Ursachen der Häufigkeit bestimmter Krebsarten und überprüfst diese mit Recherchen.

S Schlüsse ziehen
… Du erkennst, dass viele Krankheiten zwar genetisch bedingt sein können, der eigene Lebensstil aber stark beeinflusst, ob und wie stark eine Krankheit zum Ausbruch kommt.
… Du denkst darüber nach, warum Menschen, die an bestimmten Krankheiten leiden, manchmal Ausgrenzung erfahren – und wie man das verhindern könnte.

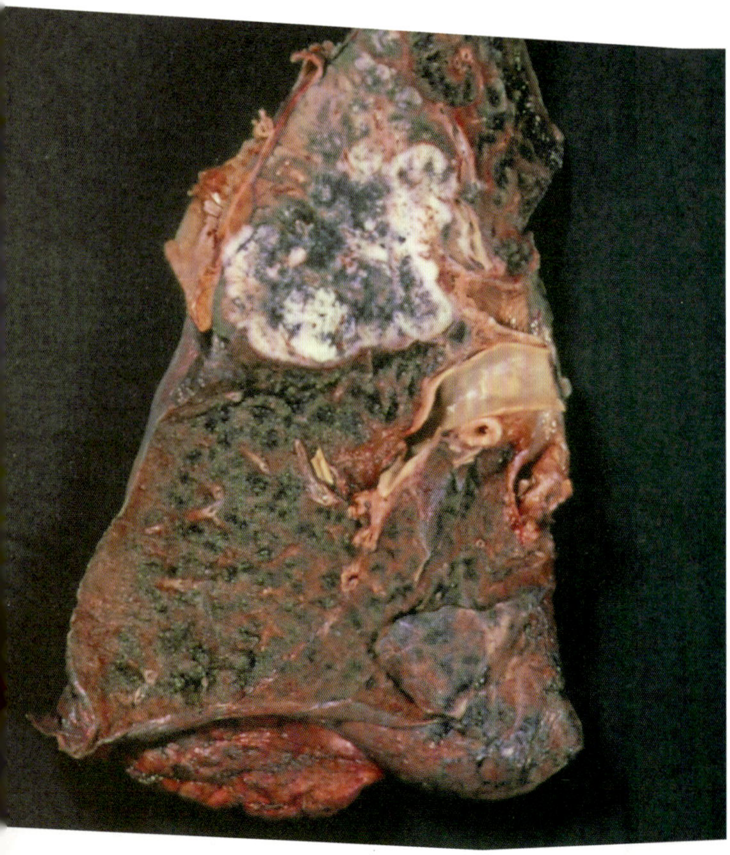

Lunge eines starken Rauchers. Die schwarzen Flecken sind Teerrückstände.

» Der coole Cowboy und sein Lungenkrebs

Rauchen – das ist für viele ein Zeichen von Coolness und Lässigkeit. Da vergisst man gerne, dass der Rauch einer Zigarette eine unglaubliche Vielzahl von Stoffen enthält, von denen viele für den Körper giftig sind.

Bei starken Rauchern lagern sich die Teerstoffe als schwarzer Belag in der Lunge ab (s. Bild links). Rauchen ist zudem die bei weitem häufigste Ursache von Lungenkrebs. Wer raucht, hat daher eine wesentlich höhere „Chance“, Schlaganfälle und Herzinfarkte zu erleiden oder unfruchtbar zu werden.

Übrigens starben auch einige der Darsteller des „Marlboro Man“, der viele Jahre lang für die gleichnamige Zigarettenmarke in gefühlsseligen Lagerfeuerromantikfilmen Werbung machte, an Lungenkrebs. Rauchende Lässigkeit trägt eben nicht gerade zur Gesundheit bei! «

3.1 Unser Lebensstil hat Einfluss auf unsere Gesundheit

Beispiel: Ernährung und Übergewicht

Fettleibigkeit (Adipositas): falsche Ernährung, zu wenig Bewegung, genetische Veranlagung

So ein richtig knackiger **Salat mit frischem Gemüse** (→Abb. 1), wäre das nicht eine Alternative zu Pommes frites, Schnitzel und Chicken nuggets? Allzu viele Kinder und Jugendliche bevorzugen fettreiche und süße Speisen, die oft noch durch Geschmacksverstärker wie Natriumglutamat besonders gut schmecken (zB Chips).

Nun ist nichts dagegen zu sagen, hin und wieder Fleisch, Pommes, Eis oder Schokolade zu essen. Doch wie bei so vielem heißt es auch hier: Alles in Maßen. Denn, was du isst, hat einen großen Einfluss auf deine Gesundheit. In Österreich ist bereits **jedes fünfte Kind unter sechs Jahren übergewichtig** – richtige Ernährung fängt bei der Babynahrung an, zB beim Verzicht auf gesüßte Breie.

Bei **Kindern und Jugendlichen** zwischen fünf und 19 Jahren lag der Anteil stark übergewichtiger Burschen 2016 in Österreich bei 11,3 %, der stark übergewichtiger Mädchen bei 6,1 Prozent. Bei **Erwachsenen** waren es 2014 etwa 15 %.

Als **stark übergewichtig oder fettleibig (adipös)** gilt, wessen **Body-Mass-Index (BMI) den Wert 30 übersteigt**. Zwischen 25 und 30 spricht man von Übergewicht. Der BMI wird berechnet aus der Körpermasse (in kg) dividiert durch das Quadrat der Körpergröße (in m). Allerdings berücksichtigt der BMI keine individuellen Unterschiede wie hohe Muskelmasse. Bei Kindern und Jugendlichen wird keine strenge Einteilung in Über-, Normal- oder Untergewicht vorgenommen, da aufgrund von Wachstumsprozessen die Werte verzerrt sein können.

Fettleibigkeit (Adipositas) entsteht oft durch übermäßig fett- und zuckerreiche Ernährung und Bewegungsmangel – und gilt daher als Zivilisationskrankheit.

Abb. 1: Frischer Salat schmeckt gut und ist gesund.

Doch gibt es **viele andere Ursachen**: Einige Menschen leiden unter einem **Gendefekt**, wodurch sie **kein Sättigungsgefühl** entwickeln können. Andere werden in **Stresssituationen** nur dann ruhiger, wenn sie essen. Manche Menschen haben **Stoffwechselstörungen aufgrund von Schlafproblemen** und sind dann ständig hungrig. Bei wieder anderen führt Stress zu einem **steigenden Insulinspiegel**; selbst bei Bewegung ist ihr Fettabbau zu gering.

Fettleibigkeit ist eine ernst zu nehmende Erkrankung, denn in deren Folge kommt es oft **zu orthopädischen Problemen wie O- oder X-Beinen oder Verformungen der Wirbelsäule, zu Diabetes Typ II, Bluthochdruck oder anderen Folgeerkrankungen (→Abb. 2)**. Außerdem leiden stark Übergewichtige oft an **Ausgrenzung** in Kindergarten, Schule oder Betrieb. Das kann aus Frustration oder Schamgefühl den Essensdrang noch verstärken.

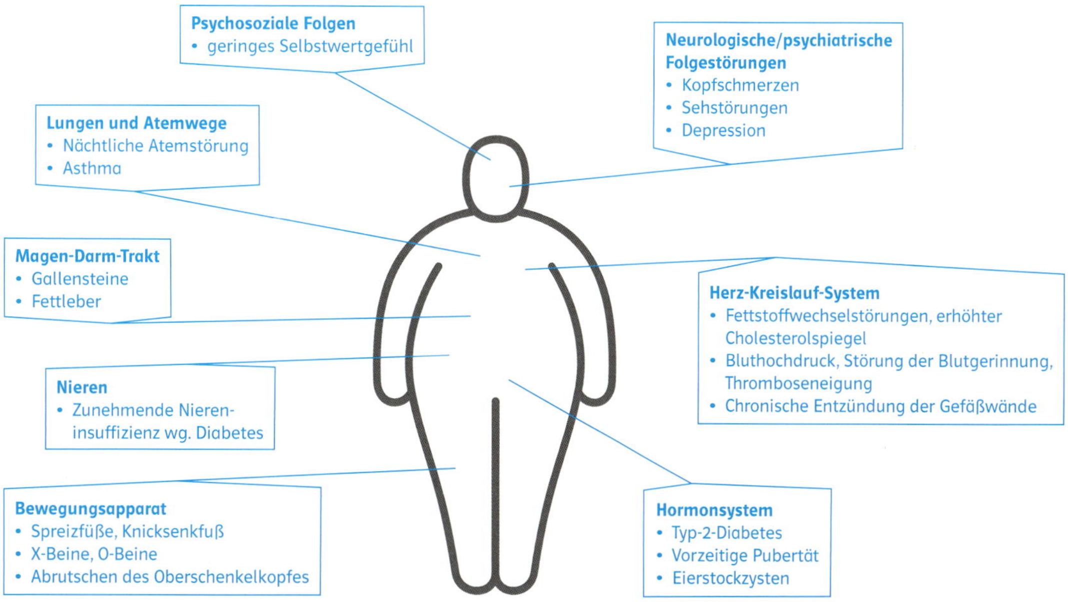

Abb. 2: Folgeerkrankungen von hohem Übergewicht. Viele Körperregionen können betroffen sein.

Diabetes Typ II – eine Zuckerkrankheit, die auch durch Essgewohnheiten entsteht

Bei Diabetes reichert sich Zucker im Blut an, weil die Aufnahme in die Zielzellen gestört ist

Es gibt zwei Hauptformen von Diabetes (siehe Band 6, Kap. 2): Bei **Diabetes Typ I** werden die insulinproduzierenden Zellen der Bauchspeicheldrüse von körpereigenen Immunzellen zerstört. Wie es dazu kommt, ist noch unklar. Möglicherweise wird Diabetes Typ I aufgrund genetischer Veranlagung, durch bestimmte Virusinfektionen oder durch andere Umweltfaktoren ausgelöst. Die **fehlende Neusynthese von Insulin** führt zu einem Mangel an diesem Hormon, der durch regelmäßige **Insulinspritzen** unter die Haut behoben werden muss.

Bei **Diabetes Typ II** hingegen wird ausreichend Insulin gebildet. Jedoch tragen die Zielzellen **zu wenige Rezeptoren** in ihrer Membran, was eine **Insulinresistenz** zur Folge hat (→Abb. 3).

Bei beiden Typen gelangt **zu wenig Zucker aus dem Blut in die Zielzellen, weshalb er sich im Blut anreichert.** Das hat schwerwiegende Konsequenzen.

Diabetes Typ II ist die bei weitem häufigste Form der Zuckerkrankheit. Auch hier spielt die genetische Veranlagung eine Rolle. Doch wer auf **Ernährung und ausreichend Bewegung achtet, kann den Ausbruch oft vermeiden.** Ungesunder Lebenswandel mit starkem Übergewicht und Bewegungsmangel hingegen fördert die Entstehung von Diabetes Typ II. Das ist der Hauptgrund, warum diese Diabetes-Form in den Industrieländern immer öfter auftritt. In Österreich gibt es derzeit 600 000–700 000 Typ II Diabetikerinnen und Diabetiker – Tendenz steigend. Insgesamt sind ca. 3 000 Kinder und Jugendliche (unter 15 Jahren) von beiden Diabetes-Typen betroffen, davon etwa 95 % von Typ I. Weil die Zahl stark übergewichtiger Kinder und Jugendliche zunimmt, wird allerdings erwartet, dass es künftig mehr Diabetes Typ-II-Jugendliche geben wird.

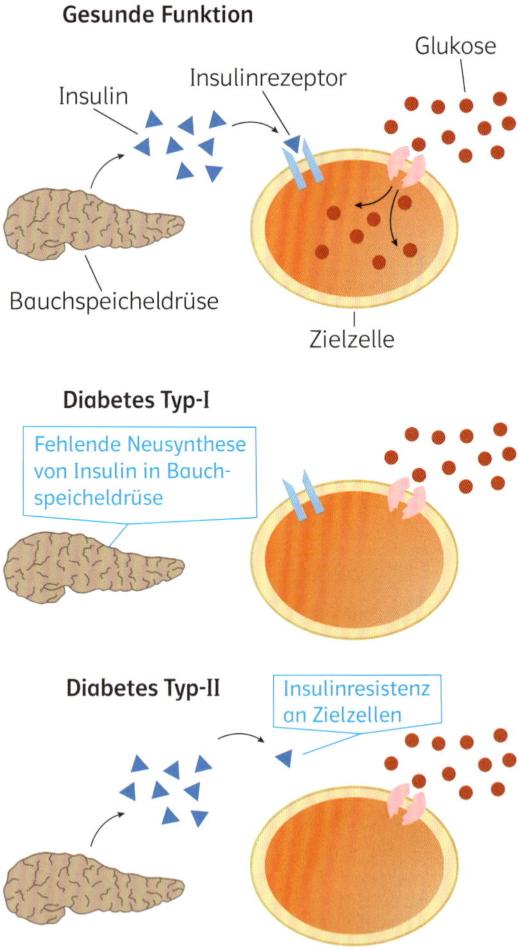

Abb. 3: Diabetes Typ I und II

Stress: Ursache und Folgen von Erkrankungen

Stress kann man u.a. durch gute Planung, ausreichend Schlaf, „Nein"-Sagen und Sport reduzieren

Es ist schwer, bei einer Erkrankung die genaue Ursache zu finden. Oft gibt es mehrere Gründe, warum man krank wird, selbst bei Infektionskrankheiten. Denn meist wird das Immunsystem mit ungewollten Bakterien, Viren oder Pilzen fertig. Im biologischen Sinne ist dies „Stress" für den Organismus, den er normalerweise gut bewältigt.

Wenn das Immunsystem jedoch durch eine andere **Erkrankung** geschwächt ist (zB bei AIDS, siehe S. 37), dann kann dies ein Zuviel an Stress bedeuten – die körpereigene Abwehr funktioniert nicht mehr oder nur eingeschränkt.

Ein **Mangel an Vitaminen und Schlaf, aber auch ungesundes Essen, Rauchen und Alkohol** sind ebenfalls Stressfaktoren für unseren Körper. Gleiches gilt für **psychische Dauerbelastungen**, etwa, wenn man meint, den Anforderungen nicht gewachsen zu sein. So kann Übergewicht durch Stress entstehen, als sozialer Stressfaktor aber auch Stress auslösen (s.o.).

Da ist es wichtig, **Stressmanagement** zu betreiben. Dazu gehört, Aufgaben rechtzeitig zu erledigen, es sich und anderen frühzeitig einzugestehen, wenn dies nicht möglich ist, ausreichend lange zu schlafen, Krach und andere Stressfaktoren zu meiden, gesund zu essen und sich möglichst viel zu bewegen – am besten in der Natur. Denn bei Sport werden die **Stresshormone Adrenalin, Noradrenalin und Cortisol** schneller abgebaut. Besonders bei Ausdauersport steigt zudem die Konzentration an **Endorphinen**, den so genannten „Glückshormonen."

Kurzzeitstress vs. Langzeitstress

Folgt auf Kurzzeitstress eine Phase der Erholung, kann der Körper diesen Stress gut verkraften; Langzeitstress dagegen kann krank machen

Was ist für dich Stress? Die Aufgabe am Ende der Seite könnte dir helfen, darüber nachzudenken und Ideen zu sammeln, wie du mit verschiedenen Stressfaktoren umgehen könntest.

Stress ist eigentlich eine **chemische Reaktion deines Körpers auf äußere (Stress-)Reize**. In **akuten Stresssituationen**, die Bedrohungsgefühle oder gar **Angst** hervorrufen (zB körperliche Bedrohung), steigt der Adrenalinspiegel im Blut. **Adrenalin** wird im Nebennierenmark synthetisiert, angeregt durch den Sympathicus. Das gilt auch für **Noradrenalin**. Dieses Hormon wird zB bei körperlicher Arbeit, Wettkämpfen oder aggressivem Verhalten freigesetzt.

Solch **Kurzzeitstress** bewirkt kurzfristige erhöhte muskuläre Leistungsfähigkeit, u. a. durch eine bessere Versorgung der Muskeln mit Sauerstoff und Glukose. Hingegen werden die Körperteile unterversorgt, die in der Stresssituation weniger wichtig sind, zB Verdauungs- oder Sexualorgane. Das macht evolutionsbiologisch Sinn: Wer angegriffen wird, muss schnell reagieren und alles Denken und Handeln auf diese Reaktion fokussieren (s. Band 6, Kap. 2).

Für den Körper ist das kein Problem, sofern ihm danach **ausreichend Ruhe** zugestanden wird. Im Gegenteil: Vorübergehende Stressphasen können sogar **stimulierend** wirken, wie jede/r Wettkämpfer/in bestätigen kann.

Fehlen aber Phasen der Erholung durch **Langzeitstress, schadet** das **dem Körper**. Denn dann wird in der Nebennierenrinde Cortisol produziert. Dieses Hormon unterstützt zwar auch die Umwandlung des Glykogens der Muskelzellen zu Glukose. Zugleich **hemmt es aber das Immunsystem**. Daher erkranken dauerhaft gestresste Menschen oftmals eher an Infektionskrankheiten (s. Band 6, Kap. 2).

Adrenalin, Noradrenalin und Cortisol **erhöhen zudem den Blutdruck**, was längerfristig zu **Herz-Kreislauferkrankungen** führen kann (siehe S. 55).

Abb. 4: Das Bellen eines Kampfhundes verursacht Kurzzeit-, Mobbing dagegen Langzeitstress.

Aufgabe

W/S 1 Erstelle eine Tabelle mit Faktoren, die dich „stressen" (Spalte 1). Trage zu jedem Faktor in die zweite Spalte ein, wie sich dieser Stress äußert (zB Schlaflosigkeit, Durchfall, Verspannungen, Ausschläge, Niedergeschlagenheit, Ohrgeräusche). Ergänze dazu in Spalte 3, ob es sich dabei deiner Meinung nach um Kurz- oder Langzeitstress handelt, und begründe deine Meinung. Das kann individuell verschieden sein: Schularbeiten sind für Manche Kurzzeitstress, weil sie nur während der Arbeit angespannt sind, sich vorher kaum Sorgen machen und nach der Abgabe sofort wieder an anderes denken. Andere haben wochenlang Angst vor Schularbeiten, fürchten schlechte Noten, stehen vielleicht unter Leistungsdruck oder fühlen sich generell in der Schule überfordert. Das wäre Langzeitstress. Trage nun in die vierte Spalte ein, wie du mit den einzelnen Stressfaktoren umgehen oder wen du fragen könntest, wenn du selber keinen Rat weißt. Wenn du möchtest, zeige diese Tabelle einer Vertrauensperson und rede mit ihr darüber.

Sport, Schlaf und Geselligkeit erhalten die körperliche und seelische Gesundheit

Der Körper braucht Bewegung – jeden Tag

Wer wäre nicht gerne körperlich durchtrainiert und zugleich von tollen Ideen beflügelt? Nun können nicht alle Hochleistungssport betreiben oder den Nobelpreis in Physik erhalten. Trotzdem liegt es in unserer eigenen Verantwortung, uns körperlich und geistig fit zu halten. Allzu viele Menschen verbringen allzu viele Stunden vor dem Bildschirm, Manche spielen einsam ganze Nächte hindurch am Computer oder chatten mit vermeintlichen Freundinnen und Freunden. Auch wenn das wirkliche Leben manchmal nicht so lustig ist: Es liegt an uns, das zu ändern. Vereine können helfen, Menschen mit ähnlichen Interessen kennenzulernen. Laufen im Wald oder Stadtpark, Fußballspielen, Tanzen oder zehn Minuten Gymnastik pro Tag helfen dabei, Rückenschäden zu vermeiden und Stress abzubauen.

Ausreichend Schlaf erhöht nicht nur die Leistungsfähigkeit, sondern vermindert auch die Anfälligkeit für Krankheiten, weil der Körper weniger gestresst ist (siehe vorherige Seite).

Schließlich sollte man ausreichend oft **lüften**, da der Sauerstoffgehalt in Räumen, in denen man sich aufhält, schnell abnimmt. Das mindert die Konzentrationsfähigkeit und macht müde.

Neuere Studien zeigen zudem, wie wichtig der gegenseitige Austausch ist und das Gefühl, gebraucht zu werden: Alte Menschen scheinen wesentlich seltener an Demenz und Alzheimer zu erkranken, wenn sie sich sinnvoll und mit Freude in die Gemeinschaft einbringen können – beispielsweise als Großeltern oder in Mehr-Generationen-Häusern. Interessanterweise gilt das offenbar selbst dann, wenn das Gehirn eigentlich bereits Verfallserscheinungen aufweist. Wie wir leben, beeinflusst also stark, wie glücklich und gesund wir sind und bleiben.

Abb. 5: Sport steigert die körperliche und geistige Leistungsfähigkeit und baut Stress ab.

Psychosomatik: Körper und Psyche bilden eine Einheit

Krankheiten haben oft körperliche und psychische Ursachen

Krankheiten haben oft körperliche und psychische Ursachen. Es ist erstaunlich, wie viele Menschen Rat bei Heilpraktikerinnen und Heilpraktikern, in homöopathischen Praxen oder anderen Einrichtungen suchen – obwohl die medizinische Wirksamkeit der dort verschriebenen Mittel und Methoden bis heute nicht nachgewiesen werden konnte. Vielleicht beruht deren Erfolg aber gar nicht auf direkter biologischer Wirkung, sondern auf etwas ganz anderem.

In unserem heutigen Gesundheitssystem können sich Ärztinnen und Ärzte immer weniger Zeit für ein Beratungsgespräch nehmen. Viele Menschen leiden darunter, dass sie niemanden haben, mit dem sie **über ihre Probleme und Sorgen sprechen können**. In alternativen Praxen finden Manche erstmals jemanden, der ausführlich mit ihnen über ihre Probleme spricht.

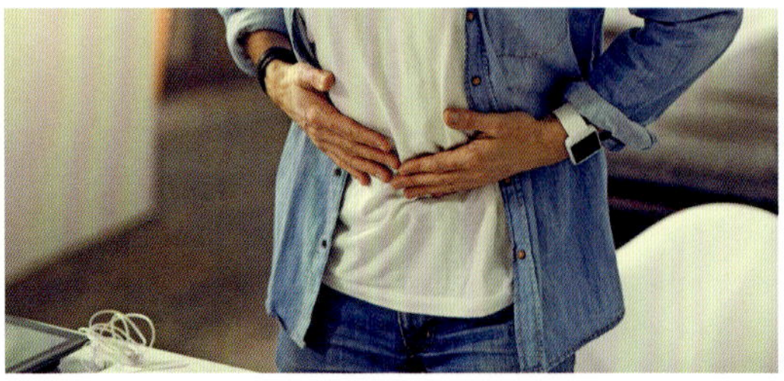

Abb. 6: Bauchschmerzen können organische aber auch psychische Ursachen haben.

Hast du Bauchschmerzen, wenn du Angst vor einer Prüfung oder dem Treffen einer bestimmten Person hast (→Abb. 6)? **Körper und Psyche lassen sich nicht strikt voneinander trennen.** Das ist die Kernaussage der **Psychosomatik**[1]. Viele Krankheiten haben (auch) psychische Ursachen. Dauerstress schränkt zudem die Immunabwehr des Körpers ein. Andererseits können körperliche Beschwerden psychische Erkrankungen nach sich ziehen, etwa eine Depression, die aus ständigem Schmerz entsteht.

Umgekehrt darf man es sich nicht zu einfach machen und Menschen, bei denen für ein Leiden keine organische Ursache gefunden werden kann, einfach als „Psycho“ abstempeln. Die Zusammenhänge zwischen körperlichen und psychischen Beschwerden sind oft sehr komplex und sollten nicht vorschnell bewertet werden. Allerdings können **Psychotherapien** sehr wohl manchen Menschen helfen, Lösungsstrategien für etwas zu entwickeln, das sie belastet.

Man kann dazu beitragen, **Körper UND Psyche von sich und anderen gesund zu erhalten**: durch Freundschaften und gute Gespräche, respektvollen Umgang, gesunde Ernährung, Bewegung, verantwortungsvolle Aufgaben, ernst gemeintes Lob und ein Füreinander-Dasein.

Glossar

[1] **Psychosomatik** (Psyche griech. „Seele“, soma griech. „Körper“)

Herz-Kreislauferkrankungen

Mechanische oder (bio)chemische Verletzungen und die Anlagerungen von Blutbestandteilen führen letztlich zum Teil- oder Komplettverschluss eines Blutgefäßes

Die häufigste Todesursache in Österreich sind **Herz-Kreislauferkrankungen**, die ebenfalls – wenn sie nicht genetisch bedingt sind – v.a. durch **Rauchen, Übergewicht, ungesunde Ernährung, Bewegungsmangel und Stress** ausgelöst werden.

Um die Ursache für Herz-Kreislauferkrankungen zu verstehen, ist eine kleiner Ausflug in die Anatomie notwendig: Blutgefäße bestehen aus mehreren Schichten (→Abb. 7 und 8). Die innerste heißt **Intima** und wird von **Endothelzellen**[1] gebildet. Eine intakte Intima ist glatt und gibt Stickstoffmonoxid sowie Stoffe ab, die die Blutgerinnung hemmen. All dies verhindert, dass sich Blutbestandteile an der Gefäßinnenwand ablagern.

Bei einer geschädigten Intima funktioniert das nicht mehr. Solche **Schädigungen** können mechanisch durch hohen Blutdruck und im Blut schwimmende Teilchen verursacht werden oder chemisch durch Bakterien- und andere Gifte, Viren oder Immunreaktionen. Die dabei entstandenen Öffnungen in der Intima ermöglichen das Eindringen von Blutplasmabestandteilen, etwa dem **Low Density Lipoprotein (LDL)**[2], in den **subendothelialen Raum**[3]. Das LDL wird dort oxidiert zu **oxLDL**, welches eine **Entzündungsreaktion** hervorruft. Daraufhin geben die Intimazellen **Adhäsionsstoffe und Chemokine (Anlockungsmoleküle)** ab.

Das lockt vermehrt Leuko-, Mono- und T-Lymphozyten an, die am Endothel haften bleiben und in den **subendothelialen Raum** wandern. Dort wandeln sich Monozyten zu Makrophagen um. Sie nehmen das oxLDL auf und lassen daraus in ihrem Inneren Lipidtröpfchen entstehen. Daher werden diese Zellen nun **Schaumzellen** genannt.

Sterben sie ab, werden die Lipidtröpfchen wieder frei. Daraus, aber auch aus freiem oxLDL und lebenden Schaumzellen entstehen Ablagerungen, die letztlich so genannte **Plaques** bilden (→Abb. 7). Zusätzlich wandern Muskelzellen in den subendothelialen Raum. Dies sind die ersten Schritte hin zu einer Arteriosklerose (= umgangssprachlich Gefäßverkalkung; der Begriff ist allerdings irreführend, da Kalk hier keine Rolle spielt).

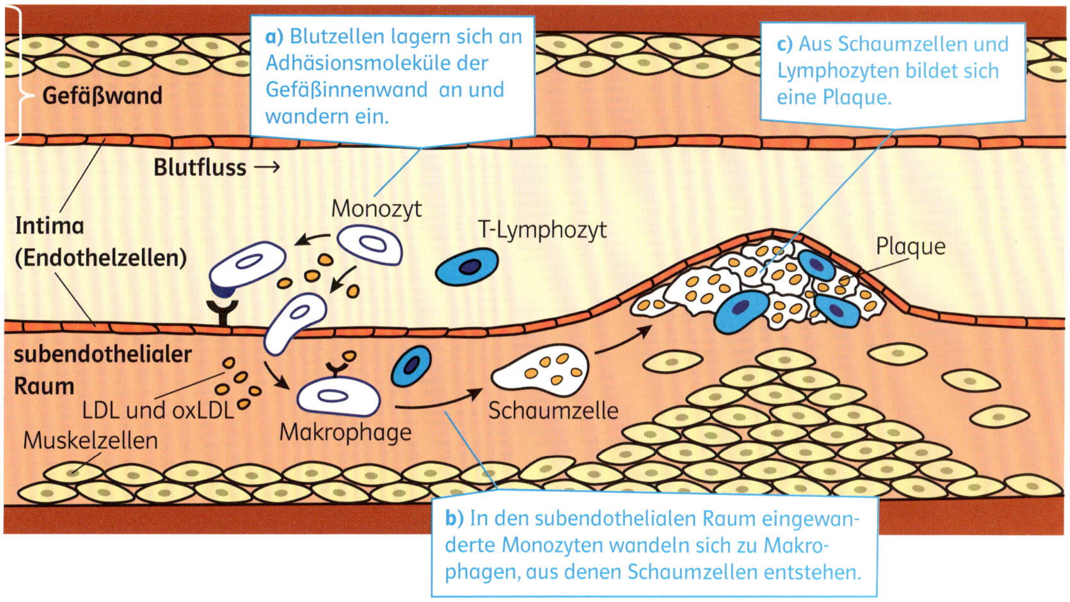

Abb. 7: Arteriosklerose: Nach mechanischer oder chemischer Reizung bzw. Verletzung schüttet das Endothel Anlockungsstoffe aus. Dadurch werden Blutzellen wie Monozyten angelockt. Diese binden an vom Endothel neu gebildete Adhäsionsmoleküle (schwarz) und wandern dann in den subendothelialen Raum ein. Sie wandeln sich zu Makrophagen um und nehmen große Mengen oxLDL auf, was sie zu „Schaumzellen“ werden lässt. Muskelzellen werden durch Wachstumssignale zur Vermehrung und zur Einwanderung in den subendothelialen Raum angeregt. Letztlich kommt es zur Plaque-Bildung.

Glossar

[1] **Endothel:** innerste Wandschicht von Lymph- und Blutgefäßen
[2] **Low Density Lipoprotein (LDL):** Lipoprotein mit geringer Dichte; Lipoproteine sind Partikel, die aus Proteinen, Phospholipiden, Triglyceriden und Cholesterolverbindungen bestehen; sie dienen dem Transport von Lipiden (Fetten) und Cholesterol im Blut
[3] **subendothelial:** außerhalb des Endothels, vom Lumen (Innenraum) des Gefäßes her gesehen

Arteriosklerose kann einen Herzinfarkt oder Schlaganfall auslösen

Durch mangelhafte Sauerstoffversorgung stirbt das umliegende Gewebe ab; das kann einen Herzinfarkt oder Schlaganfall zur Folge haben

In diesem Stadium geben Makrophagen, Endothelzellen und Muskelzellen Enzyme ab, die die extrazelluläre Matrix abbauen. Das Gewebe wird an dieser Stelle immer instabiler und reißt letztlich auf. Dabei gelangen Plaque-Bestandteile in das Gefäßinnere, was wiederum zu **Hämatomen** (Einblutungen in das Gewebe) oder **arteriellen Thrombosen** (Bildung von Blutgerinnseln in Arterien) führt. Dieser Vorgang wird verstärkt durch die **Anlagerung von Blutplättchen** (→Abb. 8).

Im schlimmsten Fall verstopft das Gefäß an dieser Stelle. Das Gewebe um und nach einer solchen Verstopfung wird deutlich **schlechter oder gar nicht mehr mit Sauerstoff** versorgt.

Geschieht dies in den Herzkranzarterien, kann dies einen **Herzinfarkt** auslösen. Eine derartige Blockade in den Hirnarterien ist der häufigste Grund von **Schlaganfällen**. Löst sich ein solcher Pfropf, wird er im Blutstrom so lange transportiert, bis er anderswo hängenbleibt. Dort kann er dann ein Gefäß verschließen (**Embolie**).

Die **Arteriosklerose** ist also ein sehr komplexer und mehrschrittiger Prozess, der meist unbemerkt über Jahre und Jahrzehnte abläuft. Ungesunder Lebensstil macht sich daher oft erst wesentlich später bemerkbar. Die Plaquebildung in den Arterien scheint jedoch **zuweilen umkehrbar** zu sein, zB durch Ausdauersport.

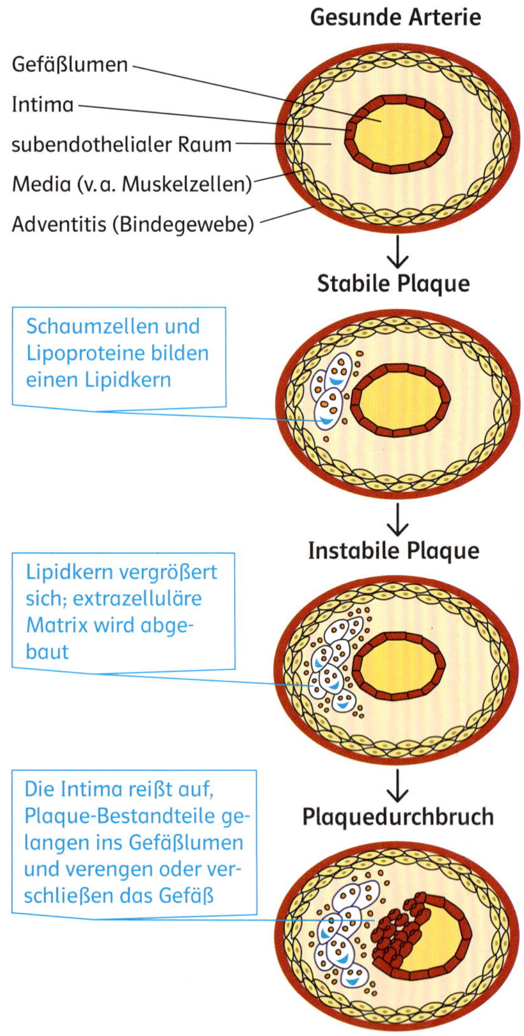

Abb. 8: Arteriosklerose: Wenn eine Plaque in das Gefäßlumen gelangt, wird das Gefäß verstopft. Die Anlagerung von weiteren Blutbestandteilen verstärkt diesen Prozess.

Erste Hilfe bei einem Herzinfarkt

Bei einem Herzinfarkt zählt jede Sekunde – sofort den Notruf 144 wählen.

Mögliche Anzeichen für einen Herzinfarkt:

Einengendes Gefühl im Brustkorb, brennende Schmerzen im Brustkorb, ausstrahlende Schmerzen, besonders im linken Arm, Oberbauch, im Rücken oder Hals und Kiefer, Angst, Übelkeit, kalter Schweiß, Atemnot, extreme Müdigkeit, Schwindel.

Wenn du glaubst, dass jemand einen Herzinfarkt erleidet, wähle sofort den **Notruf (144)**. Und achte auf die fünf **W-Punkte**: WO müssen die Rettungskräfte hinkommen? WAS genau ist geschehen? WIE viele Personen sind betroffen? WELCHE Art von Verletzungen/Krankheiten etc. konntest du sehen? WARTEN auf Rückfragen.

Bei einem zählt jede Sekunde, da die Sauerstoffversorgung des Körpers und des Gehirns nicht mehr gewährleistet. Beginne nach dem Notruf sofort mit **Erste-Hilfe-Maßnahmen.**

Erste-Hilfe-Maßnahmen, wenn die Person bei Bewusstsein ist:
Person beruhigen
Oberkörper hoch lagern
Beengende Kleidung (Gürtel, Krawatte) öffnen
Person zum langsamen Atmen ermutigen
Erste-Hilfe-Maßnahmen, wenn die Person nicht bei Bewusstsein ist:
Bewusstsein überprüfen (ansprechen und sanft schütteln)
Laut um Hilfe rufen
Atmung prüfen: Kopf überstrecken und fühlen, horchen und beobachten, ob sich der Brustkorb hebt und senkt.
• **Atmung vorhanden:** Person in stabile Seitenlage bringen und Atmung prüfen, bis die Rettungskräfte kommen • **keine Atmung vorhanden:** Herzdruckmassage Beatmung im Wechsel; falls verfügbar: Defibrillator

Aufgaben

W 1 Erstelle ein Fließdiagramm, das die einzelnen Schritte der Arteriosklerose in der richtigen Abfolge darstellt.

W 2 Begründe anhand des Textes und der Abbildungen in diesem Kapitel, warum Übergewicht zu Arteriosklerose führen kann.

3.2 Krebs – wenn normale Zellen entarten

Ursachen und Sterberaten verschiedener Krebsarten

Bei Krebs werden aus normalen Zellen krankhaft veränderte (entartete) Zellen; oft führt dies zu unkontrolliert wachsenden Wucherungen

Mittlerweile sind viele Krebsarten – wenn sie rechtzeitig erkannt werden – einigermaßen gut heilbar (siehe S. 60). Doch noch ist Krebs in Österreich die **zweithäufigste Todesursache**.

Das hat viele **Ursachen:**

- genetische Veranlagung (zB Brustkrebs)
- ungesunder Lebensstil wie Rauchen (v.a. Lungenkrebs, s.u.), übermäßiger Alkoholkonsum (v.a. Leberkrebs), ungesunde Ernährung oder langes Sonnen (Hautkrebs)
- Umwelteinflüsse wie Gifte (zB Pestizide, Teer und andere Stoffe aus Tabakrauch), radioaktive Strahlung (zB bei Schilddrüsenkrebs oder Leukämie)
- wechselnde Sexualpartner (zB Gebärmutterhalskrebs, Mund-Rachen-Tumore[1] sowie Tumore im After oder am Penis; Ursache: HP-Viren)
- steigende Lebenserwartung.

Es gibt **über hundert verschiedene Arten von Krebs**, die unterschiedlich gefährlich sind. Allerdings ist in den letzten Jahren die **Krebstherapie** bei einigen Krebsarten derart vorangekommen, dass manche ihren Schrecken etwas verloren haben. Frauen sind am häufigsten von Brust-, Lungen- und Darmkrebs, Männer von Prostata-, Lungen- und Darmkrebs betroffen (→Abb. 5).

Krebs stellt fast immer eine **bösartige Gewebewucherung** dar (eine Ausnahme sind zB **Leukämien**[2]). So können Drüsenzellen in den Bronchien zu Lungenkrebs entarten. „Entartung" bedeutet, dass sich diese Zellen ganz anders als normale Zellen verhalten (siehe folgende Seiten).

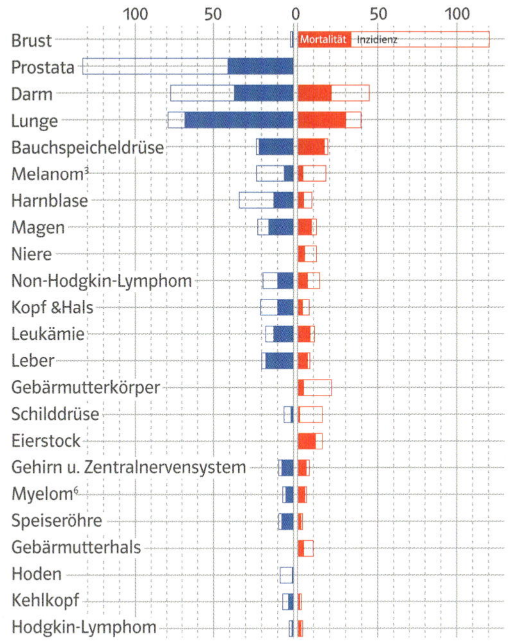

Abb. 9: Krebsinzidenz und -mortalität, Fälle pro 100 000 Personen: Auftreten (Inzidenz, helle Balken) von und Sterbefälle (Mortalität, dunkle Balken) durch bestimmte Krebsarten bei Männern (blau) und Frauen (rot) (Statistik Austria und Österreichisches Krebsregister, Diagnoseperiode 2010–2014).

Im Anfangsstadium kann Krebs sehr oft vollständig entfernt werden, dass man von **Heilung** sprechen kann. Wenn die Wucherung zu weit fortgeschritten ist und/oder sich Krebszellen von der ursprünglichen Wucherung anderswo im Körper verbreitet haben (**Metastasierung/Streuung**), ist dies oft nicht mehr möglich. Daher können regelmäßige **Vorsorgeuntersuchungen** (zB der Brust oder Prostata) Leben retten.

Glossar

[1] **Tumor:** Tumore sind nicht in jedem Fall mit Krebs gleichzusetzen. Ein Tumor ist im weiteren Sinne eine Schwellung, im engeren Sinne eine Neubildung von Gewebe durch abnormale Zellteilung. Gutartige (benigne) Tumore vergrößern sich meist nur langsam und verdrängen das Nachbargewebe ohne Metastasierung. Bösartige (maligne) Tumore hingegen wachsen in das umgebende Gewebe hinein und zerstören es. Zudem bilden sie Metastasen. Krebs geht von malignen Tumoren aus.

[2] **Leukämie:** „Blutkrebs"; Entartung von blutbildenden Zellen im Knochenmark. Dabei vermehren sich weiße Blutkörperchen (Leukozyten) unkontrolliert. Das führt dazu, dass zu wenige funktionierende Leukozyten und zu wenige Erythrozyten und Thrombozyten gebildet werden.Akute Leukämien sind unbehandelt in wenigen Wochen tödlich – hier kann eine **Knochenmarktransplantation** helfen. Chronische Leukämien bedürfen zuweilen keiner Therapie. Häufigste Krebserkrankung bei Kindern.

[3] **Melanom:** „Hautkrebs"; insbesondere der Schwarze Hautkrebs (malignes = „bösartiges" Melanom)

[4] **Hodgkin-Lymphom:** seltene Art eines Lymphoms (Lymphknotengeschwulsts); charakteristisches Merkmal ist die Sternberg-Reed-Riesenzelle (15–45 µm große Zelle mit meist zwei spiegelbildlich angeordneten Zellkernen)

[5] **Non-Hodgkin-Lymphom:** anders geartete Lymphome

[6] **Myelom:** „Knochenkrebs"; Entartung von Plasmazellen, die aus B-Zellen entstehen (s. Band 6, S. 131); normale Plasmazellen produzieren Antikörper, bei entarteten ist dieser Prozess gestört. Myelomzellen reichern sich im Knochenmark an. Das führt zur Zerstörung von Knochengewebe und zu deutlich reduzierter Blutbildung.

Aufgabe

W 1 Liste mit Hilfe von Abb. 9 auf, welche Krebsarten im Vergleich zu ihrem Auftreten (Inzidenz) besonders häufig zum Tode führen (Mortalität) und welche offenbar relativ gut behandelbar sind.

Wachstumssignale und ihre Rezeptoren sowie fehlende Selbstregulierung sind zwei „Meilensteine“ der Krebsentstehung

Die Forscher Hanahan und Weinberg vermuten, dass acht Meilensteine („hallmarks“) an der Entstehung von Krebs beteiligt sind

Information und Kommunikation

Die Ursache von Krebs ist nicht in allen Fällen bekannt. Doch scheinen Mutationen, die Gene zu **Onkogenen („Krebsgenen“)** machen, eine entscheidende Rolle zu spielen. Diese Mutationen führen dazu, dass die Gene entweder funktionslos werden oder ihre Produkte (zB ein Protein) anders wirken.

Damit aus einer normalen Zelle eine Krebszelle wird, sind beim Menschen offenbar **vier bis sieben Zufallsmutationen an verschiedenen Stellen im Erbgut** nötig. Manche Mutationen könnten aber parallel auf mehrere der in Abbildung 10 beschriebenen Vorgänge wirken und dadurch die nötige Anzahl an Schritten auf dem Weg zur Krebszelle verkürzen.

Die US-amerikanischen Forscher **Douglas Hanahan und Robert Weinberg**, auf deren Arbeiten sich viele Informationen auf diesen Seiten beziehen, gehen derzeit von **acht grundlegenden Veränderungen im Zellstoffwechsel** aus, die aus normalen Zellen Krebszellen werden lassen und die ihre Ursachen in Mutationen des Erbguts haben (→Abb. 10). Einige davon wirst du nun genauer kennenlernen.

So benötigen normale Zellen **Wachstumssignale** in Form bestimmter Moleküle, die an Rezeptoren der Zellmembran binden und in den Zellen **spezifische Stoffwechselprozesse** auslösen. Viele Tumorzellen produzieren derartige Signalstoffe selber oder regen ihre Nachbarzellen dazu an. Das ist ein sich selbst verstärkender Prozess, wenn mehr mutierte Zellen immer mehr dieser Stoffe abgeben. Zudem kann die **Anzahl der Rezeptoren erhöht** werden. Das ist etwa bei Magen-, Hirn- und Brusttumoren entdeckt worden.

Weiterhin werden die Stoffwechselprozesse innerhalb der Zelle derart verändert, dass die **Selbstregulierung, die ein unkontrolliertes Wachstum und Teilen eigentlich verhindern soll, außer Kraft** tritt. Das geschieht zB bei Gebärmutterhalskrebs, indem einige Proteine des HP-Virus (siehe S. 29) an ein wichtiges Protein der Wirtszelle binden und dieses dadurch inaktivieren.

Bei diesen Prozessen könnten auch nicht mutierte Nachbarzellen von Krebszellen eine Rolle spielen, die von letzteren durch noch nicht ganz verstandene Prozesse zu „Kollaborateuren“ gemacht werden (→Abb. 11).

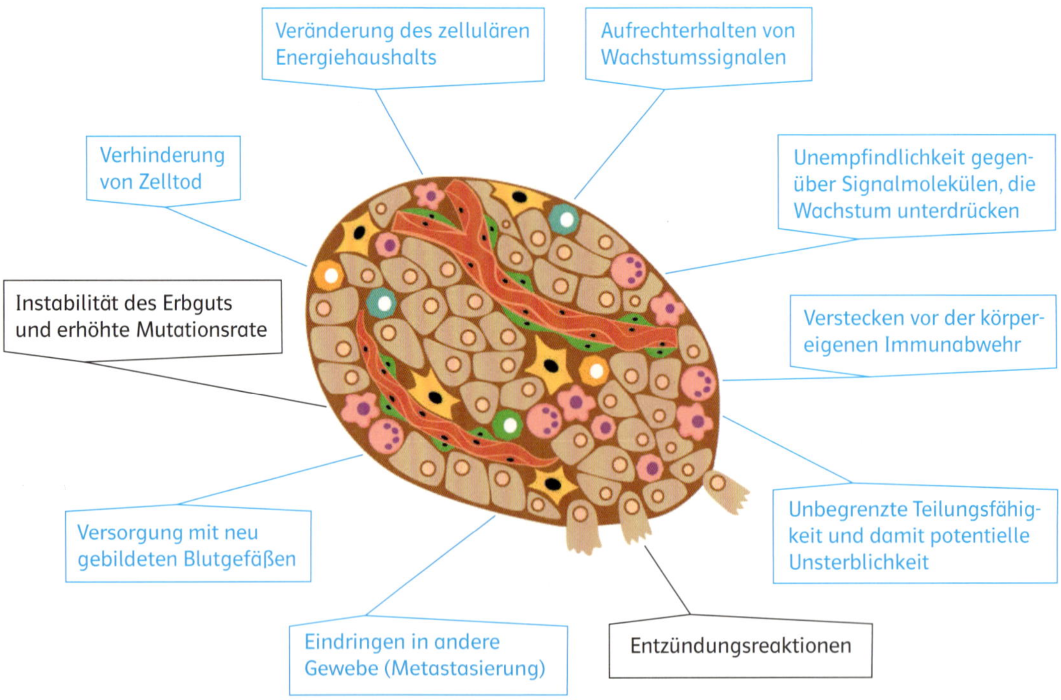

Abb. 10: Acht erworbene Eigenschaften von Zellen, die nach bisherigem Stand der Forschung normale Zellen zu Krebszellen werden lassen (blaue Kästchen), sowie zwei Prozesse, die die Entstehung von Krebszellen bzw. Tumoren begünstigen (schwarze Kästchen (nach Hanahan 2014 sowie Hanahan und Weinberg 2000, 2015).

Basiskonzept

Information- und Kommunikation: Zellen kommunizieren untereinander mittels verschiedener Signalstoffe. Bei der Entstehung von Krebs ist diese Kommunikation häufig gestört: Wenn Zellen falsche Signalstoffe produzieren oder Signale falsch interpretieren, können die Folgen dieser fehlerhaften Kommunikation drastisch sein.

Krebszellen verhindern den eigenen Tod und sind unbegrenzt teilungsfähig

Angiogenese: Für die Versorgung eines Krebsgeschwürs müssen neue Blutgefäße in die Wucherung einwachsen

Steuerung und Regelung

Zusätzlich entwickeln sich Krebszellen nicht so wie normale Zellen, die irgendwann zu einem bestimmten Zelltyp werden (z. B. Nervenzellen) und dann fast immer ihre Teilungsfähigkeit verlieren. **Krebszellen hingegen bleiben „jung"**, wofür u. a. eine zu große Konzentration eines Proteins namens c-Myc[4] verantwortlich ist.

Alle Zellen unseres Körpers, mit Ausnahme von Stammzellen, sterben früher oder später. Das nennt man **Apoptose (Zelltod)**. Dabei spielen Sensor- und Effektormoleküle entscheidende Rollen: **Sensoren** nehmen wahr, ob die Zustände innerhalb (zB DNA-Schäden) und außerhalb der Zelle (zB durch Bindung so genannter „Todesfaktoren" bei einer Verletzung oder durch Verlust des Kontakts zu Nachbarzellen) normal sind. Wenn nicht, werden **Effektormoleküle** aktiviert, die den Zelltod veranlassen. Entartete Zellen **vermeiden den Zelltod**, indem diese Stoffwechselprozesse gestört werden. Ein Schlüsselmolekül scheint hier das **Protein p53** zu sein, das in mehr als 50 % aller menschlichen Krebsarten durch eine Mutation nicht mehr funktioniert.

Eine weitere charakteristische Eigenschaft von Krebszellen ist ihre **unbegrenzte Teilungsfähigkeit**, womit sie Stammzellen ähneln (siehe Band 6, S. 55). Normale Zellen sterben nach durchschnittlich 60–70 Teilungen.

Das liegt v. a. daran, dass bei jeder Teilung die Chromosomen kürzer werden. Krebszellen umgehen dieses Schicksal, indem sie genau diesen Prozess verhindern, weil bei ihnen **nach jeder Teilung das entfernte DNA-Stück wieder ersetzt** wird.

Um ausreichend an Nährstoffe und Sauerstoff zu gelangen, darf eine menschliche Zelle nicht weiter als 100 µm von einer Blutkapillare entfernt sein. Daher muss das wuchernde Krebsgewebe mit neu gebildeten Blutgefäßen versorgt werden. Auch bei dieser offenbar ziemlich ungeordneten Neubildung von Kapillaren, **Angiogenese** genannt, scheinen eine Vielzahl von Signalmolekülen bzw. Störungen im Zellstoffwechsel bedeutsam zu sein.

Die Freisetzung von Energie aus Nährstoffen wie Zucker scheint übrigens **bei Krebszellen sowohl durch Glykolyse als auch durch Milchsäuregärung** vonstatten zu gehen. Offenbar können diese Zellen schnell zwischen den einzelnen Stoffwechselwegen hin und her schalten oder sogar beide parallel betreiben. Obwohl bei der Gärung wesentlich weniger Energie freigesetzt wird, scheint sich dieser Stoffwechselweg für die Krebszellen zu lohnen: **Dabei produzierte Grundbausteine werden für Zellwachstum bzw. Zellteilung benötigt.**

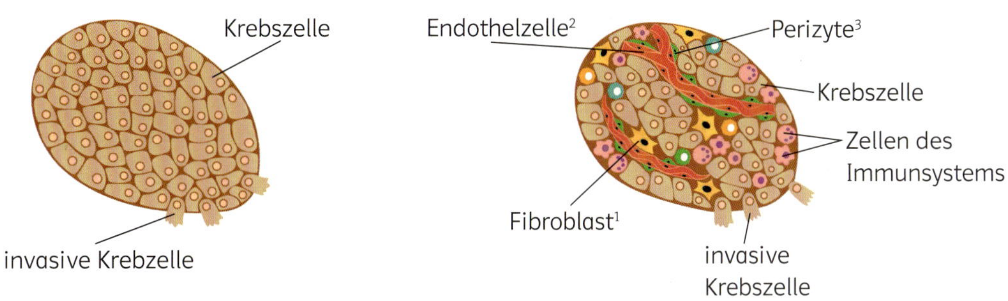

Abb. 11: Entwicklung des Verständnisses von Krebsgeschwüren. Während man früher glaubte, dass bösartige Wucherungen im Wesentlichen aus Krebszellen bestünden (links), gehen viele Forscherinnen und Forscher heutzutage davon aus, dass Krebszellen andere Zellen in ihrer Umgebung beeinflussen, die dann das Wachstum der Wucherung unterstützen (rechts) (nach Hanahan und Weinberg 2011).

Glossar

[1] **Fibroblasten:** Bindegewebszellen, die insbesondere das Protein Kollagen produzieren, das für die Festigkeit der extrazellulären Matrix sorgt

[2] **Endothel:** innerste Wandschicht von Lymph- und Blutgefäßen

[3] **Perizyten:** Bindegewebszellen an der Außenwand von Blutkapillaren; können sich zusammenziehen und dadurch die Durchblutung beeinflussen

[4] **c-myc:** Protein, das die Genaktivität aller Gene, die in einer menschlichen Zelle aktiv sind, verstärkt; in Krebszellen führt dies u. a. zu unkontrollierter Zellteilung

Basiskonzept

Steuerung und Regelung: Bei Krebszellen ist die normale Alterung außer Kraft gesetzt, wodurch sie potenziell unsterblich sind.

Mutationen als Grundbedingung von Krebs

Metastasierung: Krebszellen lösen sich aus dem ursprünglichen Tumor und gehen auf Wanderschaft

Variabilität, Verwandtschaft, Geschichte und Evolution

Wäre eine Wucherung nur lokal, würde sie meist nur begrenzten Schaden anrichten und wäre durch eine Operation relativ leicht zu entfernen – sofern sie rechtzeitig erkannt wird. Etwa 90% der Krebstode gehen aber darauf zurück, dass einige Krebszellen das ursprüngliche Tumorgewebe verlassen, in andere Gewebe eindringen und dort wiederum den Stoffwechsel eigentlicher gesunder Zellen umpolen, sodass an diesem Ort eine neue Wucherung entsteht. Dieser Vorgang heißt **Metastasierung**. Wie bei den zuvor beschriebenen Prozessen ist hierfür eine Mutation bestimmter Gene verantwortlich.

Es sollte nun klar sein, dass **Mutationen eine Schlüsselrolle bei der Entstehung von Krebs** spielen. Doch ist eine Mutation im Erbgut normalerweise ein ausgesprochen seltenes Ereignis und wird, wenn sie auftritt, meist von Reparaturenzymen berichtigt. In Krebszellen scheinen die **Reparaturmechanismen außer Kraft** gesetzt zu sein, so dass sich Mutationen anhäufen können. Das würde auch erklären, warum mit zunehmendem Alter die Wahrscheinlichkeit zunimmt, an Krebs zu erkranken: Je öfter die Zellen sich teilen, desto mehr Mutationen können entstehen.

Neue Medikamente: gleichzeitiger Eingriff in mehrere Prozesse der Krebsentstehung?

Spezifische Therapien könnten gezielter bestimmte Krebsarten bekämpfen; doch scheinen sich Krebszellen anpassen zu können

Es ist jedoch keineswegs so, dass bei allen Krebsarten all diese Prozesse in gleicher Reihenfolge ablaufen oder von gleicher Bedeutung sind. **Jeder Krebs hat seine Besonderheit in Entstehung und Verlauf.** Dennoch hoffen viele Krebsforscherinnen und -forscher, dass man mit einem besseren Verständnis der grundlegenden Prozesse, wie Krebs entsteht, eines Tages diese Krankheit(en) besser bekämpfen können wird.

Je genauer eine Krebsart erforscht ist, desto spezifischer könnte die Therapie aussehen. Bereits jetzt gibt es Ansätze, bestimmte Krebsarten durch synthetisch hergestellte und hoch spezifische **Antikörper** zu bekämpfen. Sobald die Antikörper an die Krebszellen binden, werden diese vom **Immunsystem erkannt und eliminiert**.

Eine große Schwierigkeit besteht allerdings darin, dass es offenkundig vielen Krebszellen nach vorübergehendem Therapieerfolg gelingt, sich an eine spezifische Behandlung anzupassen, ja, ihr (und damit dem Immunsystem) geradezu **auszuweichen** – eine Art evolutionäre Anpassung.

Eine Lösung könnte darin bestehen, sich bei der **Medikamentenentwicklung** nicht nur auf eine der in Abb. 10 dargestellten Eigenschaften zu konzentrieren, die Krebszellen neu erwerben. Stattdessen könnten mehrere dieser Eigenschaften gezielt angegriffen werden. Wenn etwa zeitgleich oder zeitnah Wachstumssignale geblockt und die Angiogenese in Geschwüren unterbunden wird, könnte es Krebszellen deutlich schwerer fallen, sich daran anzupassen.

Ebenso wäre es denkbar, mehrere Stoffwechselschritte, die in einem Prozess wie der Apoptose bei Krebszellen umprogrammiert werden, wiederherzustellen bzw. deren Ausschalten zu verhindern.

Derzeit wird Krebs vor allem dadurch bekämpft, indem man verursacht, das Krebsgewebe möglichst vollständig zu entfernen. Das ist besonders bei kleinen Geschwüren, die noch nicht metastasiert sind, oft erfolgreich (zB in frühen Stadien von Brust- oder Prostatakrebs). Ergänzend werden Krebspatientinnen und -patienten häufig mit Chemo- oder Strahlentherapie behandelt.

Bei der **Chemotherapie** nimmt der Patient oder die Patientin Medikamente ein, die vor allem bei solchen Zellen tödlich wirken, die sich oft teilen. Da das nicht nur Krebszellen betrifft, sondern zB auch Haarfollikel, fallen den Behandelten oft die Haare aus. Viele klagen über Übelkeit. Bei der **Strahlentherapie** wird das erkrankte Gewebe radioaktiv bestrahlt, wodurch das Erbgut der Zellen teilweise zerstört wird und diese dadurch absterben. Das ist zwar wesentlich lokaler als die Chemotherapie, doch auch hier werden gesunde Zellen in der Umgebung des Geschwürs getroffen. Allerdings können sich gesunde Zellen aufgrund der bei ihnen besser funktionierenden Reparaturmechanismen besser regenerieren. Da diese Therapien bei einigen Krebsarten (wie Brustkrebs) relativ gute Heilungschancen zeigen, nehmen Betroffene diese Nebenwirkungen meist in Kauf.

Oft lässt sich das Risiko, an Krebs zu erkranken, durch den eigenen Lebensstil verringern: Das Risiko, an Lungen- oder Darmkrebs zu erkranken, ist bei Nichtraucherinnen und Nichtrauchern deutlich geringer. Ähnliches gilt für Alkohol (Leberkrebs) und Sonnenbrand (Hautkrebsrisiko).

Basiskonzept

Variabilität, Verwandtschaft, Geschichte und Evolution: Durch Mutationen entstehen Krebszellen, die in ihrem Stoffwechsel, ihrem Wachstum und ihrer potenziellen Unsterblichkeit nicht mehr normalen Zellen entsprechen.

3.3 Epilepsie – Gewitter im Kopf

Epilepsie ist eine vorübergehende Störung der Reizleitung in Nervenzellen

Epilepsie ist keine Geistes- und keine Erbkrankheit, hat aber oft genetische Ursachen

Einer von 100 Menschen hat Epilepsie, bis zu zehn Prozent erleben einmalig einen epileptischen Anfall. Epilepsie ist damit eine der häufigsten Erkrankungen des Nervensystems. Aber das Auftreten eines Anfalls bedeutet nicht unbedingt, dass man an Epilepsie erkrankt ist.

Ein epileptischer Anfall kann **Ursachen** haben, die außerhalb (zB ein harter Schlag auf den Kopf, Drogen, Diskolicht) oder innerhalb des Körpers liegen (zB eine Gehirnentzündung, ein Gehirntumor, eine Stoffwechselerkrankung). Bei vielen ist nicht klar, warum sie an Epilepsie erkranken. In den meisten Fällen scheinen **Genmutationen** eine wichtige Rolle zu spielen. Epilepsie ist jedoch keine Erbkrankheit. Viele dieser Mutationen treten spontan auf, sind also nur beim Kind, nicht aber bei seinen Eltern zu finden.

Letztlich spielt sich ein epileptischer Anfall zunächst immer im Gehirn ab, und zwar im **Großhirn**. Manche glauben, Epilepsie wäre eine Geisteskrankheit. Das stimmt nicht! Die meisten Menschen mit Epilepsie führen ein ganz oder weitgehend **normales Leben**.

Es gibt viele verschiedene Formen von Epilepsie. Eine **Absence** ist beispielsweise eine nur wenige Sekunden dauernde geistige Abwesenheit.

Beim **Grand mal** ist das gesamte Großhirn betroffen. Die Person fällt auf den Boden und krampft. Zu Beginn stößt sie meistens einen Schrei aus. Zuweilen bildet sich durch starken Speichelfluss Schaum vor dem Mund. Wenn du Zeuge eines solchen Anfalls wirst, lege der Person etwas Weiches (zB deine Jacke) unter den Kopf und entferne alles Harte und Spitze aus der Umgebung. Fast immer geht der Anfall schnell vorüber. Dauert er länger als fünf Minuten, muss ein Notruf abgesetzt werden, denn es kann durch Sauerstoffmangel zu Gehirnschäden kommen.

Wie ein Anfall abläuft, wird dadurch bestimmt, welche Gehirnregion betroffen ist. Deren Nervenzellen übertragen einen Reiz elektrisch durch Aktionspotenziale entlang ihrer Membran und chemisch durch Ausschüttung aktivierender oder hemmender Neurotransmitter an den Synapsen (siehe Band 6, Kap. 1.3). **Bei einem epileptischen Anfall ist die Balance zwischen Hemmung und Erregung gestört.** Epileptisch hyperaktive Nervenzellen beeinflussen andere Nervenzellen, die dann bestimmte Körperfunktionen nicht mehr steuern können. Das dauert meist ein paar Minuten. Beim Elektroenzephalogramm (EEG) kann man die Veränderung der Hirnströme während eines Anfalls sichtbar machen (→Abb. 12).

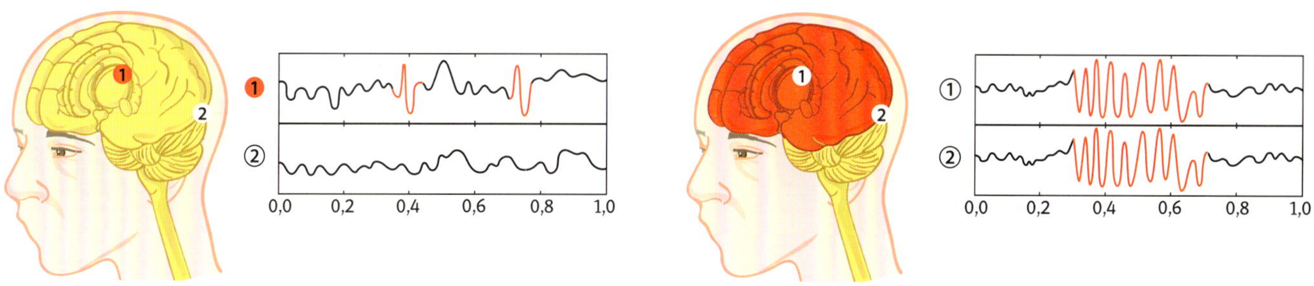

Abb. 12: EEG-Veränderungen während eines fokalen Anfalls, bei dem nur ein Hirnareal betroffen ist (links) und während eines generalisierten (Grand mal) Anfalls, bei dem das gesamte Großhirn betroffen ist (rechts). Die Zahlen bezeichnen Elektroden, die auf der Kopfhaut befestigt sind.

Aufgaben

S 1 **Nimm zur folgenden Erzählung Stellung:** *„Ein Bub mit Epilepsie kommt in die Volksschule. Die Ärztin hatte geraten, weder die Klasse noch die Lehrerin darüber zu informieren. Er müsse sonst mit Vorurteilen rechnen. Dann kommt es mitten im Klassenraum zu einem Anfall. Es sieht furchtbar aus und keiner weiß, was zu tun ist. Alle, auch die Lehrerin, sind hilflos und entsetzt. Es geschieht das, was die Ärztin nicht wollte: Er wird zum Außenseiter. Als er auf die AHS wechselt, will er das nicht noch einmal erleben. Am ersten Tag stellt er sich vor seine neue Klasse und ruft: »Hört mal zu. Ich habe Epilepsie und zeige euch, wie es aussieht, wenn ich einen Anfall kriege. Danach erkläre ich euch, was ihr dann tun müsst.« Er spielt der Klasse einen Anfall vor. Die ist beeindruckt von seinem Mut. Nie mehr begegnet ihm jemand in der Schule mit Vorurteilen.“* Diskutiert, wie ihr in der Situation vorgehen würdet. Versetzt euch dazu in die Lage **a)** des Buben, **b)** der MitschülerInnen und **c)** der Lehrerin.

S 2 Der beschriebene Bub studiert inzwischen an einer Universität. Seine Erfahrung ist aber kein Einzelfall: Viele Menschen mit Epilepsie erfahren Ausgrenzung. Diskutiert, woran das liegen und wie man Vorurteilen begegnen könnte.

W 1 Immerhin zwei Drittel der Betroffenen bekommen ihre Anfälle mit Hilfe von Therapien in den Griff. Recherchiere, welche Therapieformen es gibt und schreibe kurze Erklärungstexte dazu.

Weniger Stress durch gutes Zeitmanagement

Stress ist ein wichtiger Faktor bei der Entstehung vieler Krankheiten. Durch gute Planung kannst du zumindest den Stress reduzieren, der durch Zeitdruck entsteht. Dabei helfen **Wochenplaner**, in denen du notierst, wann du welche Fächer in der Schule hast und welche Aktivitäten du in der Freizeit planst. Zusätzlich trägst du ein, wie viel Zeit du voraussichtlich für die Vor- und Nachbereitung bestimmter Aufgaben benötigst. Ausreichend Schlaf und Bewegung solltest du ebenfalls einplanen, denn wer müde und körperlich unausgelastet ist, kann sich schlecht konzentrieren.

Da es nicht immer leicht ist abzuschätzen, wie viel Zeit man für eine Aufgabe benötigt, solltest du **„Pufferzeiten“** einplanen. Sie geben dir die Chance, in deinem Plan zu bleiben, wenn du mehr Zeit benötigst als gedacht. Wenn du früher als geplant mit deiner Aufgabe fertig bist, könnten solche Pufferzeiten für **„Belohnungen“** genutzt werden (eine Freundin anrufen, sich mit Freunden zum Spielen treffen, etc.). Gerade vor dem Zu-Bett-Gehen sind Pufferzeiten wichtig: Wer noch kurz zuvor einen Thriller anschaut oder Computerspiele spielt, wird weniger gut einschlafen können, als wenn man sich bei einem lustigen Buch oder einem gemütlichen Beisammensein entspannt.

Wähle eine Woche mit mindestens einer Schularbeit und erstelle vorab einen (realistischen!) Wochenplan nach dem Muster der folgenden Tabelle. Es ist empfehlenswert zu notieren, wie viel Zeit du insgesamt für eine Aktivität einplanst. Das musst du anpassen, wenn du merkst, dass diese Zeit nicht ausreicht. Diese Methode hilft dir, besser zu verstehen, wie zeitintensiv deine Aktivitäten sind.

Versuche, dich möglichst genau an deinen Plan zu halten. Notiere jeden Tag beim Mittagessen, wie deine **Erfahrungen** mit der Planung am Tag zuvor waren. Wie genau konntest du deinem Plan folgen? Was waren **Gründe für Abweichungen**? Wie hast du dich am Ende des jeweiligen Tages gefühlt? Falls dir diese Art der Planung hilft, weniger „unter Stress“ zu geraten, versuche herauszufinden, was dich bisher unter Zeitdruck gesetzt hat – und wie du in diesem Bereich durch bessere Planung Stress vermeiden kannst.

Übrigens: Diese Methode hilft nicht nur in der Schule. Menschen mit vielen Terminen nutzen sie im Berufsleben, um nicht in ein „Burn-out“ zu geraten („Ausbrennen“, bei dem man zunächst geistig, schließlich auch körperlich erschlafft, schlecht schläft und ständig müde und gereizt ist).

Mein Wochenplaner:

Montag	Dienstag	Mittwoch	Donnerstag	Freitag	Samstag	Sonntag
6:30: Aufstehen						
6:35–7:10: Frühstücken, Zähneputzen, Duschen, …						
7:15–7:45: Schulweg						
7:45–8:00: Puffer (falls Bus verpasst)						
8:00–14:30: Schule						
14:40–15:10 Heimweg						
15:15–16:00: Erholung						
16:00–17:30: Vorbereitung Matheschularbeit						
17:30–18:00: Pause						
18:00–18:30: Vokabeln lernen						
18:30–19:00: Abendessen						

Abb. 13: Zeitmanagement mit einem Wochenplaner: Beispielhaft ist hier der Montag ausgefüllt. Eine Vorlage findest du auf www.oebv.at mit dem Online-Code: r8b5sx.

Epilepsie – Therapie durch Hirnstromkontrolle?

Für Epilepsie gibt es verschiedene Behandlungsmöglichkeiten

Wer an Epilepsie leidet, kann sich medikamentös oder, wenn die Anfälle von einem sehr begrenzten Areal im Gehirn ausgehen (fokaler Anfall, siehe S. 61), chirurgisch behandeln lassen. Beides kann allerdings schwere Nebenwirkungen nach sich ziehen. Zudem sind Antiepileptika bei 30 % der Patientinnen und Patienten wirkungslos.

Reduzierung der Anfallshäufigkeit durch mentales Training

Einen ganz anderen Ansatz schlug bereits vor vielen Jahren der gebürtige Wiener Niels Birbaumer vor, der heute als Professor an der Universität Tübingen an Nervenkrankheiten forscht. Da epileptische Anfälle auf vorübergehend aussetzender Regulation von Erregung im Großhirn beruhen, möchte Birbaumer Menschen mit Epilepsie helfen, die Kontrolle über diese Regulation wiederzuerlangen.

Das geschieht mittels „Gehirnstromtraining". Dabei wird anhand von Elektroenzephalografie für die zu behandelnde Person sichtbar gemacht, ob die Gehirnerregung zu stark oder ausgeglichen ist: Auf einem Monitor bewegt sich eine Rakete nur dann vorwärts, wenn die Erregung durch Konzentration erfolgreich beeinflusst wird. Die Buchstaben „A" oder „B" signalisieren, ob die Intensität der Gehirnerregung gesteigert oder verringert werden muss (→Abb. 14). Das Training dauert mehrere Wochen.

Offenbar erfolgreich, aber kaum eingesetzt

Diese Methode scheint Menschen mit bislang nicht behandelbaren Formen von schwerer Epilepsie helfen zu können, die Anfallshäufigkeit deutlich zu verringern (Birbaumer u. a., 1994).

Erstaunlicherweise kommt diese Methode bisher kaum zu Einsatz. Dabei ist sie völlig frei von Nebenwirkungen. Übrigens konnten Birbaumer und sein Team mit ähnlichen Mitteln Menschen mit ALS (Amyotrophe Lateralsklerose) helfen, über einen Computer wieder mit ihrer Umwelt zu kommunizieren. Bei ALS erschlaffen sämtliche Muskeln im Körper. Erkrankte sind praktisch eingeschlossen in ihrem Körper, der bewegungsunfähig ist, während ihr Gehirn normal funktioniert. Mit Hilfe von computergestütztem Gehirntraining sind diese Menschen erstmals wieder in der Lage, sich anderen gegenüber zu artikulieren (Birbaumer, 2006).

Ein prominenter Mann mit ALS war der 2018 verstorbene und überaus berühmte Physiker Stephen Hawking, der mehr als 40 Jahre länger lebte, als es ihm seine Ärzte prognostiziert hatten.

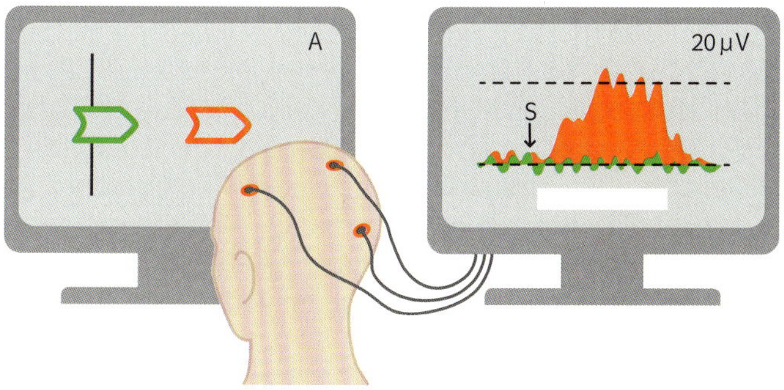

Abb. 14: Feedback über einen Monitor zeigt den Testpersonen an, ob sie ihre Erregung ausreichend regulieren können. Das Bild einer Rakete wird acht Sekunden lang gezeigt („S" = Stimulusbeginn). Während dieser Zeit kann die Testperson versuchen, ihre Gehirnerregung zu regulieren. GRÜN zeigt eine geringe, ROT eine (zu) hohe Gehirnerregung an. Die 20-Mikrovoltlinie kennzeichnet das Maximum, was beim Training normalerweise erreicht wird.

Literatur:

Birbaumer, N.; u. a.: Biofeedback of slow cortical potentials in epilepsy. In: J. G. Carlson (Hrsg.), Clinical Applied Psychophysiology – Collection of paper and key note addresses at the 2nd International Conference on Biobehavioural Self-Regulation and Health in Munich 1991; Plenum Press, New York. 1994, S. 29–42.

Birbaumer, N.; u. a.: Breaking the silence: Brain-computer interfaces (BCI) for communication and motor control. In: Psychophysiology. 2006, Jg. 43, S. 517–532.

Aufgaben

W 1 Lies in Band 6 nach, wie Aktionspotenziale entstehen und weitergeleitet werden. Lege in einem kurzen Text dar, was sich bei epileptischen Anfällen ändert (siehe S. 61).

W 2 Recherchiere Beispiele für Gehirn-Computer-Verbindungen (Brain-Computer-Interfaces), die in der Medizin eingesetzt werden. Als Ausgangspunkt könntest du die Internetseiten des Instituts für Automatisierungstechnik der Universität Bremen, des Projekts „Berlin Brain-Computer Interface", des Instituts für Medizinische Psychologie und Verhaltensneurobiologie der Universität Tübingen oder der steirisch-oberösterreichischen Firma g.tec, die aus einem Projekt der Technischen Universität Graz hervorgegangen ist, benutzen.

Zeit- und Ressourcenplanung

Schritt 1: Was will ich wie machen?

Wenn du wissenschaftlich arbeiten möchtest, gilt es, zunächst einmal zu entscheiden, was du eigentlich wie untersuchen willst. Hier einige Beispiele:

Experiment: Wenn du herausfinden willst, ob ein bestimmter Faktor eine gewisse Wirkung auf ein bestimmtes Versuchsobjekt hat, dann wirst du ein Experiment planen müssen: Gezielte Veränderungen der Versuchsbedingungen im Vergleich zu Kontrollansätzen werden zeigen, ob dieser Faktor eine bedeutsame Rolle spielt.

Beobachtung: Vielleicht möchtest du lieber in die Natur hinausgehen und erkunden, wie viele Waschbären es im Wiener Prater gibt oder welche Wasserqualität die Salzach aufweist. Hier wirst du nicht unbedingt experimentell vorgehen, aber möglicherweise gezielt gewählte Beobachtungsstellen zu unterschiedlichen Tageszeiten oder zu immer derselben Tageszeit für eine vorab festgelegte Dauer aufsuchen.

Befragung: Eine Befragung ist eine besondere Form der Beobachtung. Zufällig oder gezielt ausgewählte Personen füllen einen Fragebogen aus oder werden interviewt. In jedem Fall musst du dir die Fragen sorgfältig überlegen und zuvor an Testpersonen prüfen, ob sie so verstanden werden, dass die Antworten der von dir Befragten für deine Untersuchung sinnvoll sind. Das nennt man **Validität** (engl. validity = Gültigkeit). Dabei gibt es zwei Möglichkeiten: Wenn du zB deine Klassenkameradinnen und -kameraden danach fragst, wie sich ein Virus vermehrt (Vervielfältigung im Körper), diese aber glauben, dass du sie nach Infektionsmöglichkeiten fragst, sind ihre Antworten für deine Fragestellung nicht hilfreich. Die Frage war demnach nicht valide. Du müsstest sie neu formulieren: „Wie wird ein Virus im Körper eines Wirts vermehrt?". Wenn du hingegen herausfinden willst, was Andere unter einem bestimmten Begriff verstehen, kannst du Fragen stellen, die komplett offen sind für alle möglichen Antworten. Wenn du zB fragst, was jemand mit dem Begriff „Krebs" in Verbindung bringt, könnte sowohl die Krankheit als auch das Tier genannt werden.

In jedem Fall solltest du ausschließen, dass deine Ergebnisse rein auf Zufall beruhen. Sowohl beim Experimentieren als auch beim Beobachten oder bei der Befragung ist es daher wichtig, eine ausreichend große Stichprobe zu bestimmen und zumindest eine Teilstichprobe davon wiederholt zu untersuchen. Das nennt man **„Reliabilität"** (bei Befragungen) bzw. **„Reproduzierbarkeit"** (bei Experimenten).

Schritt 2: Was brauche ich dafür?

Wenn du dir darüber klargeworden bist, wie du arbeiten möchtest, musst du dir überlegen, was bzw. wen du dafür alles brauchst. Das ist bei Experiment, Beobachtung und Befragung sehr unterschiedlich:

Experiment: Versuchsobjekte, Materialien, geeigneter Raum, Betreuer/innen (zB bei Laborpraktika) usw.

Beobachtung: geeignete Mess-/Beobachtungsstellen, notwendige Ausrüstung, Wahl der geeigneten Jahreszeit (zB bei Zugvögeln) usw.

Befragung: aussagekräftige Stichprobe an Personen, die dir deine Fragen beantworten (wenn der Verdacht besteht, dass die Antworten = Ergebnisse von Tages-/Jahreszeit, Gemütlichkeit des Befragungsortes etc. abhängen könnten, müssen geeignete Rahmenbedingungen gewählt werden).

Schritt 3: Wie viel Zeit brauche ich dafür?

All dies bestimmt, wie viel Zeit du für deine praktischen Arbeiten benötigen wirst. Leider kann man nie sicher sein, ob alles so funktioniert, wie man sich das vorgestellt hat. Daher solltest du **Zeitpuffer** einplanen. So könnte es länger als gedacht dauern, deine Materialien oder Interviewpersonen zu bekommen. Vielleicht klappt dein Experiment am Anfang gar nicht. Oder dein Beobachtungsobjekt will dir einfach nicht vor die Augen treten – und du musst dir ein neues Thema suchen. Wenn du rechtzeitig anfängst, kannst du solche Probleme locker lösen. Vielleicht hast du jedoch alles richtig gemacht – nur deine Ausgangshypothese stimmt nicht.

Abb. 15: Deine Planung wird zunächst davon bestimmt, ob du ein Experiment, eine Beobachtung oder eine Befragung vornehmen möchtest.

Schritt 4: Wie viel Zeit brauche ich für … alles andere?

Mit dem praktischen Arbeiten, also dem Erheben von Daten allein ist es nicht getan. Sobald du Ergebnisse bekommst, wirst du sie **protokollieren** und dann **analysieren**. Evtl. bieten sich **statistische Verfahren** an, um herauszufinden, ob Unterschiede signifikant sind (zB im Wachstum von Kürbispflanzen bei unterschiedlichen Lichtverhältnissen, beim Verständnis einer gesunden Jause bei Frauen und Männern, beim Vorkommen von Waschbären im Stadtzentrum und in Außenbezirken).

Häufig, v. a. im Rahmen von vorwissenschaftlichen Arbeiten, wird jedoch **deskriptiv**, d. h. mit reinem Beschreiben gearbeitet. Das geschieht beispielsweise mittels prozentualer Angaben: „30 % der weiblichen, aber nur 13 % der männlichen Befragten im Alter von 13 bis 15 Jahren gaben an, dass …“.

Für die Analyse deiner Daten solltest du ausreichend Zeit einplanen, weil sich auch hier Überraschungen ergeben könnten. Möglicherweise gehen deine Daten in eine völlig unerwartete Richtung. In so einem Fall stellt sich die Frage, ob deine Auswertungsmethode richtig gewählt war – oder ob deine praktische Vorgehensweise korrekt war. Am besten klärst du vorab mit deiner Betreuerin/deinem Betreuer, welche Methoden vermutlich am besten zu deiner Fragestellung passen. Das schließt Überraschungen allerdings nicht aus, und so kann es sein, dass du ein **Experiment oder eine Analyse verändert wiederholen** musst.

Oft kommt die **Einbettung in die wissenschaftliche Literatur** zu kurz. Versuche deshalb einzuschätzen, wie leicht oder schwierig es ist, an entsprechende Quellen zu kommen. Wird dir die Autorin eines Artikels, den du unbedingt lesen möchtest, ihren Text innerhalb von einer Woche schicken? Oder könnte das mehrere Wochen dauern, weil sie vielleicht auf einer Tagung oder Exkursion unterwegs ist? Ist das Buch, das du benötigst, immer in der Bibliothek verfügbar, oder könnte es von jemand anderem ausgeliehen sein?

Du wirst viel lesen müssen. Teste vorab, wie lange du benötigst, um einen deutschen oder einen englischen Text zu deinem Thema zu lesen.

Schließlich bleibt da noch die **Schreibarbeit**. Versuche, dich selbst einzuschätzen: Fällt es dir leicht, längere Texte zu verfassen? Oder benötigst du lange, bis überhaupt einmal der erste Satz steht? Außerdem muss man Texte immer und immer wieder **überarbeiten**, bis sie so gut sind, dass jemand, der nicht in der Thematik deiner Arbeit steckt, problemlos nachvollziehen kann, worum es in deiner Arbeit geht und wie du zu deinen Ergebnissen gekommen bist.

Fazit: Für deine Zeit- und Ressourcenplanung solltest du nicht nur an die rein praktische Arbeit denken, sondern auch an die Vorbereitung, die Auswertung, die Literaturrecherche sowie das Schreiben und Überarbeiten deiner Arbeit (→Abb. 17).

Abb. 16: Planungslisten helfen dir einen Überblick zu bewahren. Halte alle notwendigen Arbeitsschritte fest, sowie die jeweils benötigten Materialien und den geschätzten Zeitaufwand.

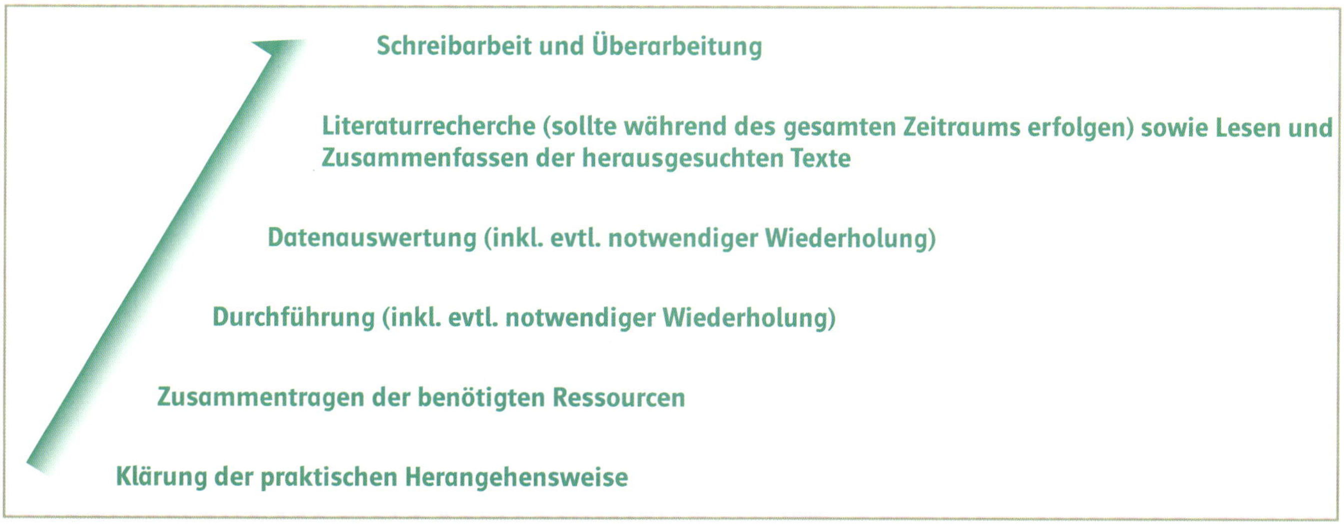

Abb. 17: Bereiche, für die du ausreichend Zeit einplanen solltest.

Kompetenz-Check: Gesundheitsförderung und Krankheiten

Lösungen
v5j342

- Du weißt, welche Faktoren dazu beitragen, einen Herzinfarkt oder Schlaganfall zu erleiden.
- Du kannst den Prozess der Arteriosklerose schrittweise darstellen und erklären.
- Du bist in der Lage, die Ursachen von Adipositas sowie von Diabetes Typ I und Typ II zu benennen und Vorschläge zu unterbreiten, wie man die Schwere dieser Krankheiten in Grenzen halten kann.
- Du hast gelernt, welche Prozesse bei der Entstehung von Krebs eine Rolle spielen.
- Du kannst einige Ansätze zur Krebstherapie nennen und erklären.
- Du weißt, wie epileptische Anfälle entstehen und welche Behandlungsmöglichkeiten es gibt.
- Dir sind Möglichkeiten der Stressvermeidung bekannt.
- Du kennst gesundheitsfördernde Maßnahmen.

Du kannst dir Fachwissen aneignen und kommunizieren

W 1 Beschreibe, worin sich Diabetes Typ I und Diabetes Typ II unterscheiden.

W 2 Erkläre, wie es zur Bildung von Plaques und letztlich Thrombosen in Blutgefäßen kommen und welche Konsequenzen dies haben kann.

W 3 Erstelle eine Liste mit den Eigenschaften von Krebszellen bzw. den Prozessen, die die Krebsentstehung begünstigen. Wähle zwei dieser Meilensteine aus und versuche, ihnen jeweils ein Basiskonzept zuzuordnen. Begründe deine Zuordnung.

W 4 Verfasse einen kurzen Text (ca. ¼ DIN A4-Seite) dazu, inwiefern sich das Essverhalten (→Abb. 18) auf die Entstehung diverser Krankheiten auswirken kann. Verwende dazu die Informationen aus diesem Kapitel.

Abb. 18: Burger vs. Salat.

Du kannst Erkenntnisse gewinnen

E 1 Es gibt sehr viele Firmen, die an Medikamenten gegen Krebs forschen. Dabei haben in den letzten Jahren vor allem Unternehmen Schlagzeilen gemacht, deren Ansätze auf Biotechnologie beruhen. Das bedeutet, dass in der Natur vorkommende Wirkstoffe oder Prozesse dahingehend verändert werden, dass sie in der Krebstherapie oder sogar -vorbeugung eingesetzt werden können. Letzteres wäre bei einer erfolgreichen Impfung der Fall. Die meisten dieser Ansätze befinden sich noch in der Entwicklung, doch sind einige derart vielversprechend, dass große Pharmafirmen manche Biotech-Unternehmen für hohe Milliardenbeträge kaufen.

a) Erstellt anhand von Abbildung 9 auf S. 57 Hypothesen (begründete Vermutungen), gegen welche Krebsarten derzeit besonders intensiv nach Medikamenten oder Impfstoffen gesucht wird.

b) Überprüft eure Hypothesen durch Recherchen im Internet nach Firmen in Österreich, Deutschland oder der Schweiz, die Medikamente oder Impfstoffe gegen Krebs herstellen bzw. dies versuchen. Tragt Informationen zu einem Wirkstoff/einer Methode zusammen. Stellt eure Ergebnisse im Plenum vor. Ihr könnt dabei zB folgende Punkte berücksichtigen:

- Welche Idee steckt hinter dem entwickelten/noch zu testenden Wirkstoff (zB Antikörper gegen Krebszellen)?
- Gegen welche Krebsarten wirkt er/soll er wirken?
- In welcher Phase der Entwicklung befindet er sich?
- Wie heißt die Firma, die ihn herstellt/testet?
- Hat die Firma bereits andere Medikamente auf den Markt gebracht?
- Wer hat die Firma gegründet?

Fragt zudem bei der Firma nach, ob ihr weitere, aktuelle Informationen bekommen könnt, und ob man bei der Firma ein Laborpraktikum machen kann (zB für eine VWA).

Du kannst Standpunkte begründen und reflektiert handeln

S 1 Recherchiere im Internet nach berühmten Persönlichkeiten, die an Epilepsie litten oder leiden.

Schreibe aufgrund der Informationen in diesem Kapitel und anhand der von dir recherchierten Beispiele eine Stellungnahme zu folgender Aussage: „Menschen mit Epilepsie sind geisteskrank. Sie sollten keine normalen Berufe ausüben dürfen."

Semestercheck (5. Semester)

Das hast du in diesem Semester gelernt

Bist du fit für das nächste Semester? Hier kannst du dich selbst testen!

Parasitismus und Symbiose → *Parasiten und Symbionten, ab Seite 10*	Konkurrenz • Symbiose • Parabiose • Parasitismus • Neutralismus • Nahrungsbeziehung • Raubparasitismus • Koevolution • Fuchsbandwurm • Wirtswechsel • Zwischenwirt • Endwirt • Fehlwirt • Ektoparasiten • Endoparasiten • Obligate Parasiten • fakultative Parasiten • oligoxen • Darmflora • polyxen • homoxen • Temporäre Parasiten • Stationäre Parasiten • Wirtsspezifität • Brutparasitismus • Pathogene • Kleptoparasitismus • Raubparasitismus • Parasitoide • Hyperparasitismus • Allianz • Mutualismus • Eusymbiose • Ektosymbiose • Endosymbiose • Biologische Schädlingsbekämpfung	→ *Kompetenz-Check, Seite 24*
Krankheitserreger (Bakterien, Viren, Pilze, Einzeller, Vielzeller) → *Krankheitserreger, ab Seite 26*	Hygiene • Vorsorgeuntersuchung • Hausstauballergie • Asthma • Allergene • Impfung • Humane Papilloma Viren (HPV) • Größenordnung von Krankheitserregern • Prionen • Creutzfeldt-Jakob-Krankheit • Viroide • DNA/RNA • Grippevirus • Bakteriophagen • Retroviren	→ *Kompetenz-Check, Seite 48*
Ausgewählte Beispiele für Infektionskrankheiten, Hygienemaßnahmen und Prophylaxe → *Krankheitserreger, ab Seite 26*	Masern • Inkubationszeit • Epidemie • AIDS • HIV • Capsid • Wirtszelle • Transkription • Antibiotikaresistenz • Penicillin • Mutation • Bakterienstämme • Typhus • Salmonelleninfektion • Scharlach • Tröpfcheninfektion • Syphilis • Tripper • Malaria • Plasmodium • Mykose • Hygiene in Krankenhäusern	→ *Kompetenz-Check, Seite 48*
Maßnahmen zur Gesundheitsförderung, Rolle der Mikroorganismen für die Gesundheit des Menschen → *Gesundheitsförderung und Krankheiten, ab Seite 50*	Sport und Gesundheit • Stressmanagement • Rauchen • Gesunde Ernährung • Schlaf • Psychotherapien	→ *Kompetenz-Check, Seite 66*
Zivilisationserkrankungen (zB Herz-Kreislauferkrankungen, Stresserkrankungen, Krebs) → *Gesundheitsförderung und Krankheiten, ab Seite 50*	Zivilisationskrankheiten • Body-Mass-Index • Adipositas • Stress • Stresshormone • Diabetes-Typ-I • Diabetes-Typ-II • Kurzzeitstress • Langzeitstress • Psychosomatik • Herz-Kreislauferkrankungen • Low Density Lipoprotein • Plaques • Arteriosklerose • Embolie • Herzinfarkt • Schlaganfall • Krebs • Leukämie • Metastasen • Tumor • Onkogene • Wachstumssignale • Krebszellen • Apoptose • Krebstherapie • Chemotherapie • Strahlentherapie • Epilepsie	→ *Kompetenz-Check, Seite 66*

Diesen Basiskonzepten bist du begegnet

Im Laufe des Semesters bist du den Basiskonzepten der Biologie an vielen Stellen begegnet. In folgender Tabelle ist als Beispiel bereits eine Stelle aus diesem Buch angegeben. Vervollständige die Tabelle und ergänze sie auch mit passenden Beispielen, die im Schulbuch nicht gekennzeichnet sind.

Seite	Thema / Kapitel	Erklärung des Basiskonzeptes
Steuerung und Regelung		
59	Gesundheitsförderung und Krankheiten	Bei Krebszellen ist die Alterung ungeregelt; sie sind unbegrenzt teilungsfähig.
Kompartimentierung		
Struktur und Funktion		
Reproduktion		
Stoff- und Energieumwandlung		
Information und Kommunikation		
Variabilität, Verwandtschaft, Geschichte und Evolution		

7. Semester

Kapitel

4 Bewegung
- Bewegungssysteme bei Pflanzen und Tieren
- Aufbau und Funktion von Skelett und Muskulatur

5 Biodiversität
- Entstehung und Ordnung biologischer Vielfalt
- Systematik und Taxonomie

6 Nachhaltige Entwicklung
- Charakteristika nachhaltiger Entwicklung (an Hand regionaler und globaler Beispiele)

» Das erwartet dich in diesem Semester

Das zweite Semester der 7. Klasse beginnt mit einer Thematik, mit der du jeden Tag vielfach zu tun hast, wahrscheinlich ohne dass es dir bewusst ist: **Bewegung**. Es erscheint uns selbstverständlich, dass sich Tiere, Menschen und auch Pflanzen bewegen. Die Grundlagen dafür sind sehr unterschiedlich und komplex.

Das folgende Kapitel 5 behandelt ein Thema, dass uns in Medien und Zeitungsberichten häufig begegnet: **Artenvielfalt oder Biodiversität**. Aber was genau versteht man darunter und wie kann man Artenvielfalt messen? Welche Auswirkungen hat ein Verlust von Artenvielfalt für ein Ökosystem? Wer die Qualität von Zeitungsberichten beurteilen möchte, sollte die Grundlagen kennen. Du erfährst sie in diesem Semester!

Noch ein Schlagwort, das fast täglich in den Nachrichten zu lesen oder zu hören ist: **Nachhaltigkeit**. Du kennst den Begriff aus der 6. Klasse. In diesem Jahr lernst du Beispiele für eine nachhaltige Entwicklung kennen. «

4. Bewegung

Du lernst in diesem Kapitel …

Bonusmaterial
mw59zc

W Wissen organisieren

… Du erfährst, was man unter **Bewegung** versteht und welche **Formen von Bewegung** bei welchen Lebewesen auftreten.

… Du lernst, wie sich Prokaryoten, eukaryotische Einzeller, Pflanzen und Tiere bewegen und wie sich diese **Bewegungsmechanismen** voneinander unterscheiden.

… Du wirst den **Aufbau und die Funktion von Muskeln** bis auf molekulare Ebene kennenlernen und beschreiben können.

E Erkenntnisse gewinnen

… Du lernst wie die **Ergebnisse aus Experimenten über Muskelfunktionen** für die Anwendung myoelektrischer **Prothesen** genutzt wird.

… Du wirst lernen, Erkenntnisse zu Bewegung aus **wissenschaftlichen Arbeiten** (im Unterschied zu wissenschaftsjournalistischen Darstellungen) zu gewinnen.

… Du kannst Bewegungsabläufe von **pflanzlichen** und **bionischen Bewegungen** über Videos beobachten und mit tierischen Bewegungen vergleichen.

S Schlüsse ziehen

… Du wirst verstehen, wie du deinen **Bewegungsapparat** gesund halten und Risiken für Schäden minimieren kannst.

… Du wirst lernen zu **beurteilen**, welche Verletzungen welche **Symptome** hervorrufen und welche **Therapien** sie benötigen.

… Du wirst anhand des Beispiels der Bionik erfassen, welche **Bedeutung Naturwissenschaft und Technik** für dieses Berufsfeld haben. Du wirst dir weiters eine Überblick über **Ausbildungen** in diesem Bereich verschaffen.

» Wieso können Hummeln fliegen?

Seit fast hundert Jahren kursiert ein Mysterium um den Flug der Hummel: Diese ca. 1,2 g schweren Tiere besitzen nur ca. 0,7cm^2 Flügelfläche – oder anders gesagt: Die Flügel sind viel zu klein, um das dicke Tierchen, das auch das Cover dieses Buches ziert, zu tragen. Das Paradoxon des Hummelflugs wurde jahrzehntelang diskutiert – und erst sehr viel später gelöst.

Heute weiß man, dass das Geheimnis darin liegt, dass Hummel wie alle Insekten bewegliche Flügel haben. Durch den schnellen Schlag verdrehen sich die Flügel und erzeugen so Luftwirbel – und damit zusätzlichen Auftrieb. Die „Konstruktion" des Flügels ist also auf größtmöglichen Auftrieb optimiert. Hummeln können also tatsächlich fliegen!

Doch was ist eigentlich Bewegung? Was passiert im Körper der Hummel, wenn sie mit den Flügeln schlägt, oder in unserem Körper, wenn wir springen, einen Ball werfen, uns strecken? Bewegen sich unsere Zellen, oder bewegen sich Moleküle in den Zellen? Können sich auch Pflanzen, Pilze, Bakterien bewegen?

Die Dunkle Erdhummel (*Bombus terrestris*) ist eine von 43 in Österreich vorkommenden Hummelarten.

4.1 Bewegung im Überblick

Alles Leben bewegt sich

Bewegung ist ein Kennzeichen des Lebens, alle Lebewesen zeigen Bewegung

Erinnere dich, wie Leben definiert wird: Es gibt kein alleiniges Merkmal, das Lebewesen auszeichnet, vielmehr müssen mehrere Punkte erfüllt werden, damit man von Leben sprechen kann: Stoffwechsel, Wachstum, etc. Einer dieser Punkte ist **Bewegung**.

Bewegung ist also universell – alle Lebewesen zeigen dieses Phänomen. Auch wenn du bei Bewegung zunächst vielleicht an einen laufenden Gepard denkst – nicht nur Tiere bewegen sich, auch Pflanzen, Pilze, Einzeller tun dies (in der Regel aber viel langsamer und unauffälliger, wie du auf den folgenden Seiten lesen wirst).

Bewegung ist nicht gleich Bewegung. Woran wir bei diesem Begriff primär denken, bezeichnet man als **Lokomotion**[1] (Fortbewegung), also eine aktive Ortsveränderung, zB wenn du läufst. Dem gegenüber steht die **Motorik**[2], die Bewegung eines Organismus in sich, zB wenn du mit dem Fuß wippst oder schluckst.

Davon abgesehen gibt es bei allen Lebewesen **intrazellulare Bewegungen**, also Bewegungen innerhalb der Zelle. Viele Zellen bewegen sich auch als Ganzes, in dem sie ihre Form verändern. Man kennt die **amöboide Bewegung**, die bei den namensgebenden Amöben (→Abb. 1) auftritt, aber auch zB bei weißen Blutkörperchen. Andere Zellen nutzen Geißeln oder Wimpern, mit denen sie durch das Wasser schwimmen können (siehe S. 70). Sind diese Bewegungen gerichtet, spricht man von **Taxien**[3] (Einzahl Taxis).

Bei Pflanzen treten v. a. sehr langsame Wachstumsbewegungen auf, aber auch bei diesen Lebewesen sind schnelle Bewegungen bekannt (zB bei der Mimose, siehe S. 76).

Abb. 1: Amöbe. Die Bewegung erfolgt durch Formveränderung der Zelle (Größe etwa 0,1 bis 0,8 mm).

Bewegung in Zellen: Proteine wandern auf Proteinen

Intrazellulär erfolgt Bewegung, indem Motorproteine an Proteinfasern entlang wandern

Stoff- und Energieumwandlung

Struktur und Funktion

Die meisten Bewegungsvorgänge in Zellen beruhen auf einem einzigen grundlegenden Mechanismus: **Motorproteine** springen mittels Energieumwandlung zwischen zwei räumlichen Anordnungen hin und her. Dabei wandern sie an Proteinfilamenten des Zytoskeletts entlang oder ziehen diese an sich vorbei – so wie du ein Seil hochkletterst oder an dir vorbeiziehst. In Abbildung 2 siehst du so einen Vorgang dargestellt. Hier wird ein Vesikel entlang eines Mikrotubulus von Kinesin, einem Motorprotein transportiert.

Diese **intrazelluläre Bewegung** findet in unseren Zellen ständig statt, zB wenn sich Bestandteile der Zellen verlagern oder Stoffe in Vesikeln transportiert werden. Aber auch die Bewegung von Muskeln basiert auf diesem Mechanismus (siehe S. 72).

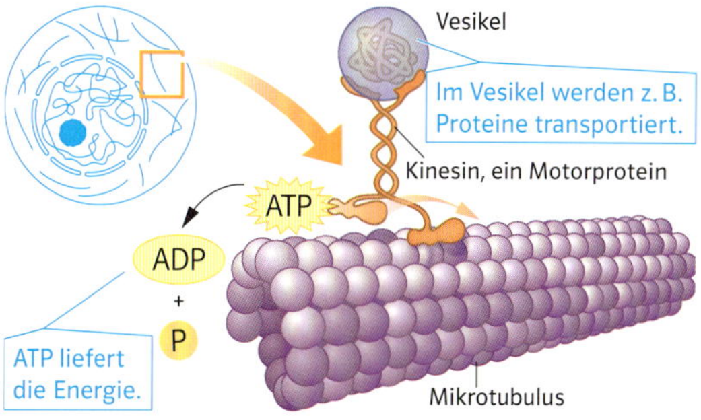

Abb. 2: Bewegung am Mikrotubulus. Motorproteine wie hier Kinesin „wandern" auf dem Cytoskelett.

Glossar

[1] **Lokomotion:** wörtliche die „Ortsbewegung", vom Lateinischen *locus* für Ort, Stelle, und *motio* für Bewegung.
[2] **Motorik:** vom Lateinischen *motor* für Beweger, von *movere* für bewegen.
[3] **Taxis:** vom Griechischen *táxis* für Ausrichtung.

Aufgaben

W 1 **Kennzeichen des Lebens:** Wiederhole die Kennzeichen des Lebens und beschreibe jedes davon in zumindest einem Satz.

Basiskonzept

Stoff- und Energieumwandlung: Jede Bewegung benötigt Energie. Auf zellulärer Ebene wird diese durch das energiereiche Molekül ATP bereitgestellt, das dann zu ADP und einem Phosphatrest zerfällt. Bei der Zellatmung (oder der Gärung) werden die Teile wieder zu ATP „aufgeladen".

Struktur und Funktion: Die Bewegung entlang einer „Schiene" zeigt deutlich einen Zusammenhang von Struktur und Funktion.

4.2 Bewegung bei Einzellern

Prokaryoten haben das Rad erfunden

Manche Prokaryoten schwimmen mit rotierenden Flagellen

Viele Prokaryoten – Bakterien und Archaea – sind unbeweglich oder schweben frei im Wasser bzw. ihrer Umgebung. Es gibt aber auch Formen, die sich aktiv fortbewegen können. Diese Prokaryoten schwimmen mit Hilfe von **Flagellen**[1]. Das sind verdrillte Proteinfäden, die mit einem doppelten Proteinring in der Zellmembran verankert sind (→Abb. 3).

Die Fortbewegung der Prokaryoten ist insofern bemerkenswert, da ihre Flagellen nicht schlagen, sondern rotieren – wie eine Schiffsschraube. Diese Bewegungsform ist unter allen Lebewesen einzigartig: Bei keinen anderen Organismen wurde eine freie Drehbewegung beobachtet. Bakterien haben also sozusagen das Rad erfunden – lange vor den Menschen.

Bei den Prokaryoten wurde aber auch eine noch kuriosere Bewegung nachgewiesen: Wissenschafterinnen und Wissenschafter haben gezeigt, dass Bakterien der Gattung *Pseudomonas* im „aufrechten Gang" gehen. Sie stellen sich auf ihr schmales Ende und können so schneller vorwärts kommen als flach kriechend (siehe Aufgabe 1).

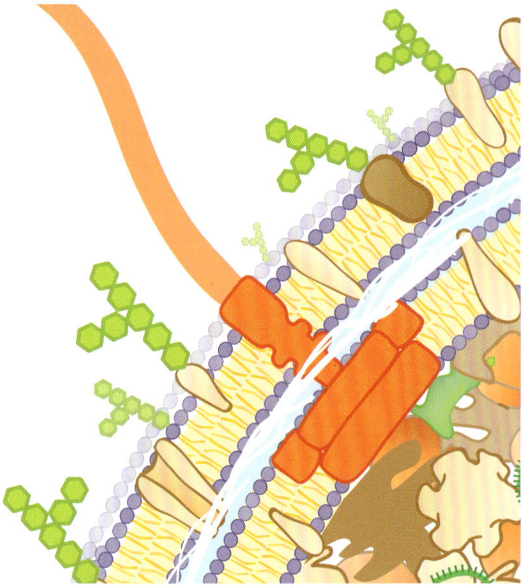

Abb. 3: Flagellen. Die Flagellen der Prokaryoten sind mit einem Proteinring in der Membran verankert, an dem sie unter Energieverbrauch rotieren.

Eukaryotische Einzeller kriechen, rudern und schwimmen

Eukaryotische Einzeller bewegen sich durch amöboide Bewegung, durch den Schlag kurzer Wimpern oder langer Geißeln

Du kennst die in Abschnitt 4.1 angesprochenen **Amöben** – bis zu 0,8 mm große, eukaryotische Einzeller, die sich durch Veränderung ihrer Form fortbewegen können (→Abb. 4). Amöben „kriechen" also sozusagen. Sie bilden Plasmafortsätze, die als Pseudopodien[2] bezeichnet werden, aus. Dazu wird das Zytoskelett an einem Teil der Zelle kontrahiert – dort erhöht sich der Druck im Zytoplasma. Dadurch strömt das Cytoplasma an einen anderen Ort der Zelle, der sich entsprechend ausstülpt. Dann bildet die Amöbe Anheftungspunkte am Untergrund, und zieht anschließend den restlichen Körper nach. Auch die Nahrungsaufnahme erfolgt durch Umschließen der Beute mit Pseudopodien.

Recht bekannt sind auch Pantoffeltierchen (Gattung *Paramecium*), die zu den **Wimpertierchen** gehören (→Abb. 4). Dieser Stamm eukaryotischer Einzeller ist dadurch gekennzeichnet, dass seine Vertreter in der Membran viele kurze Geißeln tragen, die als Wimpern (Cilien) bezeichnet werden. Durch einen synchronisierten Wimpernschlag „rudern" die Tierchen wie Galeeren durchs Wasser. Es gibt aber auch festsitzende Wimpertierchen, die mit ihren Cilien einen Wasserstrom erzeugen, um Nahrung heranzustrudeln.

Zuletzt gibt es **Geißeltierchen**, die eine oder mehrere lange Geißeln tragen, mit deren Hilfe sie durchs Wasser schwimmen (→Abb. 4). Anders als die Flagellen der Prokaryoten rotieren die Geißeln nicht, sondern schlagen wie die Arme eines Schwimmers. Manche Geißeltierchen (v.a. autotrophe Arten) können die Geißeln auch bei vorübergehender Trockenheit in ihren Körper einschmelzen, um sie später wieder zu bilden.

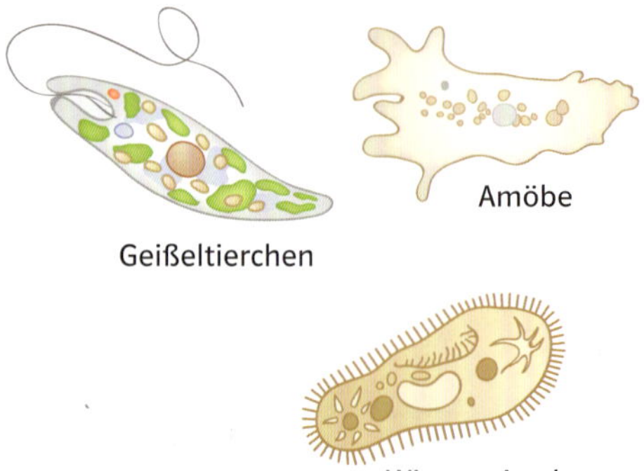

Abb. 4: Eukaryotische Einzeller weisen unterschiedliche Bewegungsmechanismen auf.

Glossar

[1] **Flagellum:** Lateinisches Wort für Geißel. Da sowohl Prokaryoten als auch Eukaryoten geißelartige Strukturen tragen, die aber völlig unterschiedlich sind (siehe Text), wird der Begriff „Flagellum" meist für Prokaryoten verwendet, der Begriff „Geißel" für Eukaryoten.

[2] **Pseudopodium:** vom Griechischen *pseudo* für scheinbar und *podos* für Fuß, im Deutschen auch als „Scheinfüßchen" bezeichnet.

Geißeln und Wimpern besitzen einen charakteristischen Aufbau

Eukaryotische Geißeln und Wimpern sind aus 9+2 Mikrotubuli aufgebaut

Die Geißeln aller Eukaryoten weisen einen komplizierten Feinbau auf (→Abb. 5). Grundsätzlich handelt es sich bei Geißeln um fadenförmige Gebilde, die sich von der Zelle weg nach außen erstrecken. Sie sind von einer Membran umgeben und besitzen Mikrotubuli in ihrem Inneren. Diese Mikrotubuli weisen eine charakteristische Anordnung auf: Ein zentrales Paar von Mikrotubuli ist von einem Kreis aus neun Doppel-Mikrotubuli umgeben (**9+2-Bau**, manchmal auch genauer als 9×2+2-Bau bezeichnet). Brückenproteine (Nexine) stabilisieren diese Struktur. Mit Basalkörperchen und einer Geißelwurzel sind Geißeln in der Zelle fest verankert. Dieser Aufbau ist bei allen Eukaryonten gleichartig!

Variabilität, Verwandtschaft, Geschichte und Evolution

Wimpern sind grundsätzlich gleich wie Geißeln gebaut, aber deutlich kürzer (bis zu 10 µm, im Vergleich zu den bis zu 150 µm langen Geißeln). Wimpern und Geißeln kommen nicht nur bei Einzellern vor. Auch Spermien tragen eine Geißel, und viele Schleimhäute besitzen Zellen, die an ihrer Oberfläche Wimpern tragen (zB das Flimmerepithel[1] in unseren Atemwegen).

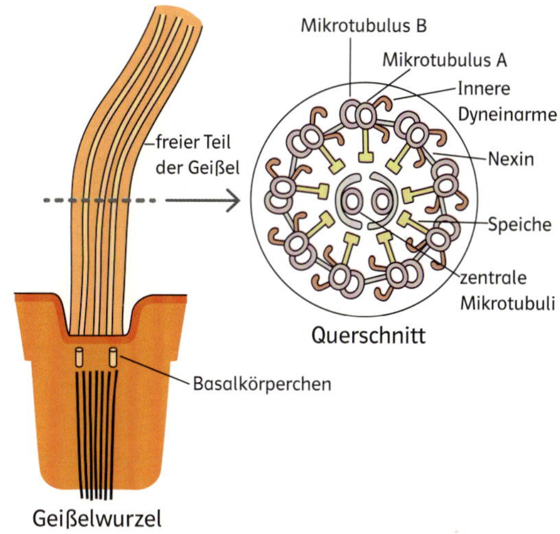

Abb. 5: Geißeln und Wimpern besitzen einen Feinbau aus 9+2 Mikrotubuli. Auf den Doppelmikrotubuli (aus je einem vollständigen Mikrotubulus A und einem unvollständigen Mikrotubulus B) sitzen Arme aus Dynein, speziellen Motor-Proteinen. Durch diese können sich die Doppel-Mikrotubuli gegeneinander verschieben, was die Krümmung der Geißel bewirkt. Nexine und Speichen stabilisieren dabei die Geißel. Der Durchmesser beträgt etwa 0,2–0,3 µm.

Der Bewegungsmechanismus von Geißeln und Wimpern folgt dem gleichen Muster

Geißeln schlagen, weil sich die Mikrotubuli gegeneinander verschieben.

Wie auf der vorherigen Seite angesprochen, schlagen die Geißeln der Eukaryoten (im Unterschied zu den rotierenden Flagellen der Prokaryoten). Der **Geißelschlag** lässt sich mit der Armbewegung beim Brustschwimmen vergleichen: Die Geißel schlägt weit ausladend nach hinten, und wird dann eng anliegend wieder nach vorn gestreckt.

Der Schlag der Wimpern ist synchronisiert

Diese Bewegung erfolgt durch ein gegeneinander gerichtetes Gleiten der Doppelmikrotubuli: Die Dyneinarme (→Abb. 5) eines Doppelmikrotubulus schieben unter ATP-Aufwand den benachbarten Doppelmikrotubulus nach „hinten". Dadurch krümmt sich die Geißel.

Wimpern schlagen nach demselben Bewegungsmechanismus. Im Unterschied zu den Geißeln, die oft nur einzeln oder doppelt in einer Zelle vorkommen, treten Wimpern in sehr großer Anzahl auf (beim Pantoffeltierchen etwa 10 000). Hier ist eine **Synchronisation** erforderlich, damit die Bewegung möglichst effizient erfolgen kann – Pantoffeltierchen können über 1 mm/s schnell schwimmen.

Der Begriff Synchronisation ist nicht ganz exakt: In Wahrheit schlagen nicht alle Wimpern der Zelle synchron, also gleichzeitig, sondern nur alle Wimpern, die nebeneinander in einer Reihe liegen. Die Wimpern der folgenden Reihe schlagen einen Sekundenbruchteil später. So entsteht eine wellenförmige Bewegung. Ausgelöst wird der Wimpernschlag durch die Veränderung der Ca^{2+}-Konzentration in der Zelle.

Glossar

[1] **Flimmerepithel:** Eine Schicht aus besonderen Epithelzellen (vom Griechischen *epí* für auf und *thele* für Mutterbrust). Die Oberfläche des Flimmerepithels trägt Wimpern, die sich gemeinsam bewegen (wie Ähren im Kornfeld). Dadurch wird Schleim transportiert, auf dem Fremdkörper anhaften – um etwa Staub aus den Atemwegen zu entfernen.

Aufgaben

E/S **1** **Gehen statt Kriechen:** Suche im Internet nach dem Artikel „Bakterien bewegen sich im aufrechten Gang". Lies den Artikel, suche dann die Original-Publikation und lies dort das Abstract. Vergleiche die beiden Texte. Diskutiere, was der Unterschied ist und warum beide Artikel veröffentlicht werden (zB für welche Zielgruppe). Fasse dann den Inhalt in einer halben A4-Seite zusammen.

W **2** **Bewegung von Einzellern:** Suche im Internet nach Videos, die die oben beschriebenen Bewegungen zeigen. Versuche, die im Text beschriebenen Vorgängen anhand der Videos nachzuvollziehen.

Basiskonzept

Variabilität, Verwandtschaft, Geschichte und Evolution: Der typische Aufbau aller Eukaryoten-Geißeln und -Wimpern ist ein deutlicher Beleg der gemeinsamen Abstammung aller Eukaryoten: Die Wimpern im Flimmerepithel deiner Lunge besitzen denselben 9+2-Bau wie die Wimpern der Pantoffeltierchen. Dies beweist die Verwandtschaft der Eukaryoten.

4.3 Bewegung bei Pflanzen

Auch Pflanzen bewegen sich

Alle Pflanzen weisen langsame Bewegungen auf, manche Pflanzen zeigen auch schnelle Bewegungen

Pflanzen und Bewegung – das passt irgendwie nicht zusammen. Wir assoziieren mit Pflanzen statische, festgewurzelte Lebewesen, deren Blätter vom Wind bewegt werden, aber ansonsten völlig regungslos sind.

Tatsächlich stimmt diese Annahme nicht. Es ist zwar wahr, dass die allermeisten Pflanzen festsitzend leben – durch Wurzeln im Boden verankert – und deshalb nicht zur Lokomotion fähig sind. Dennoch zeigen Pflanzen Bewegungen. In der Regel sind diese nur so langsam, dass wir sie nicht wahrnehmen. Es gibt Ausnahmen: Suche im Internet mit den Suchbegriffen „Mimose" und „Bewegung" nach Videos. Du wirst sehen, dass diese Pflanzen der Gattung *Mimosa* (→Abb. 6) ausgesprochen schnell auf Berührung reagieren! Dies ist das spektakulärste Beispiel pflanzlicher Bewegungen.

Variabilität, Verwandtschaft, Geschichte und Evolution

Warum sind schnelle Pflanzenbewegungen so selten? Warum hat die Evolution bei Tieren Muskelgewebe hervorgebracht (siehe folgende Seiten), bei Pflanzen aber nichts Vergleichbares?

Das hat mit der Ernährungsweise zu tun: Autotrophe Pflanzen nutzen Sonnenlicht als Energiequelle. Dafür ist ein festsitzender, verwurzelter Körper, der Wasser aus dem Boden aufnehmen kann, von Vorteil – schnelle Bewegungen dagegen kaum. Tiere hingegen sind darauf angewiesen, sich Energie durch Nahrung zu holen. Hier ist Lokomotion in der Regel unumgänglich – oftmals schnelle.

Abb. 6: *Mimosa pudica*. Die Blätter der Mimose klappen bei Erschütterungen oder Berührung schnell zusammen.

Bei Pflanzen gibt es unterschiedliche Bewegungsmechanismen

Pflanzen weisen langsame Wachstumsbewegungen auf, manche Pflanzen zeigen auch schnelle Turgor-Bewegungen

Die Bewegung der Mimose ist eine so genannte **Turgor[1]-Bewegung**. Bei diesem Bewegungstyp verändert sich – ausgelöst durch einen Reiz (siehe unten) – der Turgor, der Innendruck in bestimmten Zellen. Dies geschieht oft recht schnell. Dadurch verformt sich ein Gewebsbereich, was zu einer Bewegung führt.

Neben dem Zusammenklappen der Mimosenblätter gehört auch die Schleuderbewegung des Springkrauts *Impatiens* zu dieser Kategorie: Zellen der Fruchtwand stehen unter hohem Druck. Überschreitet dieser einen Grenzwert (oft auch durch Berührung), reißen die Zellen, was zu einem Ausschleudern der Samen führt. Auch Spritzgurken (*Ecballium elaterium*) „schießen" ihre Samen durch Druck mehrere Meter weit.

Weit weniger spektakulär, aber viel häufiger sind **Wachstumsbewegungen**. Vielleicht hast du schon beobachtet, dass Blätter oder ganze Sprosse von Zimmerpflanzen am Fensterbrett in Richtung des Lichtes wachsen.

Auch in der Natur drehen sich Blätter zum Licht. Ebenso winden sich Ranken um Kletterhilfen (zB Äste, Zäune). Diese Wachstumsbewegungen erfolgen aber viel langsamer als Turgor-Bewegungen – so langsam, dass wir mit Pflanzen keine Bewegungen assoziieren.

Glossar

[1] **Turgor:** (Spät-)Lateinisch für pralle Konsistenz.

Aufgaben

E 1 **Turgorbewegungen:** Suche im Internet nach Videos zu Pflanzenbewegungen (wie oben zur Mimose beschrieben). Orientiere dich an den genannten Beispielen im Text, suche aber auch andere. Beschreibe in kurzen Texten drei der gefundenen Beispiele (gib auch die Quelle an).

Basiskonzept

Variabilität, Verwandtschaft, Geschichte und Evolution: Die Entstehung von Zell- und Gewebetypen erfolgt durch zufällige Variation. Erhalten bleibt, was Vorteile bringt. So bringen Muskelzellen Tieren mehr Vorteile (Beweglichkeit) als Nachteile (Energieverbrauch). Bei Pflanzen wäre das nicht der Fall.

Die Bewegungsrichtung erfolgt oft unabhängig von der Reizrichtung

Bei Nastien bewegen sich Organe von Pflanzen unabhängig von der Reizrichtung

In den meisten Fällen werden Bewegungen durch Reize aus der Umwelt ausgelöst. Die Richtung der Bewegung kann – muss aber nicht – mit der Richtung des Reizes zu tun haben.

Erfolgt die Bewegung unabhängig von der Richtung des Reizes, spricht man von einer **Nastie**[1]. Nastien werden durch einen Außenreiz ausgelöst, erfolgen aber in vorgegebene Richtung. Typisches Beispiel ist das Öffnen bzw. Schließen der Spaltöffnungen (Stomata[2]) in der Epidermis der Laubblätter: Die Spaltöffnungen öffnen sich, um CO_2 in das Gewebe des Blattes hineinzulassen, damit es in der Fotosynthese verarbeitet werden kann. Da bei geöffneten Stomata aber auch Wasserdampf verloren geht, schließen sich diese Öffnungen in der Nacht, aber auch bei Wassermangel. Das Öffnen bzw. Schließen der Stomata erfolgt also ausgelöst durch verschiedene Reize (Licht, Wasser, Temperatur).

Andere Nastien werden nur durch eine Art von Reiz ausgelöst, diese werden dann nach der Reizart bezeichnet. So wird etwa die auf der vorherigen Seite beschriebene Bewegung der Mimose durch Erschütterungen ausgelöst und als **Seismo-Nastie** beschrieben. Ist Licht der Auslöser, spricht man von **Foto-Nastien**, erfolgt die Bewegung als Reaktion auf einen Temperaturreiz, nennt man sie **Thermo-Nastie**, etc.

Vielleicht kennst du auch die Venusfliegenfalle *Dionaea*, die bei Berührung ihre Fangblätter schnell zuklappt (→Abb. 7). Die konvexe Form der geöffneten Blätter verändert sich durch die Reizung der Borsten in eine konkave Form. Neben der Veränderung der Form der Blätter spielen Turgor- und Wachstumsbewegungen beim Zuklappen eine Rolle. Durch den Reiz springen sie in eine konkave Form - und schnappen zu. Auch diese Bewegung ist eine Nastie – genauer eine **Thigmo-Nastie**.

Abb. 7: Fangblätter der Venusfliegenfalle *Dionaea*. Im Inneren der Fangblätter der Venusfliegenfalle liegen feine Borsten, die bei Berührung das Zuklappen der Blätter bewirken, um Insekten zu fangen.

Bestimmte Bewegungen folgen der Reizrichtung

Tropismen sind Bewegungen, bei denen sich Organe von Pflanzen an der Richtung des Reizes orientieren

Neben den Nastien gibt es gibt auch Pflanzenbewegungen, die sich an der Reizrichtung orientieren. Diese Bewegungen werden **Tropismen**[3] genannt. Hier wird unterschieden, ob die Bewegung zur Reizquelle hin (**positiver Tropismus**, zB Wachstum zur Lichtquelle) oder von der Reizquelle weg (**negativer Tropismus**, zB Wachstum gegen die Schwerkraft) erfolgt (→Abb. 8).

Weiters können Tropismen wie Nastien nach Art des Reizes eingeteilt werden: Ist Licht der auslösende Reiz, spricht man von **Foto-Tropismus**, auf einen Wärme-Reiz ein **Thermo-Tropismus**, etc. Tropismen erfolgen in der Regel relativ langsam und bewirken oft anhaltende Veränderungen für die Pflanze. Tropismen sind also meistens Wachstumsbewegungen.

Abb. 8: Tropismen: Der Spross der Pflanze wächst auf das Licht zu (positiver Foto-Tropismus), die Wurzel in Richtung der Schwerkraft (positiver Gravi-Tropismus).

Glossar

[1] **Nastie:** vom Griechischen *nastos* für festgedrückt.

[2] **Stomata**, Einzahl Stoma: vom Griechischen *stoma* für Mund oder Öffnung.

[3] **Tropismus:** vom Griechischen *trope* für Wendung.

Aufgabe

E 1 **Nastien und Tropismen:** Im Folgenden sind drei Pflanzenbewegungen angeführt. Ordne diesen folgenden Typen zu: Hydro-Tropismus, Foto-Tropismus, Thermo-Nastie:

a. Pflanzenspross wächst zur Lichtquelle
b. Tulpen schließen Blüten bei sinkender Temperatur
c. Rhizoide von Moosen wachsen auf Wasser zu.

4.4 Bewegung bei Tieren – die Muskeln

Muskeln bewegen sich, in dem sie sich verkürzen

Bei Tieren werden glatte, quergestreifte und Herzmuskulatur unterschieden

Die meisten Bewegungsvorgänge bei Tieren (und damit auch bei uns Menschen) beruhen auf **Muskeln**. Muskeln[1] sind Organe, die sich zusammenziehen (kontrahieren[2]) können. Generell wird zwischen glatter und quergestreifter Muskulatur unterschieden: **Glatte Muskulatur** arbeitet langsam und unermüdlich, ist nicht dem Willen unterworfen und ist in der Wand der Blutgefäße, des Verdauungstraktes und der Atemwege enthalten.

Struktur und Funktion

Die **quergestreifte Muskulatur** wird auch als Skelettmuskulatur bezeichnet. Bei Wirbeltieren setzt sie meist an den Knochen an. Sie arbeitet sehr schnell und wird vom Willen gesteuert. Skelettmuskulatur ist etwas Bemerkenswertes: Es gibt kein anderes Gewebe, das so regelmäßig aufgebaut ist und an dem du das Konzept Struktur und Funktion so deutlich sehen kannst (siehe S. 6). Im Unterschied zu den Muskelzellen der glatten Muskulatur sind hier viele Muskelzellen zu einer Muskelfaser verschmolzen.

Einen Sonderfall stellt der **Herzmuskel** der Wirbeltiere dar, dessen Eigenschaften in vielerlei Hinsicht zwischen denen der glatten und der quergestreiften Muskulatur liegen. Herzmuskelzellen arbeiten schnell, aber unwillkürlich. Wie bei glatten Muskeln sind Herzmuskelzellen einzelne Zellen, besitzen aber viele Mitochondrien (wie die verschmolzenen Zellen der Skelettmuskeln).

Muskeln sind aus vielen parallelen Proteinfilamenten aufgebaut (siehe S. 73), die sich ineinander schieben können. Muskeln können kontrahieren, sich aber nicht wieder strecken. Dazu ist meist ein **Gegenspieler** (**Antagonist**[3]) nötig. Solche Gegenspielerpaare erkennst du deutlich an deinen Extremitäten, etwa das bekannte Beispiel von *Musculus biceps brachialis* und *Musculus triceps brachialis*, dem zweiköpfigen und dem dreiköpfigen Oberarmmuskel. Der Biceps beugt den Arm am Ellbogengelenk, der Triceps streckt ihn.

Oft sind auch mehrere Muskeln an einer Bewegung beteiligt: Bei deinem Knie (→Abb. 9) erfolgt die Streckung durch den kräftigen *Musculus quadriceps femoris*, dem kräftigen vierköpfigen Oberschenkelmuskel an der Vorderseite deines Oberschenkels. Als Antagonisten fungieren mehrere Muskeln an der Oberschenkelrückseite, der *Musculus biceps femoris*, der *Musculus semimembranosus* und der *Musculus semitendinosus* (der zweiköpfige Oberschenkelmuskel, der Halbsehnenmuskel und der halbmembranöse Muskel.

Einen besonderen Fall stellen **Ringmuskeln** dar. Hier kann die Streckung durch Längsmuskeln oder durch elastische Fasern erfolgen. Beispiele sind Schließmuskeln, die inneren Augenmuskeln (zB Musculus ciliaris) oder der Hautmuskelschlauch der Ringelwürmer.

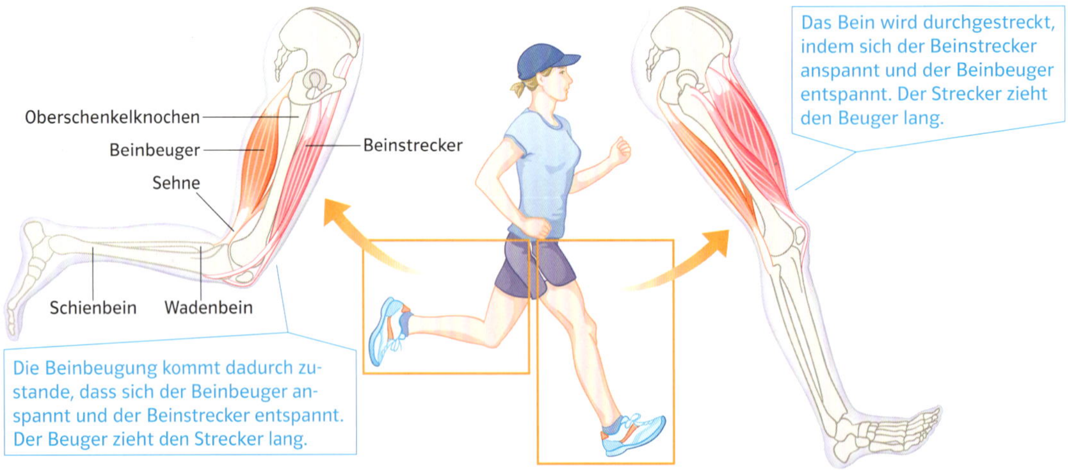

Abb. 9: Skelettmuskeln arbeiten als Gegenspieler. Am Beispiel der menschlichen Oberschenkelmuskulatur wird das Prinzip des Gegenspielers deutlich.

Glossar

[1] **Muskel:** von Lateinisch *musculus* für Mäuschen – der Begriff kommt daher, da ein angespannter Muskel unter der Haut wie eine Maus aussieht.

[2] **kontrahieren (Nomen: Kontraktion):** von Lateinisch *contrahere (Nomen: contractio)* für zusammenziehen.

[3] **Antagonist:** Gegenspieler, von Griechisch *anti* für gegen und *agein* für handeln, also etwas, das entgegen handelt. Der Begriff ist auch in der Literatur gebräuchlich, etwa als Gegenspieler zum Protagonisten.

Basiskonzept

Struktur und Funktion: Skelettmuskeln bestehen aus einer Vielzahl von Fasern, die alle parallel orientiert sind. So kann die Summe vieler winziger molekularer Bewegungen genug Kraft aufwenden, um zB bei einem Klimmzug deinen Körper zu heben.

Am Feinbau des Muskels wird deutlich, wie Bewegung funktioniert

Skelettmuskeln sind von Muskelhaut umgeben und zeigen einen sehr regelmäßigen Aufbau aus Muskelfasern

An den zuvor erwähnten Arm- und Beinmuskeln ist deutlich sichtbar, wie Skelettmuskeln typischerweise aufgebaut sind. Diese Muskeln sind in der Regel mit **Sehnen** an zwei Knochen befestigt, die durch ein Gelenk verbunden sind und somit gegeneinander bewegt werden können. Die Sehnen bestehen aus festem Bindegewebe und setzen sich als **Muskelhaut** um den Muskel fort. Sehnen und Muskelhaut werden – ebenso wie zB Bänder und Muskelbinden – unter dem Begriff der Faszien[1] zusammengefasst.

Wie zuvor erwähnt zeigt ein quergestreifter Muskel eine höchst regelmäßige Struktur (→Abb. 10). Skelettmuskeln bestehen aus **Muskelfaserbündeln** (die zB beim Fleisch als „Fasern" bekannt sind), die Tausende **Muskelfasern** enthalten. Jede Muskelfaser ist aus zahlreichen länglichen Muskelzellen entstanden, die zu einer langen Einheit mit vielen Zellkernen verschmolzen sind. Muskelfasern haben die bemerkenswerte Eigenschaft, sich auf die Hälfte oder gar ein Drittel ihrer Ruhelänge verkürzen zu können.

Wenn man Muskelfasern im Elektronenmikroskop betrachtet, erkennt man darin noch viel feinere Fasern, die **Myofibrillen**[2]. Die Myofibrillen machen die Hauptmasse der Muskelfasern aus (sie liegen dicht gepackt wie Kabel in einem Kabelbündel). Die Myofibrillen sind von schlauchartigen Strukturen des endoplasmatischen Retikulums umgeben. Diese spezialisierten Strukturen werden in den Muskelfasern als **sarkoplasmatisches**[3] **Retikulum (SR)** bezeichnet und versorgen die Myofibrillen mit Kalzium (Ca). Außerdem liegen zahlreiche Mitochondrien in den Zwischenräumen, die für die Bereitstellung von ATP sorgen.

Die Myofibrillen sind dicht mit Proteinfäden gefüllt, den Myofilamenten, die entweder aus Actin oder Myosin bestehen. Diese liegen jedoch keineswegs wirr durcheinander, sondern bilden hoch geordnete Einheiten von wenigen µm Länge, die als **Sarkomere** bezeichnet werden (Detailbild in →Abb. 10 rechts). Jedes Sarkomer wird an den Enden von Z-Scheiben begrenzt. In der Mitte des Sarkomers liegt die M-Linie, die die Seitenansicht einer Scheibe aus Gerüstproteinen darstellt. An dieser Scheibe sind die Myosinfilamente befestigt. Eine Myofibrille besteht also aus einer langen Kette von Sarkomeren.

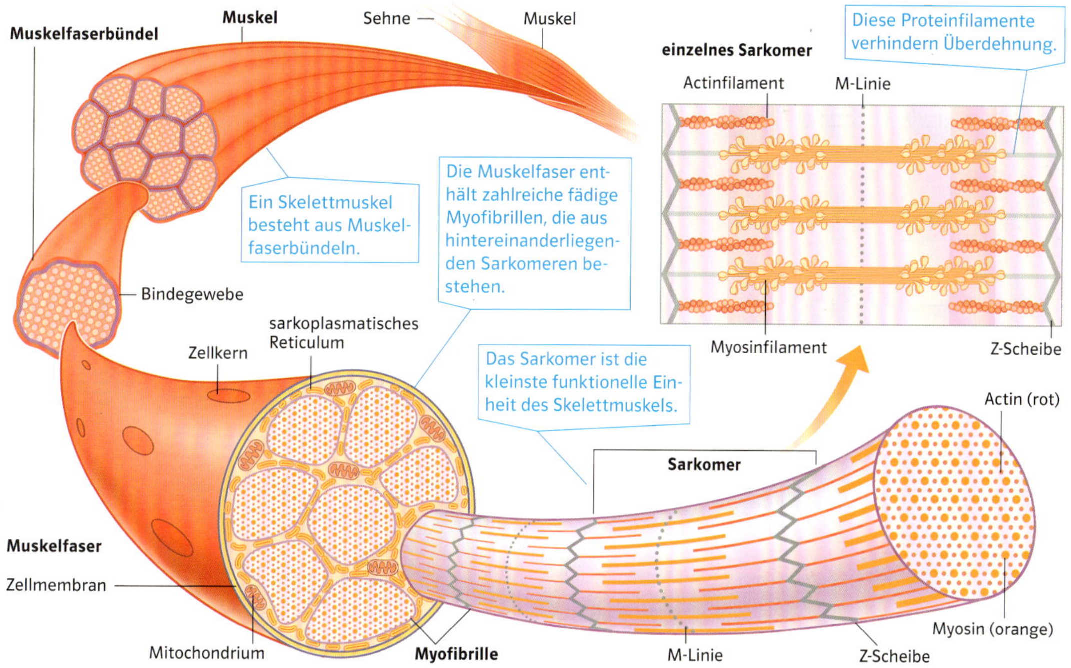

Abb.10: Feinbau von Skelettmuskeln. Die Skelettmuskeln der Tiere zeigen einen hochgradig geordneten Aufbau.

Glossar

[1] **Faszie:** von Lateinisch *fascia* für Band, bezeichnet eine Hüllschicht aus festem Bindegewebe, das um Muskeln, Muskelgruppe oder andere Körperbereiche liegt.

[2] **Myofibrille:** von Griechisch *myos*, Genetiv von *mys*, für Muskel und Lateinisch *fibra* für Faser.

[3] **sarkoplasmatisch:** von Griechisch *sarcos*, für Fleisch.

Aufgaben

W 1 **Aufbau des Muskels:** Erstelle eine Tabelle, in der du die Bestandteile des Muskels von klein (Sarkomer) bis groß (Muskel) auflistest und kurz beschreibst.

Myosin klettert an Actin entlang – Muskelbewegung auf molekularer Ebene

Myosinproteine ziehen sich an Actinfilamenten voran, dadurch verkürzt sich das Sarkomer

Stoff- und Energieumwandlung

Steuerung und Regelung

Das Sarkomer ist die kleinste funktionelle Einheit des Muskels, denn es kann sich aktiv unter Kraftentwicklung verkürzen. Wer die Funktion des Sarkomers auf molekularer Ebene versteht, versteht auch die Funktion des ganzen Muskels auf makroskopischer Ebene.

Die wichtigsten Bestandteile des Sarkomers sind die 10 nm dicken Filamente des Motorproteins **Myosin** sowie die 6 nm dünnen Filamente des Zytoskelettproteins **Actin**. Jedes Myosinfilament ist ca. 1,6 µm lang und trägt an beiden Ende insgesamt rund 1000 bewegliche Köpfe. Actinfilamente sind ca 1 µm lang und sehen aus wie zwei leicht umeinander gewundene Perlenketten. Die Actinfilamente dienen den Myosinköpfen als „Zugseile".

Im Sarkomer sind die beiden Filamenttypen parallel angeordnet, und zwar so, dass sie ein Stück weit überlappen. Bei der Kontraktion bieten die Actinfilamente den Myosinköpfen Bindungsstellen an. Daraufhin folgen am einzelnen Kopf die Bewegungsschritte, die im Detail in →Abb. 11 dargestellt sind.

Wie du sehen kannst, verkürzt sich bei der Kontraktion nicht das einzelne Proteinmolekül, sondern Proteinfilamente gleiten aneinander vorbei.

So verkürzt sich insgesamt das Sarkomer – man nennt dies die **Gleitfilamenttheorie** der Muskelkontraktion. Genaugenommen ziehen die Myosinköpfe die endständigen Z-Scheiben an den Actinfilamenten näher zur Mitte (der M-Linie) des Sarkomers. Die erforderliche Energie wird durch ATP bereitgestellt, das von den zahlreichen Mitochondrien geliefert wird, die rund um die Myofibrillen liegen.

Ein „Kraftschlag" all seiner Myosinköpfe verkürzt ein Sarkomer nur um 0,4 µm. Eine Myofibrille aus 10 000 Sarkomeren kontrahiert entsprechend um 4 mm, ein großer Muskel in Summe um mehrere cm.

Reguliert wird die Muskelkontraktion mit der Konzentration von Kalzium (auch: Calcium, Ca) im Zytoplasma. Ein eintreffender Nervenimpuls führt zur Ausschüttung von Ca^{2+}-Ionen aus dem SR. Der erhöhte Ca^{2+}-Spiegel in den Myofibrillen führt zu einer strukturellen Veränderung am Actinfilament, wodurch die Bindungsstellen für die Myosinköpfe freigelegt werden. Das SR nimmt aber laufend wieder Ca^{2+} auf, so dass die Bindungsstellen bald wieder blockiert sind (bis neue Nervenimpulse eintreffen). Der Muskel erschlafft und kann vom Antagonisten wieder gedehnt werden.

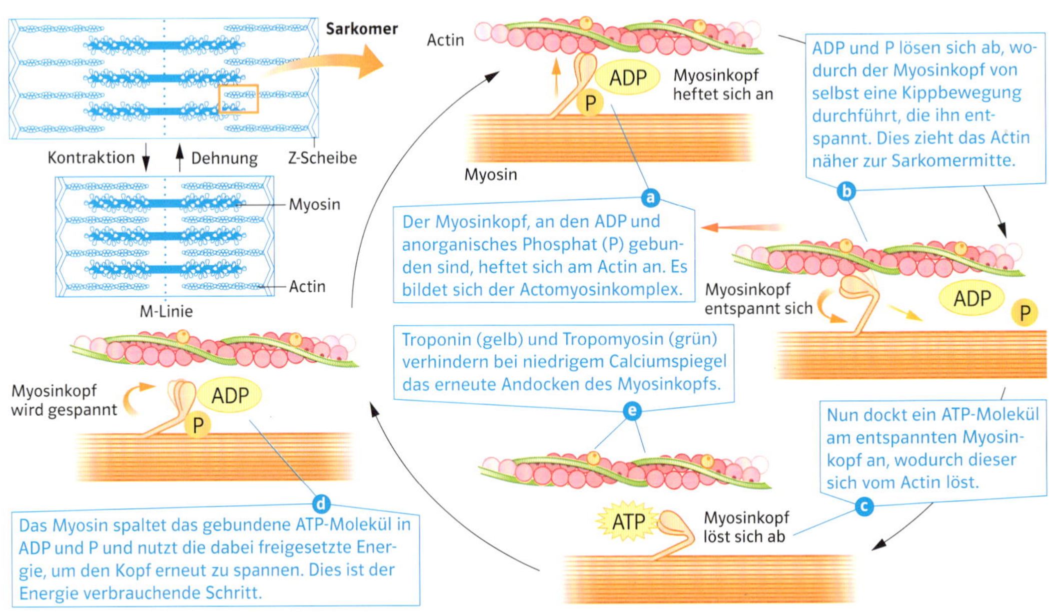

Abb. 11: Kontraktion und Dehnung von Muskeln. Die molekularen Mechanismen der Muskelkontraktion beruhen auf der Verschiebung von Actin- und Myosinfilamenten gegeneinander. Dabei wird ATP aufgewendet, um die benötigte Energie zu liefern.

Aufgabe

W 1 **Molekulares Klettern:** Beschreibe die Veränderung des Myosinköpfchens unter Berücksichtigung der Energie.

Basiskonzept

Steuerung und Regelung: Ein einzelner Nervenimpuls führt zu einer kurzen Kontraktion. Bei anhaltenden Nervenimpulsen wird der Zyklus aus Abb. 11 ständig durchlaufen (Anheften – Kippen – Lösen – Spannen – Anheften usw.), d. h. der Muskel entwickelt anhaltend Muskelkraft, er bleibt kontrahiert.

Stoff- und Energieumwandlung: Organismen speichern Energie chemisch in Form von ATP. Eine Abspaltung des Phosphats setzt Energie wieder frei und bewirkt am Myosin eine Formveränderung. Chemische Energie wird in Bewegungsenergie umgewandelt.

Muskelüberlastung kann zu Schäden führen

Muskelkater, Muskelzerrungen, Muskelfaserrisse und Muskelrisse entstehen durch Überlastung der Muskulatur

Der Mensch ist von Natur aus ein hervorragender Läufer. Im Zuge der Evolution entwickelten wir die Fähigkeit, große Beutetiere über lange Zeit zu jagen und hetzen, bis sie erschöpft zusammenbrachen. Aufgrund der veränderten Lebensweise sind wir heute schlechtere Läufer - ein Trend, der sich in den letzten Jahrzehnten erschreckend fortsetzt (→Abb. 12).

Entsprechend ist es für den Körper wichtig, regelmäßig Bewegung zu machen. Alltagsbewegungen, Freizeitsport bis hin zum Leistungssport - Bewegung ist gesund.

Dennoch kommt es vor, dass unsere Muskulatur bei Beanspruchung Schäden nimmt. Jede und jeder von uns hat sicherlich schon einmal einen **Muskelkater**[1] gehabt. „Der Muskelkater kommt von Milchsäure im Muskel" ist eine häufige Antwort auf die Frage nach der Ursache des Muskelkaters. Heute gilt diese Ansicht als überholt.

Elektronenmikroskopische Untersuchungen erhärten die Vermutung, dass mikroskopisch kleine Verletzungen die Ursache für den Muskelkater sind (Details siehe Aufgabe 1).

Ebenfalls recht häufig treten **Krämpfe** auf. Darunter versteht man spontane, ungewollte und oft schmerzhafte Muskelanspannungen. In vielen Fällen ist eine Überbeanspruchung der Muskulatur und ein damit einhergehender Mineralstoffmangel (v. a. Magnesium) der Auslöser eines Krampfs. Magnesium hemmt die Freisetzung von Kalzium (Ca) ins Innere der Muskelzelle - umgekehrt führt Magnesiummangel zu einem höheren Ca^{2+}-Spiegel und damit Muskelaktivität. Krämpfe können aber auch viele andere Ursachen haben (Aufgabe 2).

Schmerzhafter und länger andauernd sind **Muskelzerrungen**. Diese Verletzung tritt auf, wenn ein Muskel abrupt bzw. zu schnell gedehnt wird. Je nach Schwere der Verletzung dauert die Heilung einige Tage.

Ähnlich schmerzhaft ist ein **Muskelfaserriss**, bei dem ein oder mehr Muskelfaserbündel durch Überlastung zerreißen. Im Unterschied zu einer Zerrung ist die Verletzung oft durch Blutaustritt im Gewebe und entsprechender Verfärbung erkennbar. Bei einem **Muskelriss** reißt ein Muskel komplett durch - hier ist ärztliche Behandlung unabdingbar!

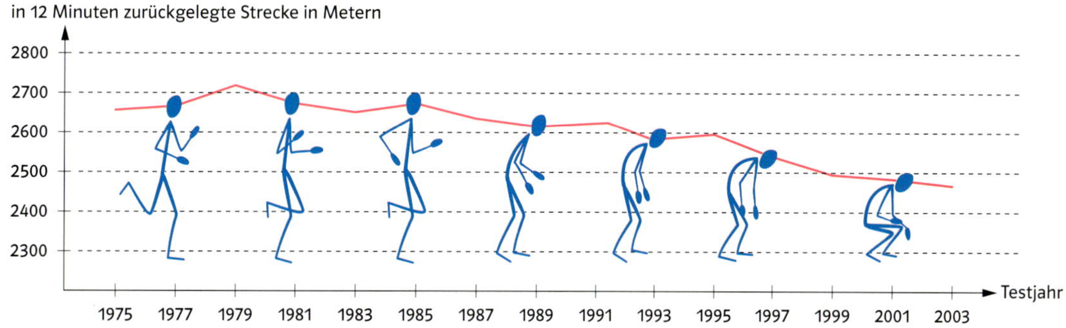

Abb. 12: Laufleistung von Jugendlichen. In einer globalen Studie wurde untersucht, wie weit Jugendliche in 12 Minuten durchschnittlich laufen. Das Ergebnis zeigt deutlich, dass die Leistung abnimmt.

Glossar

[1] **Muskelkater:** Der Begriff kommt nicht vom Kater, sondern ist eine Eindeutschung des Wortes Katarrh. Ein Katarrh ist eine Entzündung, eigentlich der Schleimhäute (Griechisch *katarrhein* für herunterfließen). Auch der „Kater" nach übermäßigem Alkoholkonsum leitet sich von Katarrh ab.

Aufgaben

W/E **1** **Muskelkater:**
Durch den Abbau der verletzten Bestandteile der Muskelfaser steigt die osmotische Saugkraft des Gewebes. Langsam tritt Wasser ein, die Muskelfaser schwillt an und wird gedehnt. Dabei registrieren die schmerzempfindlichen Nervenzellen den „Muskelkater".

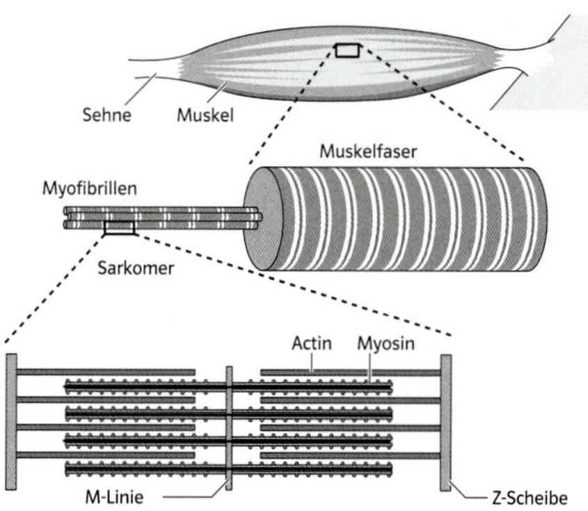

Erstelle mit Hilfe dieses Textes und dieser Abbildung eine Hypothese über den genauen Ort der Muskelkater verursachenden Verletzungen. Begründe auch, warum der Muskelkater erst am Tag nach der Muskelüberlastung auftritt.

W/S **2** **Ursachen von Krämpfen:** Recherchiere andere Ursachen von Krämpfen. Reflektiere, welche dieser Ursachen bei dir verstärkt auftreten könnte, und überlege Vorgehensweisen, um dem entgegenzuwirken.

S **3** **Behandlung von Muskelzerrung:** Lies nach, wie eine Muskelzerrung und ein Muskelfaserriss behandelt wird („PECH-Prinzip"). Notiere die einzelnen Maßnahmen und begründe deren Sinn. Überlege und begründe, warum die Behandlung möglichst sofort erfolgen soll.

4.5 Der Bewegungsapparat

Skelett und Muskulatur bilden den Bewegungsapparat

Hydroskelette stützen durch Wasserdruck, Exo- und Endoskelette durch Feststoffe um den bzw. im Körper

Muskeln ermöglichen Bewegung, doch für eine große Kraftwirkung sind Stützstrukturen nötig, an denen die Muskeln ansetzen. Diese Stützstrukturen werden als Skelette bezeichnet. Alle vielzelligen Tiere besitzen Skelette, die allerdings nicht notwendigerweise aus Knochen bestehen.

Die einfachsten Skelette sind **Hydroskelette**. Dabei handelt es sich um eine Stütze aus Flüssigkeit: Die Körperflüssigkeit, die durch die Haut zusammengedrückt wird, wirkt als Widerlager der Muskeln. Hydroskelette treten bei einfachen Tieren auf (oft als „Würmer“ zusammengefasst).

Dem gegenüber stehen echte Skelette aus Feststoffen. Hier werden **Exoskelette** (Außenskelette) von **Endoskeletten** (Innenskelette) unterschieden. Exoskelette gibt es bei Gliederfüßern sowie bei Weichtieren (zB Muschelschalen). Endoskelette kommen bei Wirbeltieren vor (siehe unten), aber auch Schwämme haben Endoskelette aus Kalk oder Silikat.

Echte Skelette sind nicht nur Teil des Bewegungsapparates, sondern dienen auch dem Schutz: V. a. Exoskelette wirken in vielen Fällen wie Panzer, die die Weichteile umgeben.

Gliederfüßer besitzen Exoskelette

Gliederfüßer besitzen eine Cuticula aus Chitin und Protein, die als Exoskelett dient

Kompartimentierung

Isst du gerne Garnelen? Im Unterschied zu einem Hendlhaxerl, wo man ja das Fleisch bis zum Knochen abnagen kann, muss man bei Tieren mit Exoskeletten – und Garnelen als Krebstiere sind eben solche – sich zum Fleisch vorarbeiten.

Damit zeigt sich auch, dass die Exoskelette der Gliederfüßer neben der Funktion im Bewegungsapparat auch den Körper schützen. Dennoch sichern sie den Tieren Beweglichkeit und dienen als Ansatzstelle der Muskeln – besonders deutlich sichtbar in den Scheren der Großkrebse, die mit Muskeln gefüllt sind (und daher von Feinschmeckern geschätzt werden).

Das Exoskelett der Gliederfüßer wird auch als **Cuticula**[1] bezeichnet und besteht aus Chitin, einem Polysaccharid, und Proteinen, und wird von der Epidermis gebildet. Je nach Art und Menge der Proteine ist die Cuticula fest oder biegsam. Bei manchen Gliederfüßern wird zusätzlich Kalziumkarbonat eingelagert – besonders große Krebse haben dadurch sehr harte Panzer.

Bei den ursprünglichsten Gliederfüßern, den Tausendfüßler, erkennt man den Aufbau des Exoskeletts deutlich: Jedes der gleichartigen Segmente ist von einer Bauch- und einer Rückenplatte umgeben, dazwischen liegen kleine Seitenplatten. Jedes Bein- und Antennenglied ist von einer Röhre umgeben. Alle diese Teile sind durch elastische, weiche Bereiche der Cuticula verbunden. Hier setzen die Muskeln an: Diese Skelettteile werden durch die Kontraktion der Muskeln gegeneinander verschoben.

Bei den Krebstieren, Spinnentieren und Insekten sind jeweils mehrere Segmente zu funktionellen Einheiten verbunden (zB Kopf, Brust und Hinterleib bei den Insekten). Vielfach verschmelzen auch die Teile der Cuticula, etwa am Kopf-Brust-Stück der Großkrebse (→Abb. 13): Hier entsteht ein fester Panzer, der Carapax, der entsprechend unbeweglich ist, aber dem Tier sehr guten Schutz bietet.

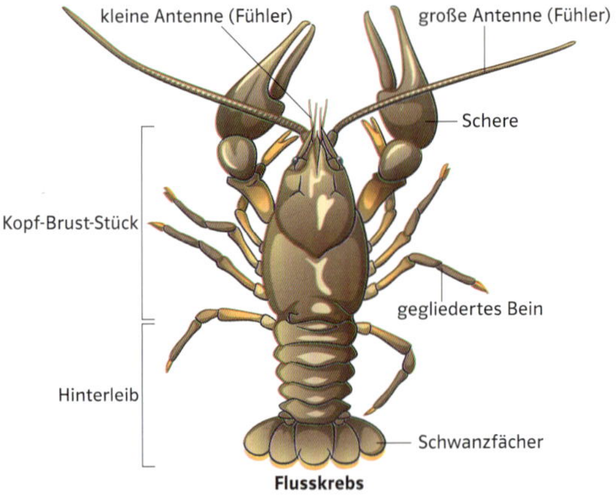

Abb. 13: Exoskelett beim Flusskrebs. Während der Carapax einen starren, unbeweglichen Panzer darstellt, ist der Hinterleib beweglich. Entsprechend enthält dieser Körperabschnitt sowie die kräftigen Scheren die meisten Muskelmasse des Krebses.

Glossar

[1] **Cuticula:** lateinisches Wort für Häutchen. Der Begriff wird auch bei Pflanzen verwendet, dort beschreibt dies eine in der Regel dünne Schicht aus Wachs, die der Epidermis aufliegt.

Basiskonzept

Kompartimentierung: Der Trend von sehr vielen, gleichartigen Segmenten (bei den Tausendfüßlern) zu wenigen, die zu übergeordneten Einheiten verbunden sind (bei Insekten, Spinnentieren, Krebstieren) bringt den Vorteil der Spezialisierung und Arbeitsteilung: Während jedes Rumpfsegment eines Tausendfüßers „alles“ können muss, sind etwa bei Insekten die Funktionen aufgeteilt: Der Kopf ist auf Nahrungsaufnahme und Wahrnehmung spezialisiert, das Bruststück auf Lokomotion und der Hinterleib auf vegetative Funktionen und Fortpflanzung. Dieser Trend zur Arbeitsteilung ist in der Biologie weit verbreitet: Die Entstehung von Zellorganellen in der Zelle, Zelltypen im Vielzeller oder Organe im Körper sind Beispiele dafür.

Das Endoskelett der Wirbeltiere

Wirbeltiere besitzen ein Skelett aus Knochen, Knorpeln und Bändern

Bei den Wirbeltieren bildet ein Endoskelett aus Knochen und Knorpeln Ansatzstellen für die Skelettmuskeln. Knochen und Knorpel sind keine toten Gebilde, auch wenn Knochen sozusagen ein Sinnbild für Tod und Tote darstellen.

Knorpelgewebe besteht aus Chondrozyten[1], die sich mit einer festen Proteinmatrix umgeben. Je nach Zusammensetzung dieser Matrix unterscheidet man drei Knorpeltypen: Hyaliner[2] Knorpel hat eine hohe Druckfestigkeit, er kommt als Gelenksüberzug vor. Elastischer Knorpel ist druck- und biegefest. Man findet ihn zB in der Ohrmuschel oder der Nase. Faserknorpel enthält weniger Zellen, dafür viel Kollagen und bietet Scherkräften Widerstand. Die Bandscheiben bestehen zum Großteil aus Faserknorpel.

Knochen unterliegt einem ständigen Wechselspiel zwischen Auf- und Abbau: Osteoblasten bauen Knochengewebe auf, Osteoklasten bauen es ab. Das Gewebe selbst besteht aus einer Matrix aus Kollagen, in die dann Kristalle aus Hydroxiapatit ($Ca_5(PO_4)_3OH$) eingebaut werden. Dazwischen liegen Osteozyten[3], die aus Osteoblasten entstanden sind, die sich selbst eingemauert haben.

Struktur und Funktion

Du siehst also, dass Knochen lebende Strukturen sind, die von Blutgefäßen versorgt werden (→Abb. 14). Je nach Beanspruchung können Knochen mehr oder weniger dicht und entsprechend stärker oder schwächer werden.

Knochen sind untereinander mit Knorpeln oder **Bändern** verbunden, in manchen Fällen auch direkt miteinander verwachsen (Schädel, Becken, Kreuzbein). Außerdem bieten sie Ansatzstellen für die Sehnen der Muskeln.

Neben ihrer Bedeutung für den Bewegungsapparat erfüllen Knochen auch andere Funktionen: Wie schon oben angesprochen schützen Skelette den Körper. Diese Funktion wird v.a. durch Brustkorb und Schädel übernommen. Außerdem enthalten die Knochen das **Knochenmark**, ein Gewebe aus Bindegewebszellen und Stammzellen, in dem v.a. Blutzellen gebildet werden. Außerdem dienen Knochen als Kalzium- und Phosphat-Speicher des Körpers und spielen daher im Stoffwechsel dieser Stoffe eine wichtige Rolle.

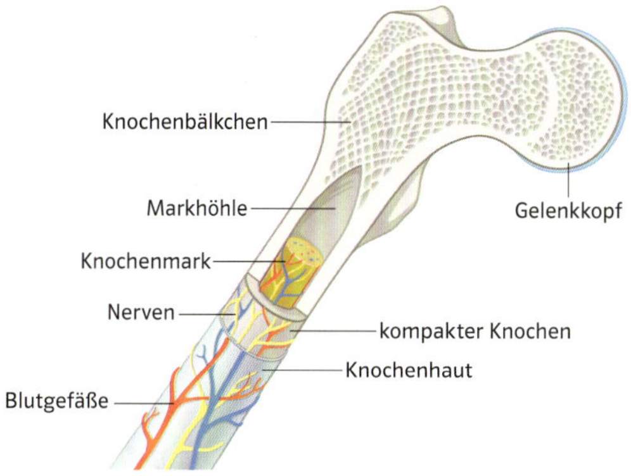

Abb. 14: Aufbau eines Röhrenknochens. Knochen sind lebende Körperteile, die einem ständigen Auf- und Abbau unterliegen.

Schäden des Bewegungsapparats

Verletzungen und Erkrankungen können den Bewegungsapparat schädigen

Dein Bewegungsapparat muss zum Teil enorme Kräfte aushalten: Wenn du (zB beim Fußballspiel) aus dem Stand lossprintest, plötzlich stoppst oder abrupt deine Richtung änderst, werden Muskulatur und Skelett stark belastet. Zu plötzliche Belastung (v.a. bei nicht aufgewärmten Muskeln) kann zu Schäden an der Muskulatur führen (siehe S. 72), doch auch dein Skelett kann Schaden nehmen:

Plötzliche Überlastung kann zu einem **Bänderriss** führen, an Gelenken können **Verstauchungen** (Distorsionen) oder **Verrenkungen** (Luxationen) auftreten. Ebenso kann es bei zu starker Krafteinwirkung zu **Prellungen** (Kontusionen) und **Knochenbrüchen** (Frakturen) kommen.

Neben Schäden durch Überlastung können auch andere Faktoren den Bewegungsapparat schädigen. Häufig ist **Osteoporose**, eine Stoffwechselerkrankung, bei der Knochenmasse abgebaut wird – der Knochen verliert an Stabilität, das Risiko für Brüche erhöht sich. V.a. Frauen in den Wechseljahren sind durch hormonelle Veränderungen gefährdet, wobei das Risiko für Osteoporose generell mit dem Alter zunimmt. Doch auch Mangelernährung und andere Ursachen können Osteoporose verursachen. Auch wenn Osteoporose bei Jugendlichen selten ist, kann es dennoch bei jungen Menschen zu Knochenmasseabbau kommen: Bewegungsmangel führt dazu, dass die Knochendichte abnimmt und damit die Gefahr von Knochenbrüchen steigt.

Glossar

[1] **Chondrozyt:** Knorpelzelle, vom Griechischen *chondros* für Knorpel.
[2] **Hyaliner Knorpel:** vom Griechischen *hyalos* für glasartig, aufgrund seines glasähnlichen Aussehens.
[3] **Osteozyt:** Knochenzelle, vom Lateinischen *os* für Knochen.

Aufgabe

W 1 **Gelenksverletzungen:** Erstelle eine Tabelle, wo du Bänderriss, Verstauchung, Verrenkung, Prellung und Knochenbruch gegenüberstellst. Recherchiere Ursachen, Symptome und Therapie und stelle dies im Überblick dar. Gib auch deine Quellen an.

Basiskonzept

Struktur und Funktion: An Form und Aufbau von Knochen zeigt sich die Funktion: Röhrenknochen haben feste Außenwände, während sie innen Hohlräume enthalten (befüllt mit Knochenmark). Diese Struktur findet man bei Grashalmen ebenso wie bei Masten von Straßenlaternen: Sie ist das Optimum aus maximaler Festigkeit bei minimalem Materialaufwand.

Myoelektrische Prothesen

Vom Holzbein zu bewegbaren Prothesen

Am Puls 6 hat dir die Funktion von Nervenzellen vorgestellt, und beispielhaft erwähnt, dass es Schnittstellen zwischen Nervensystem und Elektronik gibt (zB die Cochlea-Implantate, also Hörprothesen).

Wie sieht es mit anderen Prothesen[1] aus? Dass amputierte Gliedmaßen durch Prothesen ersetzt werden können, wussten bereits Menschen der Antike (die älteste nachgewiesene Prothese wurde an einer ägyptischen Mumie gefunden, die ca. 600 v. Chr. bestattet wurde). Doch die Prothesen der früheren Menschheit waren starre Gebilde, die zwar einen Körperteil ersetzten, aber keine Bewegung ermöglichten.

Mit der modernen Medizin wurden auch Prothesen entwickelt, welche die Bewegungen der verlorenen Extremität möglichst gut ausführen können. Die Ansteuerung erfolgt über die Muskeln des verbliebenen Extremitätenstumpfes, daher nennt man diesen Prothesentyp **myoelektrische** Prothesen. Dies soll hier am Beispiel einer myoelektrichen Armprothese erklärt werden, die einen abgetrennten Unterarm ersetzt.

Die Steuerung erfolgt über Muskelkontraktionen im Oberarmstumpf. Elektroden, die der Haut aufliegen, registrieren die elektrischen Signale, die hierbei im Muskel entstehen (ähnlich wie bei neuralen Signalen entstehen bei Muskeln durch Freisetzung von Ionen messbare Potenziale). Diese Signale werden elektronisch in Steuerimpulse für die Batterie betriebenen Motoren in der Prothese umgewandelt.

Damit die Betroffenen den Arm nicht nur ruckhaft heben und senken können, sondern eine möglichst fein abgestimmte Bewegung zu ermöglichen, muss die Signalstärke entsprechend reguliert werden. Spannt man einen Muskel kräftig an, werden mehr Muskelfasern aktiviert. Entsprechend stark sind die messbaren Impulse. Ein schwaches Signal wird folglich in eine langsame Bewegung umgesetzt, ein starkes in eine schnelle.

Künstliche Beine, Arme, Hände?

Nicht alle Körperteile sind gleich leicht zu ersetzen. Fuß- und Beinprothesen sind in Vergleich zu Arm- und Handprothesen deutlich einfacher, da für normale Beinbewegungen (Gehen, Laufen) ein einfaches Abwinkeln des Knie- und Sprunggelenks erfolgen muss. Heute sind sogar einfache Prothesen (also solche ohne myoelektrische Steuerung) in der Lage, Fuß und Unterschenkel so gut zu ersetzen, dass Sportlerinnen und Sportler mit Prothesen vergleichbare Leistungen erzielen wie solche ohne Prothesen. Bekannt wurde diese Tatsache durch den südafrikanischen Sprinter Oscar Pistorius[2].

Arm- und Handprothesen (→Abb. 15) können ihre Funktion dagegen nur als myoelektrische Prothesen erfüllen. Entsprechende Prothesen kosten mehrere 10 000 Euro, ermöglichen den Betroffenen aber oft ein nahezu normales Leben. Die „Bedienung" der Prothesen über Muskelspannung muss erlernt werden, ist aber nach einer Rehabilitation in der Regel problemlos möglich.

Abb. 15: Myoelektrische Handprothese. Die Hand alleine wiegt etwa 500 g, enthält fünf Elektromotoren und wird über Signale des Arms, die von zwei Elektroden registriert werden, gesteuert. Andere Handmodelle können dadurch gesteuert werden, dass die zur Hand führende Nerven in gewisse Segmente der Brustmuskulatur umgeleitet werden. Dort setzen die Elektroden an. Wenn der Patient oder die Patientin die Hand bewegt will, kontrahiert der entsprechende Muskel in der Brustmuskulatur, was über die Elektroden erfasst wird - worauf sich die Hand bewegt.

Glossar

[1] **Prothese:** vom Griechischen *pro* für „vor" bzw. „anstatt" und *thesis* für „das Setzen" oder „das Stellen".

[2] **Oscar Pistorius:** Südafrikanischer Sprinter (geb. 1986), dem aufgrund einer angeborenen Fehlbildung beide Unterschenkel im 1. Lebensjahr amputiert wurden. Pistorius war bei Sprintmeisterschaften (auch unter Läufern ohne Prothesen) im Profisport sehr erfolgreich. Traurige Berühmtheit erlangte er durch den Mordfall an seiner Partnerin, für den er 2016 verurteilt wurde.

Aufgaben

W **1** Recherchiere die historische Entwicklung der Prothesen und den gegenwärtigen Stand der Forschung. Stelle deine Ergebnisse in einer Zeitleiste unter der Verwendung von Bildern und Angabe von Quellen dar.

S **2** Hast du Bekannte oder Verwandte mit Prothesen? Erkundige dich nach ihrem Einverständnis, ob du mit Ihnen über die Prothese sprechen darfst. Bei Zustimmung führe mit Ihnen ein Interview, wo du über die Betroffenen über das Leben mit Prothese befragst. Versuche herauszufinden, wie die Bewegungen erlernt wurden und welche Bewegungen im Alltag gut bzw. weniger gut durchgeführt werden können.

Bionische Bewegungen

Biologie plus Technik macht Bionik

Leben auf der Erde gibt es seit über 4 Milliarden Jahren – genug Zeit, um Prozesse zu optimieren. Diese Optimierung erfolgte nicht im Design-Studio, sondern durch natürliche Selektion: Entstand durch Zufall eine Struktur, die etwas besser funktionierte als die vohergehende, ergab dies einen Vorteil. So wundert es nicht, dass die Fülle an Lebewesen bemerkenswerte Lösungen für alle erdenklichen Anforderungen in der Natur aufweisen kann.

Technikerinnen und Techniker versuchen ebenfalls, optimale Lösungen für diverse Probleme zu finden. Der Forschungszweig der **Bionik**[1] versucht, anhand des Vorbildes Natur effiziente technische Produkte herzustellen. Auch wenn es sich um ein modernes Forschungsfeld handelt, hat bereits Leonardo da Vinci[2] im 16. Jahrhundert Flugmaschinen nach dem Vorbild des Vogelflugs konzipiert. Heute ist die Bionik ein aktives Forschungsfeld, viele Universitäten und Fachhochschulen bieten das Fach als Teil ihrer Ausbildung an – in sehr unterschiedlichen Bereichen, von Architektur bis Zoologie!

Die Natur als Vorbild für effiziente Bewegung

Wissenschafterinnen und Wissenschafter aus dem Bereich Bionik forschen in viele Richtungen (zB Oberflächenstrukturen oder Materialforschung, auch der dir sicher bekannte Klettverschluss wurde nach dem Vorbild der Klette entwickelt). Ein wesentliches Forschungsfeld der Bionik ist die Bewegung von Lebewesen – und technischen Objekten.

Relativ bekannt und bereits lange in Verwendung ist das Beispiel **U-Boot**, das (neben der offensichtlichen Stromlinienform) das Prinzip der **Schwimmblase** der Fische nachahmt: U-Boote besitzen Tauchzellen, die entweder mit Wasser aus der Umgebung oder Luft (aus mitgeführten Druckluftbehältern) gefüllt werden können. Dadurch kann der Auftrieb reguliert werden – das U-Boot steigt, schwebt oder sinkt – genau wie Fische mit Schimmblasen.

Weniger bekannt ist das *Mercedes-Benz Bionic car*, ein Konzeptfahrzeug, das sich an der Form der Kofferfische orientiert und so eine sehr strömungsgünstige – und damit Treibstoff sparende – Gestalt darstellt.

Interessant sind auch bionische „Tiere", die die natürlichen Bewegungen ihrer Vorbilder imitieren. 2015 hat eine deutsche Firma mit dem Projekt *BionicANTs* elektromechanische Ameisen vorgestellt (→Abb. 16). Die Forscherinnen und Forscher haben nicht nur die Anatomie echter Ameisen zum Vorbild genommen, sondern auch das kooperative Verhalten dieser Tiere. Über Sensoren, Funkmodule und Mikroelektronik kommunizieren die „Tiere" miteinander und stimmen ihr Verhalten aufeinander ab.

Das Verhalten wird nicht von einem zentralen Computer gesteuert, vielmehr trägt jede Ameise die Regelungsstrategien in ihren Chips bei sich – wie bei echten Ameisen erarbeitet die „Schwarmintelligenz" die Lösung zu Probleme.

Abb.16: BionicANT. Diese technische Ameise wurde nach bionischen Prinzipien konstruiert und soll neben der Bewegung einer Ameise auch die Schwarmintelligenz einer größeren Zahl von Tieren nachstellen können. Die Hersteller entwickeln auch bionische Kängurus („bionicKangaroo"), Fische („Airacuda"), Quallen („Aqua-Jelly") und Schmetterlinge („eMotionButterflies").

Literatur:
Festo AG & Co. KG BionicANTs: Kooperatives Verhalten nach natürlichem Vorbild. 2015, https://www.festo.com/net/SupportPortal/Files/367916/Festo_BionicAnts_de.pdf (Zugriff am 23.08.2017).

Glossar

[1] **Bionik:** Kunstwort aus Biologie und Technik. Der Begriff „bionics" wurde 1960 vom U.S.-Amerikanischen Neurologen und Luftwaffenmajor Jack E. Steele geprägt.
[2] **Leonardo da Vinci:** italienischer Künstler und Naturforscher (1452 bis 1519).

Aufgaben

W 1 Informiere dich, in welchen Studiengängen in Österreich das Forschungsfeld Bionik angeboten wird. Gib an, welche Ausbildungen an welchen Universitäten bzw. Fachhochschule zur Wahl stehen.

E 2 Bionische Modelle: Suche im Internet nach Videos von den Produkten, die in der Bildbeschriftung von Abb. 16 genannt sind. Betrachte die Videos und suche nach Videos, die die Bewegungen der Vorbilder zeigen. Beobachte die Bewegungen im Vergleich und fasse Unterschiede und Gemeinsamkeiten zusammen.

Basiskonzept

Variabilität, Verwandtschaft, Geschichte und Evolution: Warum haben sich in der Evolution keine Räder entwickelt? Dass technisch konstruierte Land-Fahrzeuge stets Räder haben und sich somit „rollend" bewegen, Land-Tiere aber immer laufen oder kriechen, hat mit dem Untergrund zu tun: Ein Zug oder ein Auto benötigt eine möglichst feste, ebene Oberfläche. Diese sind in der Natur vielfach nicht vorhanden. Selbst Geländefahrzeuge oder Panzer mit Ketten können nicht in jedes Gelände vordringen, das Menschen oder Tiere „zu Fuß" gut erreichen können.

Formale Vorgaben wissenschaftlicher Arbeiten

Das Publizieren wissenschaftlicher Texte

Das Verfassen und Veröffentlichen von Fachartikel ist ein wesentlicher Teil der Arbeit von Wissenschaftern und Wissenschafterinnen. Wozu eigentlich?

Oft macht das eigentliche Forschen mehr Spaß als das zum Teil mühsame Schreiben. Dennoch ist es notwendig, denn nur wenn ein neues Forschungsergebnis auch **publiziert** wird, gilt es als „erforscht". Denn wie soll die Menschheit sonst erfahren, dass zB eine neue Tierart entdeckt oder ein Medikament gegen eine bestimmte Krankheit hergestellt wurde?

Wissenschaftliche Journale haben hier sehr **strikte Vorgaben und Abläufe**. Diese werden zum Teil auch bei den „vorwissenschaftlichen Arbeiten" nachgestellt, die im Zuge der Reifeprüfung zu verfassen sind.

Autorinnen und Autoren echter wissenschaftlicher Arbeiten (WA) reichen diese bei einer Zeitschrift ein, wo ein **Editor** entscheidet, ob die Arbeit veröffentlicht werden soll. Dazu werden **Gutachten** anderer Wissenschafterinnen und Wissenschafter eingeholt, die prüfen, ob sauber, korrekt, objektiv und nachvollziehbar gearbeitet wurde. Danach wird der Autorin oder dem **Autor rückgemeldet**, ob der Artikel publiziert wird bzw. ob noch Überarbeitungen nötig sind. Sind alle Überarbeitungen vorgenommen, **veröffentlicht** der Verlag schließlich die Arbeit in der Zeitschrift.

Auf diese Art (Peer-review-Prozess) wird gewährleistet, dass kein „Unsinn" oder keine falschen Ergebnisse veröffentlicht werden. Wenn jemand zB schreibt, er hätte ein Medikament gegen Krebs gefunden, wird die Begutachtung sehr kritisch erfolgen – und sollten sich Fehler, Ungereimtheiten oder unbewiesene Aussagen finden, wird die Zeitschrift den Artikel zurückweisen und nicht publizieren.

Wie publizieren?

Für wissenschaftliche Artikel gibt es in der Regel strenge formale Vorgaben, wie die Arbeit auszusehen hat. Diese Vorgaben sind nicht bei allen Zeitschriften dieselben. Sie können auf der Webseite der Zeitschriften oder der Verlage abgerufen werden. Es ist wichtig, sich mit den jeweiligen Vorgaben vertraut zu machen, bevor man mit dem Schreiben eines Artikels beginnt.

Wissenschaftliche Artikel zeigen zumeist folgende **Gliederung**:

- Titel
- Abstract[1]
- Inhaltsverzeichnis (nur bei längeren WA)
- Einleitung
- mehrere fachliche Kapitel bzw. Beschreibung der empirischen Arbeit
- Ergebnisse (bei empirischen Arbeiten)
- Schlussfolgerungen bzw. Fazit
- Literaturverzeichnis

Zusätzliche Teile können eingebunden werden, wenn sinnvoll, etwa ein Anhang, in dem ein Interview komplett wiedergegeben ist, oder lange Tabellen, die Detailergebnisse zeigen, die für die eigentliche Arbeit zu umfangreich sind. Auch kannst du ein Vorwort voranstellen, in dem du persönliche Aspekte erwähnst (warum dich zB das Thema besonders berührt, oder falls du jemandem speziellen Dank aussprechen möchtest).

Neben der Gliederung ist auch vorgegeben, wie du die Arbeit verfassen sollst: Der **Stil** soll klar und sachlich sein (es soll also keine künstlerische Darstellung sein). **Fakten** sollen klar erkennbar und von Meinungen abgegrenzt sein. Zudem müssen alle Fakten, Daten und Aussagen, die du aus Büchern, Zeitschriften, Videos, Websites etc. hast, die **Quellen** genau angeben werden (mehr zu Quellen und Zitieren auf S. 104).

Verwendest du **Abbildungen**, sind auch hier Vorgaben einzuhalten. Ein Bild darf nicht einfach so in die Arbeit gesetzt werden, um aufzulockern. Es ist nur dann einzubinden, wenn es für die Arbeit wesentlich ist, zB ein Schema, das zeigt, wie dein Experiment abläuft, oder ein Säulendiagramm, das Ergebnisse darstellt. Jede Abbildung muss nummeriert, beschriftet und im Text angesprochen werden (so wie es auch in diesem Buch der Fall ist).

Warum ist dies alles so strikt vorgeben? Nur so ist gewährleistet, dass schnell und sicher überprüft werden kann, ob der Inhalt der Arbeit korrekt und nachvollziehbar ist.

Glossar

[1] **Abstract:** englisch für Auszug oder Abriss, beschreibt eine kurze, präzise Zusammenfassung des Inhalts einer Arbeit. Das Abstract steht zu Beginn jeder Arbeit und enthält also alles, von der Fragestellung bis zum Ergebnis. Es steht ganz zu Beginn einer jeden WA, damit man schnell erkennen kann, ob der Artikel die gesuchten Informationen enthält. Das Abstract wird erst ganz am Ende verfasst, wenn die Arbeit vollendet ist.

Aufgaben

1 Warum wissenschaftliche Zeitschriften?

Im Text wird beschrieben, dass nur das als „erforscht" gilt, was in wissenschaftlichen Zeitschriften publiziert wird. Diskutiere, warum die Arbeit gerade in wissenschaftliche Zeitschriften veröffentlicht werden muss – und nicht etwa ein kurzer Artikel in einer Tageszeitung oder auf einer Webpage.

2 Einreichung und Veröffentlichung einer wissenschaftlichen Arbeit und einer VWA

Stelle dem im Text vorgestellten Ablauf der Publikation wissenschaftlicher Arbeiten dem Ablauf der VWA gegenüber. Hebe Gemeinsamkeiten und Unterschiede hervor.

3 Formale Vorgaben an deiner Schule

Viele Schulen haben genaue formale Vorgaben für die VWA erstellt. Informiere dich an deiner Schule, ob es für folgende Aspekte Vorgaben gibt:

- Deckblatt
- Schriftart, - größe
- Einbinden von Abbildungen
- Zitierregeln (dazu mehr auf S. 104).
- Sonstige Vorgaben

Schau dir die Vorgaben genau an, vergleiche mit den Vorgaben, die du auf der Nebenseite im Text aufgeführt hast. Wenn dir Unterschiede oder Unklarheiten auffallen, besprich diese mit deiner Betreuerin bzw. deinem Betreuer.

Abb. 17: Wissenschaftliche Zeitschriften findest du in Fachbibliotheken, vielfach auch im Internet.

4 Einleitung – Abstract – Vorwort?

Diese drei Teile schaffen oft Verwirrung – handelt es sich hier nicht dreimal um das Gleiche? Was gehört wohin? Erstelle eine Tabelle, in der du die drei Teile gegenüberstellst und liste alle Unterschiede auf.

Versuch dies zuerst anhand der dir bekannten Informationen (auch aus dem Text auf der Nebenseite). Kontrolliere dann mithilfe der Linktipps, die du unter dem folgenden Online-Code findest: mw59zc

5 Beispiele wissenschaftlicher Arbeiten

Suche im Internet nach wissenschaftlichen Publikationen. Achtung: Die meisten naturwissenschaftlichen Arbeiten werden auf Englisch verfasst.

Frei zugängliche WA findest du auf www.freefullpdf.com. Die Suchmaschine Google Scholar liefert dir sehr viele Arbeiten, von denen aber ein Teil nicht frei zugänglich sind. An der Angabe [PDF] erkennst du, dass du das Dokument frei herunterladen kannst. Achte auch darauf, ob angegeben wird, ob die Dokumente mit dem Zusatz „peer reviewed" oder „not peer reviewed" gekennzeichnet sind. Erstere haben den auf Seite 86 beschriebenen Prozess durchlaufen und sind daher als Quellen für deine Arbeit besonders gut geeignet.

Manche wissenschaftliche Zeitschriften publizieren „open access", bieten also alle Artikel frei zugänglich an, zB eLife (https://elifesciences.org/).

Unter Eingabe eines Suchbegriffes, etwa *Bacteria*, *Photosynthesis* oder *Muscles*, findest du zahlreiche Arbeiten.

Schau dir einige Beispiele an.

- Überprüfe, ob es sich bei dem Dokument um eine WA handelt, oder ein anderes Dokument (Werbung, Präsentation, etc.) vorliegt.
- Überprüfe, ob du die im Text vorgestellte Gliederung vorfindest.
- Notiere die Gliederung der Überschriften (ohne evt. vorhandenen Sub-Überschriften) beginnend mit dem Abstract, für drei verschiedene Arbeiten, und suche nach Übereinstimmungen und Unterschieden. Erörtere, warum es Übereinstimmungen, aber auch Unterschiede gibt.
- Gibt es in den gefundenen WA Abbildungen? Falls ja, überprüfe, ob die im Text genannten Anforderungen erfüllt sind. Wie sind die Abb. beschriftet? Gibt es Bildbeschriftungen und Hinweise auf die Abb. im Text?

Suche das Literaturverzeichnis (engl. References) am Ende. Findest du die entsprechenden Stellen im vorhergehenden Text, wo die im Literaturverzeichnis genannten Quellen zitiert werden?

Kompetenz-Check: Bewegung

Was hast du in diesem Kapitel gelernt?

Lösungen
cp7di2

- Du hast Bewegung als Merkmal aller Organismen kennengelernt und weißt, wie Bewegung innerhalb von Zellen, bei Prokaryoten, eukaryotischen Einzellern, Pflanzen und Tieren ablaufen.
- Du kannst den molekularen Mechanismus der Bewegung erklären.
- Du verstehst den Zusammenhang zwischen der Funktion und dem strukturellen Aufbau von Muskeln – von der makroskopischen bis zur molekularen Ebene.
- Du hast gelernt, dass Skelette Teile von Bewegungsapparaten sind und welche Arten von Skeletten im Tierreich auftreten.
- Du kannst Fragen zu Gesundheit und zu Schäden von Muskulatur und Skelett des Menschen kritisch beurteilen und Argumente für ihre Prävention nennen.
- Du hast gesehen, wie myoelektrische Prothesen eingesetzt werden, um das Leben von Menschen mit Extremitätenverlust zu erleichtern.
- Du kannst Informationen über bionische Forschung verstehen und dir darüber eine Meinung bilden.

Du kannst dir Fachwissen aneignen und kommunizieren

W 1 Du siehst in Abbildung 18 ein Schema des Aufbaus eines Skelettmuskels. Beschrifte die mit Buchstaben bezeichneten Strukturen.

a) ______ d) ______ g) ______

b) ______ e) ______ h) ______

c) ______ f) ______ i) ______

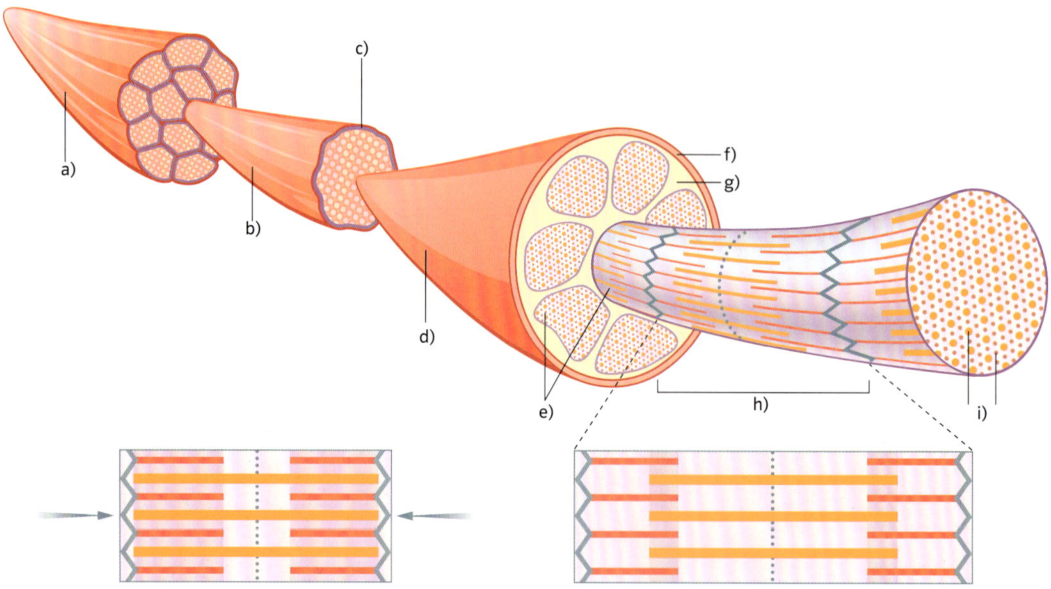

Abb. 18: Feinbau eines Skelettmuskels.

W 2 Kreuze die richtigen Aussagen. Korrigiere die falschen Aussagen.

- ☐ Cilien sind kurze Geißeln, die koordiniert schlagen.
- ☐ Bei intrazellulären Bewegungen wandern Proteinfilamente auf Kinesin-Proteinen.
- ☐ Flagellen der Prokaryoten und Geißeln der Eukaryoten bewegen sich grundsätzlich gleich.
- ☐ Exoskelette sind fester als Endoskelette
- ☐ Turgorbewegungen sind in der Regel deutlich schneller als Wachstumsbewegungen.
- ☐ Glatte Muskulatur bewegt sich schnell, ermüdet aber leicht.

Du kannst Erkenntnisse gewinnen

E 1 Pflanzen zeigen Bewegungen, die in Tropismen und Nastien unterteilt werden. Definiere die Begriffe und entwirf dann ein Experiment, mit dem du zeigen kannst, ob eine Bewegung ein Tropismus oder eine Nastie ist.

E 2 Auf S. 83 wird Osteoporose beschrieben. Suche Daten zum Thema Nährstoffmangel und Osteoporose. Begründe anhand dieser Daten, welcher Nährstoffmangel Osteoporose begünstigt. Schließe daraus, wie eine medizinische Untersuchung durchgeführt werden muss, um diesen Zusammenhang zu belegen.

E 3 Pantoffeltierchen (*Paramecium*) orientieren sich in ihren Lebensräumen, zB Wasserlacken. Sie unterscheiden zwischen „oben“ und „unten“.

a. An welchen Reizen (Umweltparametern) können sich Pantoffeltierchen orientieren?
b. Welchen Vorteil hat eine Orientierung an der Schwerkraft (im Vergleich zu den von dir unter Punkt a genannten Reizen)?
c. Sieh das Experiment (Abb. 19) an. Formuliere eine Hypothese, wo sich die Tierchen nach 10 Minuten befinden, und stelle das durch Einzeichnen dar.
d. Diskutiere die Aussagekraft des Experiments hinsichtlich der Aussage am Beginn der Aufgabenstellung. Ermittle ggf. Abänderungen oder Ergänzungen im Versuchsaufbau, um wirklich nur die Schwerkraft zu untersuchen.

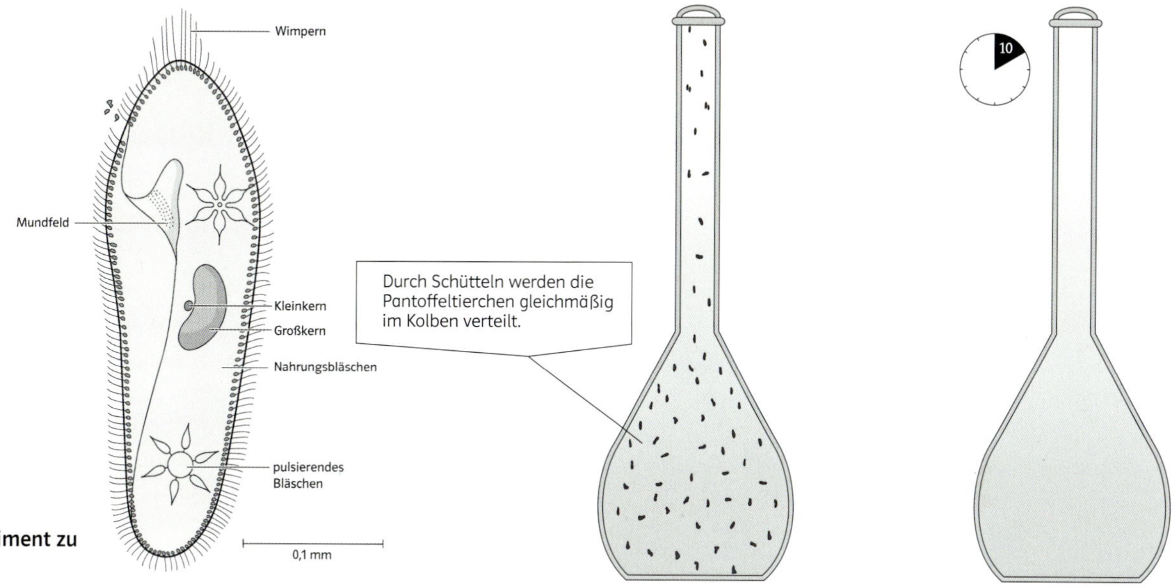

Abb. 19: Experiment zu Aufgabe 3.

Du kannst Standpunkte begründen und reflektiert handeln

S 1 Sportlerinnen und Sportler absolvieren vor jedem Training und jedem Wettkampf Aufwärmübungen. Untersuche ein solches Aufwärmprogramm (entweder aus deinem Sportverein, aus dem BSP-Unterricht oder aus der Literatur). Vergleiche verschiedene Aufwärmprogramme für die jeweiligen Sportarten. Begründe, warum unterschiedliche Aufwärmprogramme notwendig sind.

S 2 Ein Bekannter beklagt sich, dass seine Zimmerpflanzen „einseitig“ wachsen. Erkläre die biologische Grundlage, die dahinter steckt, und erarbeite Lösungsvorschläge, um dem Problem entgegen zu wirken.

S 3 Im Sport wird zwischen Maximalkrafttraining und Schnellkrafttraining unterschieden. Informiere dich über beide Trainingsformen und überlege, welche Veränderungen diese Formen für den Muskel bringen.
Begründe anschließend beispielhaft für einige Sportarten welche Kraftform wünschenswert ist und welche Trainingsformen wofür günstig sind.

5. Biodiversität

Du lernst in diesem Kapitel ...

Bonusmaterial
ux8c6r

W Wissen organisieren

- ... Du erfährst, was die binäre Nomenklatur ist.
- ... Du verstehst, wie Stammbäume die Abstammungsgeschichte von Arten abbilden.
- ... Du erfährst, dass manche Neobiota invasive Arten sind, die die Artenvielfalt bedrohen.
- ... Du lernst Arten kennen, die in Österreich aktuell bedroht sind.

E Erkenntnisse gewinnen

- ... Du lernst Tier- und Pflanzengruppen mithilfe eines Bestimmungsschlüssels zu bestimmen.
- ... Du lernst Methoden kennen, um die Artenvielfalt in einem Lebensraum messen zu können.
- ... Du kannst erläutern, warum sich Schätzungen für die Artenzahl auf der Erde mit der Entdeckung neuer Lebensräume laufend verändern.

S Schlüsse ziehen

- ... Du kannst beurteilen, warum die Artenvielfalt auf der Erde für die Menschheit auch in Zukunft von großer Bedeutung sein wird.
- ... Du kennst frühere Aussterbeereignisse aus der Erdgeschichte und kannst sie mit dem vor sich gehenden menschengemachten Artensterben vergleichen.

» Jedes Jahr werden neue Arten entdeckt, gleichzeitig sterben laufend unzählige aus.

Eine neue Spinnenart, die es dank ihrem besonderen Namen zu einer gewissen Berühmtheit schaffte, wurde vor kurzem entdeckt. Die Forscher und Forscherinnen, die große Fans der Autorin der Harry-Potter-Buchserie Joanne K. Rowling waren, nannten die Spinne *Eriovixia gryffindori*. Mit ihrem Hinterleib ähnelt die Spinne nämlich dem Sortier-Hut aus den Harry-Potter-Büchern, der einst dem Zauberer Godric Gryffindor gehörte.

Die nur 7 mm lange Spinne hat einen hutförmigen, abgeknickten Hinterleib. Damit kann sie sich in der dichten Vegetation der Bergwälder Westindiens, wo sie vorkommt, besser tarnen, da sie damit trockenem Laub ähnelt.

In den vergangenen zehn Jahren wurden tatsächlich nicht nur viele neue Spinnenarten, sondern insgesamt 200 000 neue Arten beschrieben! Das klingt nach einer ganzen Menge, doch tatsächlich sterben Arten aktuell noch viel schneller aus, als sie entdeckt werden können. Im Grunde bedeutet dies, dass wir viele Arten nie kennen werden, bevor sie verschwinden. Der Hauptgrund für das rasante Artensterben ist der Einfluss des Menschen.

In diesem Kapitel erfährst du unter anderem, welche Arten aktuell in Österreich bedroht sind, und was unternommen werden kann, um die Artenvielfalt zu schützen. «

5.1 Biodiversität

Die Vielfalt des Lebens auf der Erde

Die Tropen sind Hotspots der Biodiversität

Reproduktion

Variabilität, Verwandtschaft, Geschichte und Evolution

Unter **Biodiversität** versteht man die **Vielfalt der Arten und Ökosysteme** auf der Erde, sowie die **genetische Vielfalt** dieser Arten. Werden Arten selten, wird die genetische Vielfalt immer geringer und die Art ist von genetischer Verarmung betroffen.

Wildpferde waren beispielsweise über Jahrzehnte in freier Natur ausgestorben. Seit 1990 wird versucht, sie in den Halbwüsten Innerasiens wieder heimisch zu machen. Alle heute lebenden Wildpferde stammen allerdings von nur 13 Tieren ab, die in den 1920er Jahren eingefangen, und in Zoos gehalten wurden. Selbst wenn die Auswilderung Erfolg hat, und das Wildpferd gerettet werden kann, so ist seine genetische Vielfalt bereits extrem eingeschränkt. Der Verlust der Biodiversität kann dazu führen, dass unerwünschte Merkmale einzelner Individuen, an überproportional viele Artgenossen weitergegeben werden, was sich negativ auf die Überlebenswahrscheinlichkeit der Art auswirkt.

Generell gilt, dass **terrestrische Ökosysteme**[2] in der Nähe des Äquators eine größere Biodiversität besitzen als **polnahe Ökosysteme**, weil in Äquatornähe ein gleichmäßig warmes und feuchtes Klima herrscht. Dieses begünstigt eine hohe Fotosyntheserate und damit eine ständige Produktion von großen Mengen an Pflanzenmaterial, das als Nahrung für andere Arten zur Verfügung steht.

Die höchste Biodiversität haben daher die **Tropen**: Sie besitzen nur 10 % der Fläche der Erde, aber man findet hier 90 % der Arten, die auf der Erde vorkommen. Man nennt solche Orte höchster Artenvielfalt auch **Hotspots**.

Wie viele Arten gibt es auf der Erde?

Zwei Millionen Arten sind aktuell beschrieben. Die Hälfte davon sind Insektenarten

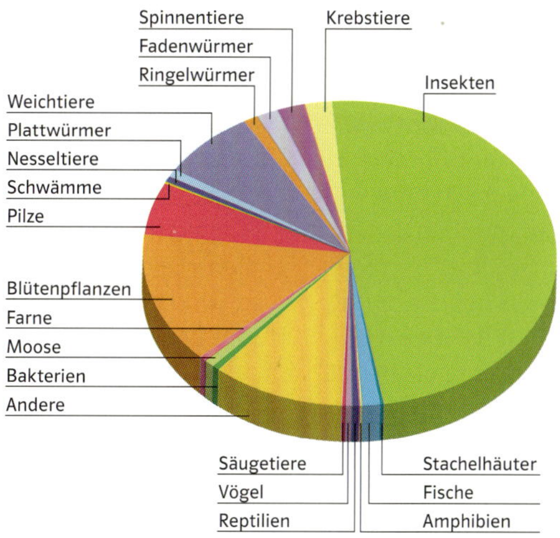

Abb. 1: Globale Artenvielfalt aller Lebewesen. Die Insekten zeigen mit Abstand die größte Artenvielfalt.

Die gesamte Artenzahl auf der Erde zu bestimmen ist eine schwierige Aufgabe, da man dafür schätzen muss, wie viele Arten noch unentdeckt sind.

Dazu stellen Forscher und Forscherinnen Berechnungen an, die sich an den bereits bekannten Artenzahlen in einem bestimmten Lebensraum orientieren.

Bis in die 1970er Jahre dachte man, dass eine gesamte Artenzahl von zwei Millionen wahrscheinlich wäre. Erst dann wurde die atemberaubende Artenvielfalt der Baumkronen im tropischen Regenwald entdeckt. Eine ähnliche Revolution bahnt sich soeben in der Tiefsee an, die lange als wenig besiedelt galt. Aktuellen Berechnungen nach gibt es auf der Erde vermutlich **zwischen 5 und 80 Millionen Arten**. Davon sind aktuell etwa 2 Millionen beschrieben.

Eine Million davon, also die Hälfte aller heute beschriebenen Arten, sind **Insektenarten** (→Abb.1)! Die Wirbeltiere, zu denen der Mensch, alle Säugetiere, Vögel, Reptilien, Fische und Amphibien gehören, fallen zahlenmäßig überhaupt nicht ins Gewicht (→Abb. 1). Die Gesamtzahl der beschriebenen Säugetierarten beträgt etwa 6 400, die der Vögel etwa 10 000. Weitere Gruppen außer den Insekten, die ebenfalls sehr artenreich sind, sind beispielsweise die Pilze und die Weichtiere.

Glossar

[1] **Terrestrisches Ökosystem:** terrestrisch bedeutet „an Land"; vom Lateinischen *terra* (= Erde), Ökosystem kommt vom Griechischen *oikos* (= Haus) und *systema* (= das Verbundene). Ein Ökosystem besteht aus einer Lebensgemeinschaft von Lebewesen unterschiedlicher Arten und ihrer Umwelt.

Basiskonzept

Reproduktion: Die Auswilderung des Wildpferdes kann nur dann Erfolg haben, wenn sich die Tiere in freier Wildbahn in entsprechender Anzahl vermehren, und die Population damit wieder wachsen kann.

Variabilität, Verwandtschaft, Geschichte und Evolution: Die evolutionäre Anpassung von Arten an sich verändernde Umwelten basiert auf biologischer Vielfalt (Biodiversität) und natürlicher Auslese (Selektion). Die Selektion vorteilhafter Merkmale ist nur möglich, wenn es ausreichend Vielfalt gibt.

Artenvielfalt in Österreich

Österreich hat eine hohe Artenvielfalt wegen der diversen Landschaften

Im Vergleich zu anderen Ländern Mitteleuropas ist Österreich sehr artenreich, aufgrund der Vielfalt an Lebensräumen. Österreich hat Anteil sowohl am Hochgebirge als auch am Mittelgebirge und Tiefland. Heute wird davon ausgegangen, dass es in Österreich 45 000 Tierarten gibt. Weiters gibt es mehr als 3 000 Arten von Farn- und Blütenpflanzen und 1 000 Moosarten. Die Artenzahl der Pilze in Österreich wird auf über 20 000 geschätzt.

Massenaussterben in der Erdgeschichte

Massenaussterben traten in der Erdgeschichte mehrmals auf

Variabilität, Verwandtschaft, Geschichte und Evolution

In der Geschichte des Lebens auf der Erde kam es bereits mehrere Male zu **Massenaussterben**, denen jeweils ein großer Teil der Arten zum Opfer fiel. Bisweilen verschwanden sogar ganze Stammeslinien, das sind Äste am Stammbaum samt ihrer weiteren Verzweigungen. Artensterben ist also ein Stück weit Teil eines natürlichen Prozesses. Ein bedeutendes Massenaussterben war zB die große Sauerstoffkatastrophe vor 2,4 Milliarden Jahren. Cyanobakterien produzierten durch Fotosynthese große Mengen an Sauerstoff. Für die meisten anaeroben Lebewesen war der Sauerstoff giftig, und sie starben dadurch aus.

Am Übergang zwischen den Epochen Perm und Trias, vor 252 Millionen Jahren,kam es ebenfalls zu einem Massenaussterben. Dabei starben bis zu 96 % aller marinen Arten und 70 % aller terrestrischen Tierarten aus.

Du hast vielleicht bereits von dem Massenaussterben am Ende der Kreidezeit, vor 66 Millionen Jahren, gehört, bei dem es zum **Aussterben der Dinosaurier** kam.

Die Ursachen für diese beiden Massenaussterben sind nicht eindeutig geklärt. Wahrscheinlich spielten atmosphärische Veränderungen aufgrund zahlreicher Vulkanausbrüche oder Meteoriteneinschläge eine wichtige Rolle.

Menschlicher Einfluss auf die Artenvielfalt

Wir erleben aktuell ein menschengemachtes Massenaussterben

Seit der Mensch die Erde besiedelt, hat die Biodiversität ständig abgenommen. Durch das enorme Wachstum der Weltbevölkerung wurden sämtliche Ökosysteme der Erde beeinflusst. Aktuell erleben wir einen dramatischen Verlust an Biodiversität. Was vor sich geht ist ein **menschengemachtes Massenaussterben**. Besorgniserregend ist, dass die Raten, mit denen aktuell Arten verloren gehen, viel höher sind als bei früheren Aussterbeereignissen in der Erdgeschichte. Das momentane Artensterben ist also kein „natürliches", sondern übertrifft sämtliche früheren Ereignisse, und wird Prognosen zufolge noch weiter ansteigen.

Der Grund dafür ist in erster Linie ein vom Menschen verursachter **Verlust von natürlichem Lebensraum.** Oft bleiben von einem ehemals geschlossenen Verbreitungsgebiet nur noch kleine Fragmente übrig. Die Übernutzung von Ökosystemen wie die übermäßige Jagd auf bedrohte Arten und das **Überfischen der Meere** tragen ebenfalls große Mitverantwortung am Artensterben.

Laut aktuellen Berechnungen gehen jährlich 11 000–58 000 Tierarten verloren! Das entspricht in etwa der Anzahl der Tierarten in Österreich (ca. 45 000).

Aufgaben

E 1 Abbildung 2 zeigt das prozentuale Verschwinden von Gattungen mariner Organismen über die Zeit, von vor 542 Millionen Jahren bis heute. Interpretiere die Grafik und erkläre die Abkürzungen für die Epochen der Erdgeschichte (bunte Felder in der Abb.). Lies den Text dieser Themenseite noch einmal durch, und finde heraus, wann die Dinosaurier ausgestorben sind. Identifiziere diesen Zeitpunkt auf der Zeitachse in Abb. 2 und argumentiere mithilfe der Abbildung, dass das Aussterbeereignis, das die am Land lebenden Dinosaurier ausrottete, auch viele im Meer lebende Arten betraf.

W/E 2 Recherchiere zum Massenaussterben an der Perm-Trias-Grenze und erläutere die Ursache dieses Aussterbens. Identifiziere den dazugehörigen Peak in Abbildung 2.

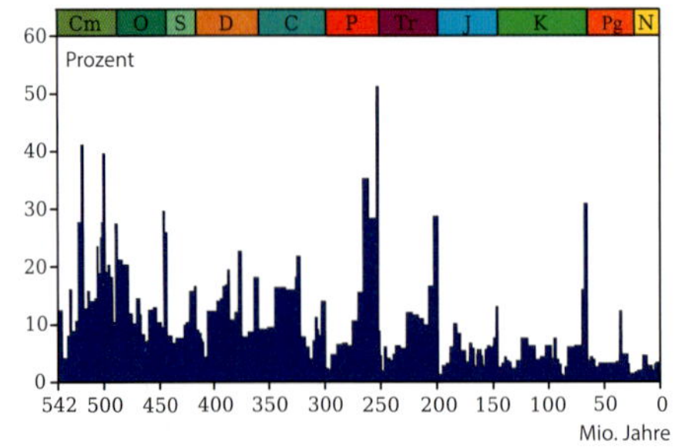

Abb. 2: Aussterben mariner Organismen. Vom Kambrium bis heute.

Basiskonzept

Variabilität, Verwandtschaft, Geschichte und Evolution: Massenaussterben beeinflussen den Lauf der Evolution. Das Aussterben der Dinosaurier machte evolutionär betrachtet zB erst Platz für das Entstehen großer Landsäugetiere.

Konsequenzen des Artensterbens

Durch das Aussterben einer Art kann es zu einer Kaskade an weiterem Artensterben kommen

Das Aussterben einer Art kann Einfluss auf viele weitere Arten haben, da Tier- und Pflanzenarten oft enge Lebensgemeinschaften bilden und voneinander abhängig sind. Beispielsweise sind insektenbestäubte Pflanzen für ihre Fortpflanzung vom Vorkommen **bestäubender Insekten** abhängig.

Weltweit gehen jedoch die Bestäuber zurück. Dies betrifft den Menschen unmittelbar. Durch die fehlenden Bestäuber kommt es zu Problemen bei der Fruchtbildung. Drei Viertel aller vom Menschen angebauten Nahrungspflanzen sind insektenbestäubt.

Du hast vielleicht bereits vom so genannten Bienensterben, das auch Österreich betrifft, gehört. Verantwortlich für das Sterben der Honigbienen ist unter anderem ein Parasit, die Varroa-Milbe. Sie stammt ursprünglich aus Asien und ist mittlerweile weltweit verbreitet (→ siehe auch Neobiota im folgenden Abschnitt). Eine weitere Ursache für den Rückgang der Honig- und Wildbienen und vieler anderer Insekten ist vermutlich auch der Gebrauch gewisser Pestizide[1] in der Landwirtschaft.

Neobiota sind in fremde Gebiete eingeschleppte Arten

Invasive Arten können heimische Arten verdrängen

Das Einschleppen von Arten in fremde Gebiete durch den Menschen, zB in Folge des weltweiten Warentransportes und Handels, ist neben der Zerstörung von Lebensraum eine weitere Ursache des Artensterbens. Solche gebietsfremde Arten heißen **Neobiota** (Tiere: Neozoen; Pflanzen: Neophyten). Manche Neobiota verdrängen heimische Arten aus ihrem natürlichen Lebensraum, man spricht dann auch von **invasiven Arten**[3].

Besonders anfällig sind über lange Zeiträume isoliert entstandene Ökosysteme ozeanischer Inseln. Neuseeland zB verlor nach der Einwanderung der Maoris vor etwa 800 Jahren 34 seiner Vogelarten und danach, im Zusammenhang mit der Kolonialisierung durch Europäer, weitere 15. Mit den einwandernden Menschen wurden u. a. auch Ratten, Katzen und Hunde in Ökosysteme eingeschleppt, wo es zuvor kaum Raubtiere gab.

Zu den Neozoen, die sich in Österreich verbreiten konnten, zählt zB die bei Gärtnerinnen und Gärtnern gefürchtete **Spanische Wegschnecke**, die aufgrund ihrer raschen Vermehrung die heimische Rote Wegschnecke verdrängt.

Unter den Pflanzen zählen Neophyten wie der **Riesen-Bärenklau** (→Abb. 3) oder das **Drüsige Springkraut** (→Abb. 4), zu den Arten, die sich in den letzten Jahrzehnten rasant verbreitet haben.

Abb. 3: Riesen-Bärenklau: Bis zu 3 m hohe Staude mit weißen oder gelb-grünen Blüten, die aus dem Kaukasus stammt. Der Saft der Pflanze enthält fototoxische[2] Substanzen. Bei Berührung und Sonneneinstrahlung können starke Hautentzündungen mit Blasenbildung auftreten. Im Westen Österreichs treten die Pflanzen gehäuft auf, und es kommt dort im Sommer bereits regelmäßig zu Verbrennungsfällen.

Abb. 4: Drüsiges Springkraut: Einjährige Pflanze, die in der Nähe von Gewässern vorkommt. Die ursprünglich im Himalaya heimische Pflanze wurde als Bienenweide und wegen der hübschen rosaroten Blüten als Gartenpflanze nach England importiert.

Glossar

[1] **Pestizide:** Giftstoff, der gegen Schädlinge eingesetzt wird. Vom Lateinischen *pestis* (= Geißel) und *caedere* (= töten).

[2] **fototoxisch:** Eine Substanz nennt man fototoxisch, wenn sie unter der Einwirkung von Sonnenlicht eine giftige Wirkung entfaltet.

[3] **Invasive Arten:** Neobiota, die mit einheimischen Arten in Konkurrenz um Lebensraum und Ressourcen treten und diese verdrängen. Sie können unerwünschte Effekte auf andere Arten, Lebensgemeinschaften oder Biotope haben.

Bedrohte Arten in Österreich

Die Rote Liste führt gefährdete und vom Aussterben bedrohte Arten an

Die **Rote Liste** der Weltnaturschutzunion IUCN[1] führt Arten an, die gefährdet bzw. vom Aussterben bedroht sind. In Österreich alleine sind derzeit über 3 300 Tierarten auf der Roten Liste angeführt. Derzeit gibt es über 100 eigene Rote Listen für Tier- und Pflanzengruppen, aber nicht für alle Gruppen.

Die Gefährdungssituation von manchen bedrohten Arten wie dem Fischotter, dem Wanderfalken oder dem Schwarzstorch in Österreich hat sich bereits verbessert. Es sind jedoch immer noch 27% aller Säugetierarten, 27% aller Vogelarten sowie 46% aller Fischarten gefährdet! Zu den Arten auf der österreichischen roten Liste gehören beispielsweise das **Ziesel** und die **Große Hufeisennase** (→Abb. 5).

Auch bei Pflanzen ist die Situation besorgniserregend. Vor 20 Jahren waren bereits 40% aller Farn- und Blütenpflanzen gesamtösterreichisch gefährdet.

Abb. 5: Zwei Arten auf der Österreichischen Roten Liste: Ziesel, Große Hufeisennase. Das Ziesel ist ein Nagetier, das in Erdbauten lebt und zur Warnung charakteristisch pfeift. Verbauung ehemals natürlicher oder landwirtschaftlicher Flächen ist verantwortlich für das Zurückgehen der Ziesel, die in Österreich akut gefährdet sind. Die Große Hufeisennase ist eine Fledermausart mit einer Flügelspannweite von bis zu 40 cm. Diese Art ist stark zurückgegangen, vermutlich wegen des Einsatzes von Pestiziden in der Landwirtschaft. Sie gilt in Österreich als vom Aussterben bedroht.

Schutz der Biodiversität in Österreich

Schutzgebiete spielen für den Erhalt der Diversität eine große Rolle

Die **Biodiversitätskonvention** ist ein globales Abkommen, das 1992 von einer internationalen Staatengemeinschaft beschlossen, und von Österreich mitunterzeichnet wurde. Darin verpflichten sich die Vertragsstaaten, sich um den Erhalt der biologischen Vielfalt zu kümmern. Die Rate, mit der Arten verloren gehen, soll verringert werden. Die Staaten der Europäischen Union streben das noch strengere Ziel an, den Verlust von Arten vollständig zu stoppen.

Eine wichtige Maßnahme dabei stellen **Schutzgebiete** zum Erhalt der Biodiversität dar. In Österreich sind 28% des Staatsgebiets geschützt (siehe Aufgabe 2). Die strengsten Schutzbestimmungen gelten allerdings nur für manche dieser Gebiete, nämlich für Naturschutzgebiete, Nationalparks, Natura-2000-Gebiete und für die völlig unberührten Wildnisgebiete.
Es gibt in Österreich sechs **Nationalparks**. Der älteste und größte ist der Nationalpark Hohe Tauern, der gleichzeitig auch der größte Nationalpark Mitteleuropas ist. Der IUCN-Kategorie I zugehörig ist in Österreich nur ein 3 500 Hektar großes Gebiet: Das **Wildnisgebiet Dürrenstein**, das im Grenzland zwischen Niederösterreich und der Steiermark liegt, und das den **größten Urwald Mitteleuropas** beinhaltet: 400 Hektar dieses Kerngebiets gehören zum Rothwald, der noch nie forstwirtschaftlich genutzt wurde, und der also völlig unberührt ist.

Neben dem Errichten von Schutzgebieten spielt eine **nachhaltige Bewirtschaftung** eine ebenso wichtige Rolle. In Österreich werden 80% der gesamten Fläche land- und forstwirtschaftlich genutzt. Zu den Maßnahmen für eine umweltverträgliche Bewirtschaftung zählen in der Landwirtschaft der Verzicht auf Mineraldünger und Pestizide und das Einplanen von Brachefächen.

Glossar

[1] **IUCN/IUCN-Kategorie:** Die International Union for Conservation of Nature klassifiziert alle Schutzgebiete weltweit in 7 Kategorien. I a = Strenges Naturreservat, I b = Wildnisgebiet; II: Nationalpark; III: Naturmonument, IV: Biotop/Artenschutzgebiet mit Management, V = Geschützte Landschaft/Geschütztes marines Gebiet, VI: Ressourcenschutzgebiet mit Management

Aufgaben

W/E **1** Liste mögliche Maßnahmen auf, um die Biodiversität in der Umgebung deiner Schule zu erhöhen und beschreibe eine Methode, um den Erfolg dieser Maßnahmen zu überprüfen.

W **2** Erkläre, was es bedeutet, wenn eine Landschaft oder ein Gebiet als „geschützt" bezeichnet wird. Recherchiere dazu die Unterschiede zwischen: Nationalpark, Natura-2000-Gebiet, Landschaftsschutzgebiet, Biosphärenpark.

S **3** Wenn es um das Thema bedrohte Tierarten geht, werden oft nur Vogel- und Säugetierarten genannt, obwohl diese nur einen geringen Teil der gesamten Biodiversität ausmachen. Diskutiere, warum dies der Fall sein könnte, und was dies für den Artenschutz bedeutet.

5.2 Systematik

Lebewesen haben unterschiedlichste Eigenschaften

Eine Einteilung nach gemeinsamen Eigenschaften spiegelt die Verwandtschaft wider

Bereits früh versuchten Biologinnen und Biologen Ordnung in die Organismenvielfalt auf der Erde zu bringen.

Die Lebewesen, die die Erde bevölkern, könnten in ihren Eigenschaften kaum unterschiedlicher sein. Bärtierchen sind beispielsweise winzige Überlebenskünstler, die häufig in Moospolstern leben. Sie können extreme Umweltbedingungen überdauern und werden nicht einmal einen Millimeter groß. Blauwale hingegen sind Giganten des Meeres, die bis zu 30 m lang werden können. Größenmäßig stellt die Wale jedoch ein Exemplar der Pilzart Gemeiner Hallimasch (*Armillaria ostoyae)* im US-Bundesstaat Oregon in den Schatten: Der Pilz durchzieht dort 10 km² Waldboden! Seit seiner Entdeckung im Jahr 1998 hält er daher den Rekord für das größte Lebewesen auf der Erde.

Man könnte Lebewesen also, wie in diesem Beispiel, nach ihrer Größe ordnen. Du weißt aber bereits, dass man Lebewesen auch anders einteilen kann, zB danach, ob ihre Zellen einen Zellkern besitzen oder nicht. Je nachdem zählen sie zu den **Eukaryoten** oder zu den **Prokaryoten.** Alle Tiere könnte man außerdem danach einteilen, ob sie eine Wirbelsäule besitzen oder nicht. Daher gehören sie entweder zu den **Vertebraten** (Wirbeltiere) oder zu den **Invertebraten**. Die Vertebraten wiederum könnte man danach einteilen, ob sie ihre Jungen säugen, ob sie also zu den **Säugetieren** gehören, oder nicht.

Eine solche Einteilung nach **spezifischen gemeinsamen Eigenschaften** scheint viel sinnvoller als eine beliebige Einteilung nach der Größe, da gemeinsame Eigenschaften die **Verwandtschaftsbeziehungen** von Lebewesen widerspiegeln.

Der Artbegriff

Der morphologische Artbegriff beschreibt eine Art aufgrund gemeinsamer, charakteristischer Eigenschaften – der biologische Artbegriff beschreibt eine Art als Fortpflanzungsgemeinschaft

Was eine biologische Art ist, scheint eine einfache Frage zu sein: Lebewesen, die charakteristische, gemeinsame Merkmale besitzen, gehören zu einer Art. Dieser **morphologische Artbegriff** wird traditionell von Biologinnen und Biologen zur Einteilung von Lebewesen benutzt. Meist werden dabei morphologische Merkmale, also Merkmale im Körperbau, verwendet. Aber auch Verhaltensmerkmale können zur Artunterscheidung herangezogen werden. Bei manchen Lebewesen unterscheiden sich allerdings Männchen und Weibchen bereits stark in ihrem Erscheinungsbild – aber dennoch gehören sie zur selben Art (→Abb. 6)! Man spricht in diesem Fall von einem Sexualdimorphismus. Der morphologische Artbegriff reicht hier also nicht aus.

Der **biologische Artbegriff** berücksichtigt dies und definiert eine Art als eine **Fortpflanzungsgemeinschaft** von Lebewesen, die gemeinsam fruchtbare Nachkommen zeugen können. In der Praxis wird oft eine Kombination von beiden Artbegriffen verwendet, um Grenzen zwischen Arten zu ziehen. Allerdings ist es in freier Natur oft aufwändig festzustellen, wo Fortpflanzungsgemeinschaften enden, und wo es Reproduktionsbarrieren[1] gibt.

Abb. 6: Sexualdimorphismus beim Pfau. Der Pfauenhahn ist auffällig blau gefärbt, und besitzt lange Schwanzfedern, mit denen er ein Rad schlagen kann. Die Pfauenhenne ist unauffällig gefärbt, kleiner, und besitzt einen kurzen Schwanz.

Eine rein nach morphologischen Kriterien beschriebene Art bezeichnet man als **Morphospezies**. Besonders in der Paläontologie[2] spielen solche Morphospezies eine wichtige Rolle. Bei ausgestorbenen Arten, die man nur durch Fossilien kennt, lassen sich die Grenzen von Fortpflanzungsgemeinschaften klarerweise nicht mehr feststellen. Es können dann nur mehr morphologische Merkmale verwendet werden.

Glossar

[1] **Reproduktionsbarriere:** Barriere (zB geografische Barriere wie ein Fluss oder Berg), die unterbindet, dass sich Individuen zweier Populationen untereinander fortpflanzen. Können keine fruchtbaren Nachkommen mehr gezeugt werden, spricht man von reproduktiver Isolation.

[2] **Paläontologie:** Wissenschaft, die sich mit dem Leben auf der Erde in der Erdgeschichte beschäftigt. Dabei werden Überreste oder Spuren von Lebewesen, sogenannte Fossilien, analysiert.

Aufgabe

S **1** In der Paläontologie werden Arten manchmal nur aufgrund einzelner oder weniger Fossilfunde beschrieben. Diskutiere, welchen Einfluss ein Sexualdimorphismus einer ausgestorbenen Art auf die Einteilung haben könnte. Nimm Stellung, zu welchen methodischen Problemen dies für Paläontologen und Paläontologinnen führen könnte.

Grenzen von Arten sind manchmal fließend

Arthybride entstehen aus der Paarung von Lebewesen von zwei unterschiedlichen Arten

Variabilität, Verwandtschaft, Geschichte und Evolution

Dass eine biologische Art nicht immer völlig klare Grenzen besitzt, zeigt folgendes Beispiel: Die Rabenkrähe (*Corvus corone*) ist eine ganz schwarz gefärbte Krähenart, die im Westen Österreichs vorkommt (→ Abb. 7). Im Osten hingegen kommt die Nebelkrähe (*Corvus cornix*) vor, die am Bauch und Rücken ein graues Gefieder besitzt (→ Abb. 7). Es gibt derzeit unterschiedliche Ansichten, ob es sich dabei tatsächlich um zwei Arten oder zwei so genannte Unterarten einer Art (der Aaskrähe) handelt. Wien liegt in einem bis zu 50 km breiten Gürtel, der sich von der Ostsee im Norden bis zum Mittelmeer im Süden zieht, und in dem sich Tiere dieser beiden Krähenarten miteinander paaren (→Abb. 7).

Daraus entstehen Nachkommen, sogenannte **Arthybride** mit unterschiedlichen Gefiedervarianten, die sich weiter fortpflanzen können.

Den Gürtel, in dem die Hybridform auftritt, nennt man eine **Hybridzone**. Die Hybridzone der Krähen existiert bereits seit zumindest 100 Jahren. Die Vögel können sich hier verpaaren, da die beiden Krähenarten sehr eng miteinander verwandt sind. Trotzdem kommt es zu **keiner vollständigen Vermischung** der beiden Krähenarten! Ein Grund dafür, dass die Zone relativ stabil erhalten bleibt, ist vermutlich, dass sich schwarze Krähen lieber mit schwarzen paaren, und graue lieber mit grauen.

Hybridzonen tauchen in der Natur gar nicht so selten auf! Grizzlybären und Eisbären können sich beispielsweise ebenfalls in der Natur miteinander fortpflanzen, dort wo ihre Verbreitungsgebiete aufeinandertreffen.

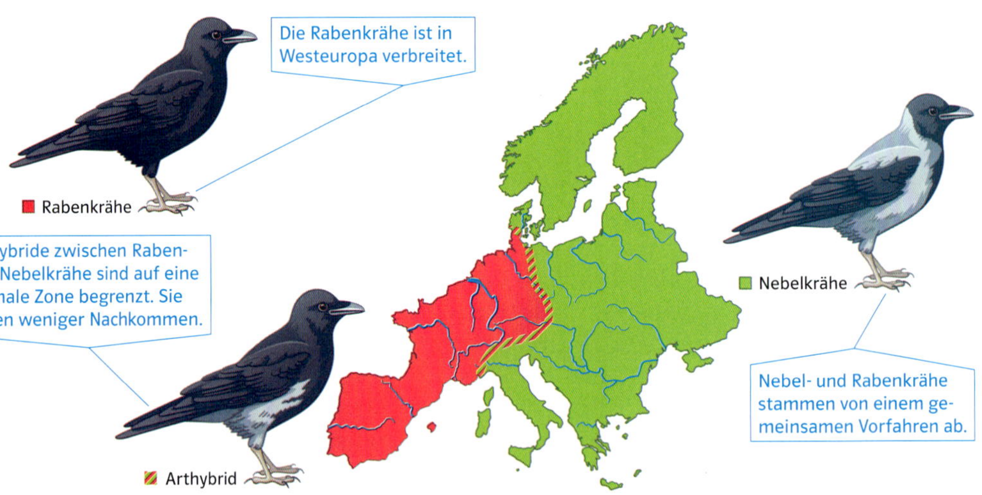

Abb. 7: Gefieder der Rabenkrähe und Nebelkrähe. Die Rabenkrähe hat schwarzes Gefieder, die Nebelkrähe ist am Bauch und Rücken grau. In der Hybridzone kommen Tiere mit unterschiedlichem Grauanteil im Gefieder vor.

Kryptische Arten

Mithilfe von DNA-Vergleichen können kryptische Arten identifiziert werden.

Arten, die sich äußerlich sehr wenig bis überhaupt nicht unterscheiden, wurden traditionell, nach morphologischen Kriterien, oft in einer einzigen Art zusammengefasst. Ein genaues Untersuchen von feinen morphologischen Unterschieden, ein Betrachten der Reproduktionsbarrieren und genetische Analysen sind nötig, um zu verstehen, ob es sich um eine oder um mehrere Arten handelt. Der Vergleich der DNA der Arten gilt als der aktuelle Standard, um Zweifel auszuräumen. So wurden bereits **kryptische Arten**, die sich äußerlich fast völlig gleichen, innerhalb einer Art entdeckt.

Beim Fliegenpilz weiß man zB dank aktueller Forschungsergebnisse, dass es sich dabei tatsächlich um mehrere separate, eng verwandte Arten, und nicht um eine einzige Art handelt! Immer wieder kommt es bei lange bekannten Arten dank neuer Ergebnisse zu neuen Einordnungen.

Aufgaben

W **1** Ein Maultier ist ein sind Nachkomme von einem weiblichen Pferd und einem männlichen Esel. Recherchiere über diese Hybride und gib auch den Unterschied zu einem Maulesel an. Erkläre, warum Pferde und Esel zwei unterschiedliche Arten sind, obwohl sie offensichtlich miteinander Nachkommen zeugen können.

W **2** Morphologische Ähnlichkeit ist nicht alles! Recherchiere über den korsischen Feuersalamander und finde heraus, wie er aussieht. Erläutere, wie er früher klassifiziert wurde, und warum man ihn jetzt als eigene Art betrachtet.

Basiskonzept

Variabilität, Verwandtschaft, Geschichte und Evolution: Häufig werden Paarungspartner nicht zufällig ausgewählt. Bei der so genannten assortativen Paarung werden Partner bevorzugt, die in bestimmten Merkmalen ähnlich sind. Dieser Mechanismus spielt eine wichtige Rolle beim Entstehen von neuen Arten, da so die Durchmischung von Populationen reduziert wird.

Carl von Linné und die binäre Nomenklatur

Carl von Linné erdachte ein standardisiertes System zur Benennung von Arten

Der bedeutende schwedische Naturforscher Carl von Linné (1707–1778) führte ein System zur Benennung sämtlicher Lebewesen ein. Obwohl er dieses System bereits im 18. Jhdt erarbeitete, wird es bis heute benutzt. In seinem Werk *Systema naturae* (1735) stellte er dieses neue System zur wissenschaftlichen Benennung von Pflanzen und Tieren vor. Dabei erdachte er für jede Art einen zweiteiligen (binären) Namen, der aus einem Gattungs- und einem Artteil bestand. Sein neues System zur Benennung bezeichnet man daher als **binäre Nomenklatur**. Dabei schreibt man den ersten Teil, den Gattungsnamen, groß, und den zweiten, den Artnamen, klein. Die Weiß-Tanne heißt nach diesem System mit ihrem wissenschaftlichen Namen *Abies alba* (*Abies* ist der Gattungsteil, den die Weiß-Tanne mit allen anderen Tannen gemeinsam hat, *alba* der artspezifische Namensteil).
Die Nordmann-Tanne, eine Art aus der gleichen Gattung, trägt den wissenschaftlichen Namen *Abies nordmanniana*.

Abb. 8: Carl von Linné

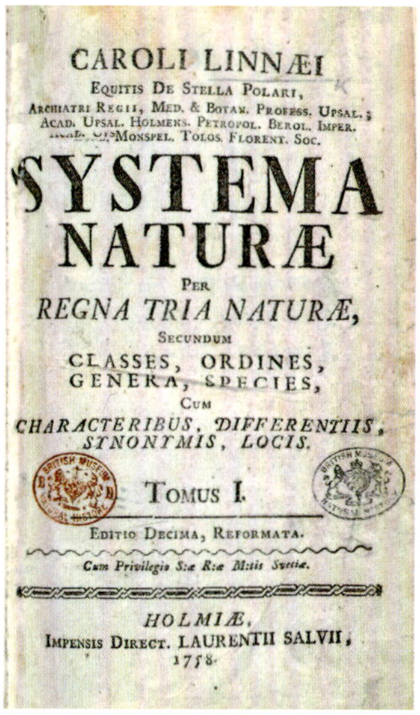

CAROLI LINNÆI
EQUITIS DE STELLA POLARI,
ARCHIATRI REGII, MED. & BOTAN. PROFESS. UPSAL.;
ACAD. UPSAL. HOLMENS. PETROPOL. BEROL. IMPER.
MONSPEL. TOLOS. FLORENT. SOC.
SYSTEMA
NATURÆ
PER
REGNA TRIA NATURÆ,
SECUNDUM
CLASSES, ORDINES,
GENERA, SPECIES,
CUM
CHARACTERIBUS, DIFFERENTIIS,
SYNONYMIS, LOCIS.
TOMUS I.
EDITIO DECIMA, REFORMATA.
Cum Privilegio S:æ R:æ M:tis Svecia.
HOLMIÆ,
IMPENSIS DIRECT. LAURENTII SALVII,
1758.

Abb. 9: Titelseite von *Systema Naturae*. Ausgabe von 1758.

Linnés Systematik

Ein Taxon ist eine Gruppe von Lebewesen mit gemeinsamen, charakteristischen Eigenschaften

Außer der einheitlichen, binären Benennung führte Linné eine **Systematik**[1], also ein System zur Ordnung von Lebewesen nach gemeinsamen Merkmalen, ein.

Die **Taxonomie**[2] ist ein Teilbereich der biologischen Forschung, der sich mit dem Einteilen von Lebenwesen auf systematische Art und Weise beschäftigt. Linné war also einer der ersten Taxonomen. Ein **Taxon** (Plural: Taxa) ist eine Gruppe von Lebewesen, die sich durch gemeinsame Merkmale auszeichnet. Ein besonders wichtiges Taxon ist, wie du bereits gelernt hast, die Art.

Mit der Einführung der ersten hierarchischen Systematik hat Linné einen enormen Beitrag für die Wissenschaft geleistet. In Linnés System wurden Einheiten zu immer größeren Gruppen zusammengefasst. Er ordnete alle Lebewesen der Natur in drei Reiche (Pflanzen, Tiere, Mineralien). Diese unterteilte er weiter in Klassen. Die Klassen wiederum unterteilte er in Gattungen, und diese in Arten.

Zur Zeit, als Linné lebte, wusste man allerdings noch nichts von der Evolution, also von der Veränderlichkeit und der gemeinsamen Abstammung aller Arten. Linné nahm noch an, dass die Arten unveränderlich wären und mit ihren Eigenschaften fortbeständen. Mit dem Verständnis der Evolution wurde später klar, dass Arten im Laufe der Evolution entstehen, sich verändern, und aussterben können.

Nach dem Aufkommen der Evolutionstheorie des britischen Biologen **Charles Robert Darwin** ab 1859, erkannte man, dass sinnvollerweise alle Lebewesen nach ihrer Abstammung geordnet werden sollten. In Teilen entsprach das System von Linné bereits dieser natürlichen Ordnung. In anderen Teilen waren die Kriterien von Linnés System aber willkürlich gewählt – in diesen gilt sein System heute als überholt. Mineralien, beispielsweise, sind natürlich keine Kategorie von Lebewesen, wie in Linnés Einteilung. Bei den Tieren oder Pflanzen allerdings waren Teile von Linnés Ordnung bereits recht natürlich. Die Menschen waren bei Linné beispielsweise bereits mit den Affen als *Anthropomorpha* klassifiziert.

Glossar

[1] **Systematik**: vom Griech. *systēmatikós* = geordnet
[2] **Taxonomie**: vom Griech. *taxos* = Ordnung; *nomos* = Gesetz

Stammbäume veranschaulichen die Abstammungsgeschichte

Stammbäume werden heute durch den vergleich von DNA-Abfolgen erstellt

Eine natürliche Ordnung soll also der Abstammungsgeschichte der Arten entsprechen. Sie kann mithilfe eines **Stammbaums** (einer **Phylogenie**) veranschaulicht werden.

Abbildung 10 zeigt eine berühmte Skizze eines Stammbaums aus dem Notizbuch von Charles Darwin aus 1837. Er vermutete richtig, dass alle Arten miteinander verwandt sind, und von einem gemeinsamen Vorläufer abstammen.

Heute werden Phylogenien computerunterstützt erstellt. Nachdem morphologische Merkmale manchmal in die Irre führen können, wird für rezente Arten[1] die genetische Ähnlichkeit zur Erstellung eines Stammbaums benutzt. Dabei werden **DNA-Abfolgen** von jenen Lebewesen, für die ein Stammbaum erstellt werden soll, verglichen. Je ähnlicher sich diese Lebewesen genetisch sind, umso näher sind sie miteinander verwandt. Mithilfe von Algorithmen wird so jenes Verzweigungsmuster im Stammbaum identifiziert, das den wahrscheinlichsten Verwandtschaftsverhältnissen entspricht.

Variabilität, Verwandtschaft, Geschichte und Evolution

Ein Stammbaum ist also immer eine Hypothese über wahrscheinliche evolutionäre Zusammenhänge: Er stellt fest, welche Arten nach dem aktuellem Stand der Forschung wie miteinander verwandt sind.

Die Zusammenhänge der höheren Taxa des Stammbaums der Lebewesen gelten heute als weitgehend aufgeklärt. Abbildung 11 zeigt, dass man das Leben auf der Erde in drei Domänen einteilen kann: Archaea, Bacteria (diese beiden Gruppen zählen zu den Prokaryoten) und Eukaryoten. Zu den Eukaryoten zählen bestimmte eukaryotische Einzeller, Pflanzen, Tiere und Pilze sowie natürlich auch der Mensch.

Einzelne Äste des Stammbaums aller Lebewesen müssen aber gelegentlich korrigiert werden, wenn Forscherinnen und Forscher neue Daten sammeln, die neue Verwandtschaftsverhältnisse belegen. Daher wird der Stammbaum des Lebens mit neuen Erkenntnissen über einzelne Gruppen laufend korrigiert und auf den neuesten Stand gebracht.

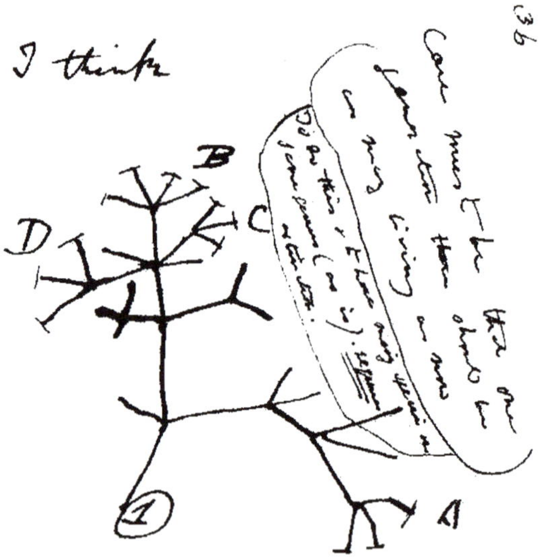

Abb.10: **Berühmte Skizze aus Darwins Notizbuch.** Über dem Stammbaum hat Darwin notiert „I think" also „Ich vermute". Er vermutete, dass alle Arten eine gemeinsame Abstammung haben.

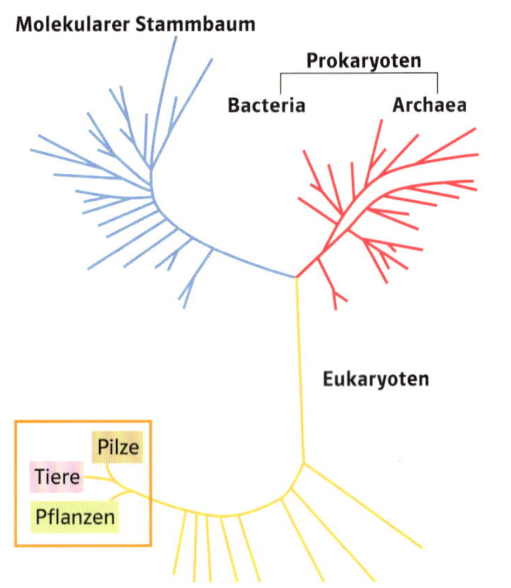

Abb.11: Stammbaum der Lebewesen. Alle Lebewesen lassen sich in drei Domänen unterteilen: Bacteria, Archaea sowie Eukaryoten.

Glossar

rezente Arten: vom Lateinischen *recens* = neu, jung; Arten, die heute noch vorkommen, also noch nicht ausgestorben sind.

Aufgaben

W **1** Finde die wissenschaftlichen Namen laut binärer Nomenklatur von drei Tier- und Pflanzenarten heraus, die bei uns in Österreich verbreitet sind. Erstellt eine Liste auf der Tafel, zu der jede Schülerin und jeder Schüler seine drei Arten beiträgt. Versucht nun gemeinsam zu erraten, um welche Arten es sich handeln und unter welchen gebräuchlichen Namen ihr diese kennt.

W **2** Bei ausgestorbenen Arten werden Stammbäume mithilfe von Fossilfunden erstellt. In den letzten Jahren gab es in der Wissenschaft eine Diskussion darüber, ob die Vögel nun tatsächlich von den Dinosauriern abstammen. Recherchiere zu dieser Frage im Internet und diskutiere den aktuellen Stand der Forschung in dieser Frage.

Basiskonzept

Variabilität, Verwandtschaft, Geschichte und Evolution: Die genetische Ähnlichkeit ist deshalb so aussagekräftig, weil Änderungen in der DNA sich über die Zeit hinweg anhäufen. D.h., je enger Arten miteinander verwandt sind, umso weniger Zeit ist seit ihrer Entstehung in der Evolution vergangen, und umso ähnlicher sind sich die Arten daher genetisch.

Systematik am Beispiel des Menschen

Mit Gorillas, Schimpansen und Orang-Utans gehört der Mensch zur Familien der Menschenaffen

Jede Art kann also, entsprechend ihrer Abstammung, in **Taxa von unterschiedlichem Rang** eingeordnet werden. Betrachten wir das Beispiel von uns selbst, dem Menschen, der **Art** *Homo sapiens*. Die nächste Stufe, die **Gattung** *Homo*, enthält auch weitere mit uns nah verwandte aber ausgestorbene Menschenarten, zB den Neandertaler *Homo neanderthalensis.* Die mit dem Menschen am nächsten verwandten Gattungen, nämlich die Schimpansen, Gorillas und Orang-Utans gehören mit uns gemeinsam zur **Familie** der Menschenaffen. Zur nächsten Stufe, zur **Ordnung** der Primaten, gehören außerdem sämtliche Affen. Wir gehören weiters zur **Klasse** der Säugetiere, die eine Gruppe im **Stamm** der Chordatiere darstellt, und zu denen auch alle Tiere mit einer Wirbelsäule gehören. Mit allen anderen Tieren gemeinsam gehören wir zum **Reich** der Tiere, und mit allen Pflanzen und Pilzen gemeinsam zur **Domäne** der Eukaryoten.

Domäne: Eukaryoten (Eukaryota)
↳ **Reich:** Tiere (Animalia)
↳ **Stamm:** Chordatiere (Chordata)
↳ **Klasse:** Säugetiere (Mammalia)
↳ **Ordnung:** Primaten (Primates)
↳ **Familie:** Menschenaffen (Hominidae)
↳ **Gattung:** *Homo*
↳ **Art:** *Homo sapiens*

Abb.12: Wissenschaftliche Klassifikation des Menschen. Die wissenschaftlichen Bezeichnungen der Taxa stehen in Klammern.

Entdeckung und Beschreibung von neuen Arten

Das Exemplar, nach dem die Art beschrieben wird, nennt man den Typus dieser Art.

Du weißt bereits, dass bei weitem nicht alle Arten, die auf der Erde vorkommen, erforscht sind. So kommt es also häufig dazu, dass neue Arten von Forscherinnen und Forschern entdeckt werden. Damit eine neue Art offiziell als entdeckt gilt, muss eine Beschreibung dieser Art in einer wissenschaftlichen Fachzeitschrift veröffentlicht werden, und die Art muss einen zweiteiligen wissenschaftlichen Namen bekommen, den die Entdeckerin oder der Entdecker selbst wählen kann.

Zuvor muss allerdings gründlich recherchiert werden, um sicherzugehen, dass diese Art bis dahin tatsächlich noch nicht beschrieben worden ist. Die veröffentlichte Beschreibung muss sehr detailgenau sein. Zudem muss angegeben werden, in welchem Museum das Exemplar vorliegt, nach dem die Art beschrieben wurde. Dieses Exemplar nennt man den **Typus** der Art.

Bestimmung

Lebewesen werden aufgrund von unterschiedlichen Merkmalen bestimmt.

Ein **Bestimmungsschlüssel** ist ein System, mit dem die taxonomische Gruppe, zu der ein Lebewesen gehört, identifiziert werden kann. Dabei muss das Taxon aufgrund von Merkmalen von anderen unterschieden und eingeordnet werden können. Schlüssel werden meist für ein gewisses Gebiet erstellt (zB Österreich, Mitteleuropa, etc.) und bestehen aus einer Liste von Fragen, zu denen es jeweils mindestens zwei Antworten gibt. Häufig helfen Abbildungen und Fotos, die wichtigsten Merkmale zu erkennen. Die Fragen zielen darauf ab, die systematische Zugehörigkeit immer weiter und weiter einzugrenzen.

Viele Bestimmungsschlüssel kommen in Buchform vor. Du kennst bestimmt Pflanzenbestimmungsbücher für heimische Blütenpflanzen oder Bäume. Es gibt aber auch gute Bestimmungsschlüssel im Internet (mit dem Online-Code am Kapitelanfang findest du Linktipps). Neben Schlüsseln zur Bestimmung von Lebewesen gibt es auch Bestimmungsbücher zB für Mineralien.

Für unterschiedliche Gruppen von Lebewesen sind bei der Bestimmung unterschiedliche Merkmale wichtig. Beim Bestimmen von Laubbäumen sind zB die Blätter und die Rinde relevant und bei Vögeln sind das Gefieder, der Gesang und das Verhalten wichtig.

Ein Beispiel für einen Bestimmungsschlüssel findest du auf den nächsten beiden Seiten.

Aufgaben

E **1** Sammelt bei einem Spaziergang drei Insekten und verwendet den Bestimmungsschlüssel auf den beiden folgenden Seiten um zu bestimmen, zu welchem Taxon diese Insekten gehören. Setzt die Tiere anschließend wieder frei.

W **2** Argumentiere mithilfe des Bestimmungsschlüssels auf der nächsten Seite, warum Spinnen nicht zu den Insekten zählen.

Bestimmungsschlüssel für Gliederfüßer

1. Ohne Flügel

→ Anzahl der Beinpaare: mehr als 15	**KLASSE TAUSENDFÜSSER**
• 1 Beinpaar / Körperabschnitt	**UNTERKLASSE: HUNDERTFÜSSER**
• 2 Beinpaare / Körperabschnitt	**UNTERKLASSE: DOPPELFÜSSER**
→ Anzahl der Beinpaare: 5–15	**KLASSE: KREBSTIERE**
• Beinpaare ähnlich ausgeformt	**ORDNUNG: ASSELN**
• Vordere Schreitbeine mit Scheren	**ORDNUNG: ZEHNFUSSKREBSE**
→ Anzahl der Beinpaare: 4	**KLASSE: SPINNENTIERE**
• Körper nicht deutlich zweigeteilt	
– Beine etwa Körperlänge, Körper kugelig	**ORDNUNG: MILBEN**
– Beine mehr als doppelte Körperlänge	**ORDNUNG: WEBERKNECHTE**
• Körper deutlich zweigeteilt	**ORDNUNG: WEBSPINNEN**
→ Anzahl der Beinpaare: 3, Sprunggabel am Hinterleib	**KLASSE: SPRINGSCHWÄNZE**
→ Anzahl der Beinpaare: 3, ohne Sprunggabel	**KLASSE: INSEKTEN**
• Körper langgestreckt	**INSEKTENLARVEN**
• Körper mit Taille	**ORDNUNG: HAUTFLÜGLER** **FAMILIE: AMEISEN**
• Körper klein mit Saugrüssel	**ORDNUNG: SCHNABELKERFE** **FAMILIE: PFLANZENLÄUSE**

Kellerassel (*Porcellio scaber*)

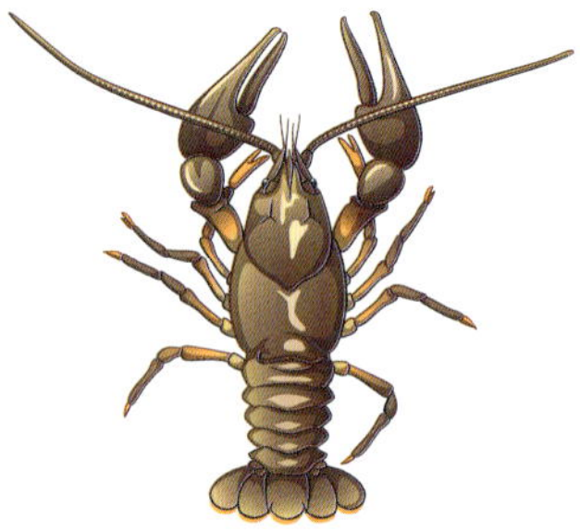

Flusskrebs (*Astacus*)

Kreuzspinne (*Araneus diadematus*)

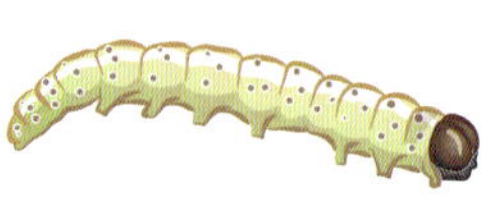

Eichenwickler (*Tortrix viridana*), Raupe

Knotenameise (*Myrmicinae*)

Blattlaus (*Aphidoidea*)

Abb.13: Springschwanz.

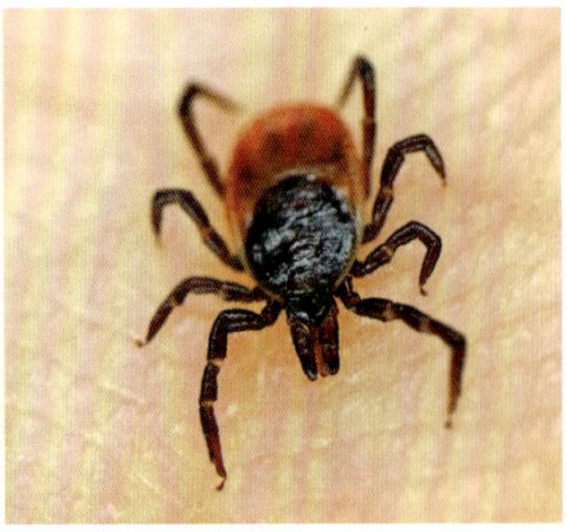

Abb.14: Holzbock. Zecken zählen zu den Milben

Abb.15: Schwarzer Schnurfüßer. Zählt zu den Doppelfüssern.

Abb.16: Hundertfüßer. Ein Beinpaar pro Segment.

2. Mit Flügeln

→ 2 Paar häutige Flügel

- Beide Flügelpaare etwa gleich groß .... **ORDNUNG: LIBELLEN**
- Flügel mit Farbschuppen .... **ORDNUNG: SCHMETTERLINGE**
- Hinterflügel kleiner als Vorderflügel .... **ORDNUNG: SCHNABELKERFE**
  FAMILIE: PFLANZENLÄUSE
- Hinterflügel wesentlich kleiner als Vorderflügel .... **ORDNUNG: HAUTFLÜGLER**
  - Stark behaart .... **FAMILIE: BIENEN, HUMMELN**
  - Mit deutlicher Taille .... **FAMILIE: WESPEN**

→ 1 Paar häutige Flügel **ORDNUNG: ZWEIFLÜGLER**

- Vorderflügel normal, Hinterflügel zu Schwingkölbchen umgebildet, sehr große Augen, Saugrüssel mit Saugplatte .... **FAMILIE: FLIEGEN**
- Wespen- oder bienenähnlich .... **FAMILIE: SCHWEBFLIEGEN**
- Langer, stechender Rüssel .... **FAMILIE: MÜCKEN**

→ Vorderflügel derb, Hinterflügel häutig

- *Vorderflügel aderlos, stoßen in Körpermitte aneinander:*
  - Vorderflügel kurz, Hinterleib unbedeckt, Körperende mit Zangen .... **ORDNUNG: OHRWÜRMER**
  - Vorderflügel hart, Hinterleib bedeckt .... **ORDNUNG: KÄFER**
- *Vorderflügel geadert, überlappen sich:*
  - Saugrüssel, Vorderflügel mit häutiger Spitze .... **ORDNUNG: SCHNABELKERFE**
    FAMILIE: WANZEN
  - Körper langgestreckt
- mit Sprungbeinen .... **ORDNUNG: HEUSCHRECKEN**
- mit Fangbeinen .... **ORDNUNG: FANGSCHRECKEN**
  - Beine lang, dornig, Halsschild versteckt .... **ORDNUNG: SCHABEN**
- *Vorderflügel geadert und gefärbt, Flügel dachförmig zusammengelegt, wenige mm Körperlänge, stechender Saugrüssel* .... **ORDNUNG: SCHNABELKERFE**
  UNTERORDNUNG: ZIKADEN

Große Königslibelle (*Anax imperator*)

Kleiner Fuchs (*Aglais urticae*)

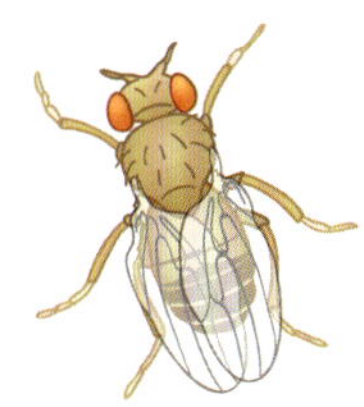

Fruchtfliege (*Drosophila*)

Honigbiene (*Apis mellifera*)

Langfühlerschrecke (*Ensifera*)

Mistkäfer (*Geotrupidae*)

Abb.17: : Blutzikade *(Cercopis vulnerata)*. Flügel dachförmig zusammengelegt.

Abb.18: Schwebfliege. Ein Paar häutige Flügel.

Abb.19: Maikäfer. Häutige Hinterflügel unter harten Vorderflügeln

Abb.20: Wanze. Harte Vorderflügel mit häutiger Spitze

Mithilfe von Diversitätsindizes kann man die Biodiversität abschätzen

Unterschiedliche Ökosysteme sind unterschiedlich divers

Um festzustellen, welche Gebiete besonders wertvoll und daher schützenswert sind, versuchen Biologinnen und Biologen, die Biodiversität von Lebensräumen zu messen. Das ist keine einfache Aufgabe, denn dazu muss man unterschiedliche Arten und Gebiete miteinander vergleichen.

Die lokale Biodiversität, also die Diversität der Biozönose[1] eines einzelnen Biotops[2], wird auch als **α-Diversität** bezeichnet. Damit meint man zB die Biodiversität der Insektenfauna in einem toten Baumstamm im Wald.

Die regionale Diversität, oder **β-Diversität**, misst den Unterschied in der Artenzusammensetzung zwischen Biozönosen; dh zwischen Lebensgemeinschaften, die sich räumlich voneinander unterscheiden. In unserem Beispiel wären dies zB die Unterschiede in der Artzusammensetzung der Insektenfaunen in verschiedenen toten Baumstämmen in einem Wald.

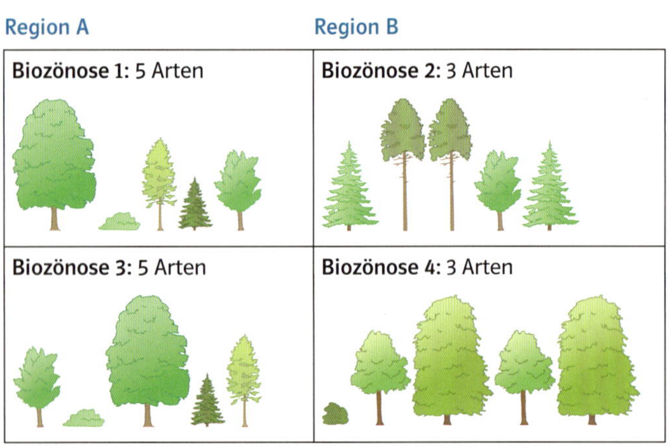

Abb. 21: α-, β- und γ-Diversität. Die α-Diversität von Biozönose 1 ist größer als jene von Biozönose 2. Genauso ist die α-Diversität von Biozönose 3 größer als jene von Biozönose 4. Aber die β-Diversität von Region A ist kleiner als jene von Region B, weil die Zusammensetzung der Arten in den Biozönosen in Region A ähnlicher ist als in Region B. Damit ergibt sich für beide Regionen eine mittlere γ-Diversität.

Die **γ-Diversität** schließlich ist die gesamte Diversität, und ergibt sich als Summe der α- und β-Diversität. Sie ist umso größer, je größer jede einzelne der beide Komponenten ist.

Um die α-Diversität zu bestimmen, ist allerdings nicht nur die Artenvielfalt an sich wichtig, sondern auch wie häufig oder wie selten jede Art dabei vorkommt. Der **Shannon-Wiener Index *H*** ist ein Maß für die α-Biodiversität, das in der Ökologie oft verwendet wird. Dieser Index hängt einerseits von der Artenvielfalt, andererseits von der Ausgewogenheit (Evenness) der vorkommenden Arten ab. Er wird folgendermaßen berechnet:

$$H = -\sum_{i=1}^{k} \frac{n_i}{N} \ln \frac{n_i}{N}$$

Um den Index H zu berechnen, muss man die Gesamtzahl aller Lebewesen N und die Gesamtzahl der Arten k in einem Biotop kennen. Man muss wissen, wie viele davon zu jeder der vorkommenden Arten gehören, $\frac{n_i}{N}$. Man berechnet dann den Anteil jeder Art an der Gesamtzahl an Lebewesen, $\frac{n_i}{N}$, nimmt davon den natürlichen Logarithmus ln und multipliziert nochmals mit diesem Verhältnis $\frac{n_i}{N}$, gemäß der Formel. Dann wird über alle Arten aufsummiert, was einen negativen Wert ergibt. Deshalb enthält die obige Formel noch ein Minus vor dem Summenzeichen, um einen positiven Indexwert für H zu erhalten.

Gehören alle vorkommenden Lebewesen zur selben Art, so nimmt der Index H den Wert 0 an. Sind die vorkommenden Lebewesen hingegen auf alle vorkommenden Arten zu gleichen Teilen verteilt, so hat nimmt der Index H den größtmöglichen Wert, H_{max}, an. Der konkrete Wert von H_{max} hängt von der gesamten Artenzahl und von der gesamten Anzahl der Lebewesen ab (siehe Aufgabe 1).

Glossar

[1] **Biozönose:** Lebensgemeinschaft von Arten, die in einem Biotop zusammen vorkommen. Ein Ökosystem besteht aus der Lebensgemeinschaft und der unbelebten Umwelt, dh aus Biozönose und Biotop.

[2] **Biotop:** Abgrenzbarer Lebensraum, in dem Arten zusammenleben.

Aufgaben

E **1** Im Totholz eines Waldes soll die Biodiversität der Käfer ermittelt werden. Dazu wurden in drei gleich großen Stücken von toten Baumstämmen folgende Artenzahlen bestimmt (→Tab. 1). Identifiziere, welches der drei Biotope (Baumstämme) die höchste α-Diversität hat. Berechne dazu die Shannon-Wiener-Indizes.

S **2** Diskutiere, warum die Zahl der vorkommenden Arten in den drei Baumstämmen in Aufg. 1 ein anderes Bild der Biodiversität zeichnet, als die von dir berechneten Diversitätsindizes.

	Stamm 1	Stamm 2	Stamm 3
Hirschkäfer	0	0	1
Feuerkäfer	23	10	3
Moderkäfer	3	9	1
Marienkäfer	4	11	3
Borkenkäfer	0	20	42

Tab. 1: Beispiel: Käferarten im Totholz. Angegeben sind die Anzahl von Individuen. Für Stamm 1 gilt: Es wurden 3 Arten gefunden ($k = 3$), insgesamt 30 Tiere ($N = 30$; $n_2 = 23$, $n_3 = 3$, $n_4 = 4$).

Die ABOL-Initiative

Eine Datenbank des Lebens

Die **gesamte österreichische Biodiversität** zu erfassen – dieses Ziel setzt sich die ABOL-Inititative. „ABOL" bedeutet „Austrian Barcode of Life". Dabei geht es darum, alle Arten in Österreich genetisch zu inventarisieren, und diese Informationen in einer frei zugänglichen Datenbank zur Verfügung zu stellen.

Die Initiative wird von Forscherinnen und Forschern am Naturhistorischen Museum in Wien koordiniert und führt unterschiedliche Forschungseinrichtungen in Österreich im Bereich Biodiversität zusammen. Die Initiative läuft seit 2014, ist aber langfristig ausgerichtet. Die **Mehrzahl der Arten**, die in Österreich vorkommen, ist von der ABOL-Initiative **noch nicht erfasst**!

Österreich ist ein Land der biologischen Vielfalt. In Österreich kommen insgesamt geschätzte 80 000 Arten vor. Dazu zählen bei den Tieren ca. 110 Säugetierarten, 217 Brutvogelarten und ca. 40 000 Insektenarten. Mehr als 3 000 Farn- und Blütenpflanzen kommen in Österreich vor. Verantwortlich für diese Vielfalt sind mehrere Einflussfaktoren, zB beherbergt Österreich sehr unterschiedliche Lebensräume, vom Hochgebirge bis zum pannonischen Tiefland. Die Lage von Österreich ist außerdem speziell, da hier das kühl-feuchte atlantische Klima in das trocken-warme kontinentale (= pannonische) übergeht. Diese und einige weitere Einflüsse trugen zur aktuell sehr hohen Biodiversität in Österreich bei.

Arten genau und verlässlich zu bestimmen, ist nicht nur für den Artenschutz relevant! Stell dir zB vor, man möchte wissen, welche Schädlinge eine Pflanze befallen haben, oder von welcher Tierart ein bestimmtes Stück Fleisch, das verkauft wurde, stammt.

Ein relativ neues Werkzeug zur Bestimmung von Arten, das ABOL benutzt, ist das **DNA-Barcoding**. Dieses Verfahren funktioniert folgendermaßen: Zuerst wird von verlässlich bestimmten Organismen einer Art aus einer kleinen Gewebeprobe DNA gewonnen. Dann wird von gewissen Abschnitten dieser DNA die Abfolge der Basen untersucht. Diese so genannte DNA-Sequenz wird anschließend in einer Referenzdatenbank abgespeichert. Verlässlich bestimmte Arten, die für das DNA-Barcoding verwendet werden, stammen häufig aus Museumssammlungen.

Will man nun einen Organismus, bei dem die Artzuordnung nicht eindeutig ist, identifizieren, muss man die entsprechenden DNA-Abschnitte dieses Organismus nur mit den Sequenzen in der Referenzdatenbank vergleichen.

Warum aber ist diese genetische Analysearbeit notwendig? Lassen sich die Organismen nicht auch nach äußeren Merkmalen bestimmen? Tatsächlich ist die Bestimmung von Arten manchmal außerordentlich schwierig. Eng verwandte Arten ähneln sich oft sehr, und eine verlässliche Bestimmung können in manchen Fällen nur Expertinnen und Experten, die die Arten genau studiert haben, vornehmen. Oft können selbst dann nur ausgewachsene Organismen beurteilt werden. Mithilfe von genetischen Analysen wie dem DNA-Barcoding können Arten auch aufgrund von Entwicklungsstadien oder Resten der Organismen, wie zB von Kot, Eiern oder Geweberesten, unterschieden werden.

Abb. 22: Segelfalter. Schmetterlinge zählen mit mehr als 4000 Arten zu den besonders diversen Taxa Österreichs. Für den Großteil der in Österreich vorkommenden Schmetterlingsarten konnten bereits DNA-Barcodes erstellt werden.

Abb. 23: Spitzschlammschnecke. Schnecken gehören zu den Mollusken oder Weichtieren. Knapp 400 Arten sind in Österreich zu finden. Davon sind 13 % endemisch, dh sie kommen nur in Österreich vor. Sie werden aktuell ebenfalls in ABOL inventarisiert.

Aufgaben

W 1 Die Forscherin Elisabeth Haring, die am Naturhistorischen Museum in Wien arbeitet, koordiniert die ABOL-Initiative gemeinsam mit Kolleginnen und Kollegen. Recherchiere im Internet und erläutere, womit sie sich, neben ABOL, in ihrer Forschungsarbeit beschäftigt.

W 2 Auch in anderen Ländern gibt es ähnliche Initiativen! Gib an, wie die mit ABOL vergleichbaren Länder-Initiativen in Deutschland und der Schweiz heißen.

S 3 Könnten wir nicht einfach die bestehenden Biodiversitäts-Datenbanken der Schweiz oder von Deutschland nutzen? Argumentiere, warum es notwendig ist, eine spezifische Datenbank für Österreich zu erstellen

Quellenangabe und Zitieren

Warum Quellen angeben?

Eigentum betrifft nicht nur Dinge, die man anfassen kann. Wenn dir eine neue Erkenntnis kommt, wenn du im Labor oder in der Natur eine neue Beobachtung machst, dann ist das in gewissem Sinn dein **geistiges Eigentum**.

Du wirst es als gerechtfertigt ansehen, dass jemand, der von deinen Ideen liest und sie in eigene Texte einbaut, **deutlich macht, dass DU diese Gedanken zuerst gehabt hast**. Das allerdings ist gar nicht immer so eindeutig.

Ein berühmtes Beispiel in der Wissenschaftsgeschichte ist die **Entdeckung des Prinzips der Selektion**. Es besagt, dass sich neue aus bereits bestehenden Arten ua. deshalb entwickeln, weil manche Individuen einer Art aufgrund bestimmter neuer Eigenschaften besser an vorherrschende Umweltbedingungen angepasst sind als andere Individuen und sich daher durchsetzen. Diese Idee ist eine der Grundlagen der Evolutionsbiologie, die du im nächsten Band kennenlernen wirst. Nur: Dieses Prinzip wurde von zwei Naturforschern unabhängig voneinander erkannt: Charles Darwin und Albert Russel Wallace. Während heutzutage fast ausschließlich Charles Darwin als Begründer der „Theory on Evolution“ gilt, ist der Name Albert Russel Wallace weitgehend in Vergessenheit geraten. Dabei hatten sich beide im Jahr 1859 geeinigt, ihre **Arbeiten zeitgleich zu veröffentlichen**.

Zuweilen gehen Autorinnen und Autoren nicht ganz so ehrlich miteinander um. So gab es einigen Streit zwischen zwei Forschungsteams aus den USA und Frankreich darüber, wer den HI-Virus als erstes beschrieben hatte.

Manchmal wird die Angabe der Herkunft einer Information einfach weggelassen. Dahinter mag Nachlässigkeit stehen. Trotzdem liegt der Verdacht nahe, dass man eine fremde Idee als eigene darstellen möchte. Darüber ist sogar ein deutscher Verteidigungsminister gestolpert. An österreichischen Universitäten wird mittlerweile bei **jeder Abschlussarbeit durch eine Software geprüft**, ob die Autorin oder der Autor von anderen abgeschrieben hat, ohne auf die Originalquelle hinzuweisen. Das wäre ein so genanntes **Plagiat**. Viele Universitäten in den USA bestrafen ein solches Vorgehen sogar bei Hausarbeiten mit der Androhung eines Studienausschlusses.

Abb. 24: Beim Übernehmen von Information anderer muss die Originalquelle im eigenen Text genannt werden. Werden diese Angaben unterlassen, spricht man von einem Plagiat. Das ist der Raub der Ideen Anderer, die unter eigener Flagge „verkauft“ werden.

Wie Quellen angeben?

Es dürfte somit klar sein, dass es nicht nur ehrlich, sondern unabdinglich ist, anzugeben, woher eine bestimmte Information, ein guter Gedanke, eine seltsame Idee stammt, auf die man in der eigenen Arbeit Bezug nimmt. Zudem bekommt die Leserin/der Leser dadurch die **Gelegenheit, in der Originalarbeit nachzulesen**, wie es zu den jeweiligen Aussagen kam.

Deswegen ist es in wissenschaftlichen Veröffentlichungen **Pflicht, direkt hinter jeder Information bzw. Idee, die von jemand anderem stammt, die Quelle anzugeben**. Das kann eine einzelne Arbeit sein. Oft bezieht man sich jedoch auf mehrere Artikel. Dadurch wird deutlich, dass die betreffende Beobachtung nicht nur einmal gemacht wurde. Beispielsweise gibt es eine Vielzahl von Arbeiten darüber, was Jugendliche unterschiedlicher Länder über Übertragungswege des HI-Virus wissen. Wenn du ebenfalls an diesem Thema arbeitest, wirst du evtl. eine Auswahl treffen müssen.

Wie diese Verweise erfolgen, unterscheidet sich bei den einzelnen wissenschaftlichen Zeitschriften erheblich. Manche arbeiten mit **Fußnoten**, andere mit **hochgestellten Zahlen** oder **Zahlen in eckigen Klammern**, wieder andere verlangen, dass bei den Quellenangaben die **Autorennamen samt Jahr der Veröffentlichung in Klammern** genannt werden (→Abb. 25). Im **Literaturverzeichnis** am Ende der Arbeit wird dann jedem Verweis eine bestimmte Arbeit zugeordnet (→Abb. 25). Bei Arbeiten mit vielen Autorinnen und Autoren werden manchmal nur die ersten genannt und die Aufzählung mit dem Kürzel „et al.“[1] abgekürzt. Wie das für deine VWA gehandhabt wird, musst du mit deinen Betreuungslehrern/innen absprechen. In jedem Fall solltest du **einheitlich** vorgehen.

Bei **Internetquellen** wird der Link samt dem Datum angegeben, an dem die entsprechende Seite angeschaut wurde.

Common bean (*Phaseolus vulgaris*) is one of the most important crops for human nutrition, being a source of proteins, vitamins, fibres, and essential micronutrients worldwirde (Gepts et al. 2008). This species belongs to a highly diversified

Gepts P, Aragão FJL, Barros E, de, Blair MW, Brondani R, Broughton W, Galasso I, Hernández G, Kami J, Lariguet P, et al. 2008. Genomics of *Phaseolus* beans, a major source of dietary protein an micronutrients in the Tropics. In: Moore PH, Ming R, editors. Genomics of tropical crop plants. Plant genetics and genomics: crops and models. New York: Springer. p. 113–143

Abb. 25: Oben: Ausschnitt eines Artikels der Zeitschrift *Molecular Biology and Evolution*. Unten: die entsprechende Angabe im Literaturverzeichnis.

Glossar

[1] **et al. (= et alia):** lat. für „und andere“); gemeint sind hier die Kolleginnen und Kollegen, die an dieser Veröffentlichung mitgearbeitet haben.

Bleibt noch das **Zitieren**: Hier gilt im Grunde das Gleiche, nur wird zusätzlich die Seitenzahl angegeben, auf der das Zitat im Originaltext zu finden ist (→Abb. 26). Kurze Zitate werden üblicherweise in den Text integriert, während längere als eigener, meist eingerückter Absatz aufscheinen (→Abb. 26)

bestimmung. Axel Honneth geht in Rückbezug auf theoretische Positionen von Rousseau und Kant davon aus, dass Autonomie „eine bestimmte Art der Selbstbeziehung [darstellt], die es erlaubt, seinen eigenen Bedürfnissen zu vertrauen, zu den eigenen Überzeugungen zu stehen und die eigenen Fähigkeiten als wertvoll zu empfinden" (Honneth, 2010, S. 60). Entsprechend ist wirkliche Selbstbestimmung eine Form des Selbstbezuges, der in bestimmten sozialen Interaktionen entwickelt und genährt wird. Axel Honneth nennt diese sozialen Bausteine eines gesunden Selbstbezuges Erfahrungen von Anerkennung:

> Zur Autonomie gelangen wir vielmehr auf intersubjektiven Wegen, in dem wir uns nämlich durch die Anerkennung seitens anderer Personen als Wesen zu verstehen lernen, deren Bedürfnisse, Überzeugungen und Fähigkeiten es wert sind, verwirklicht zu werden [...]. (Honneth, 2010, S.60)

Abb. 26: Beispiele für kurze und längere Zitate (mit Angabe der Quellen samt Seitenzahl).

Aufgaben

1 Übung zur Quellenangabe

Suche auf den Internetseiten der Zeitschriften „Plos One", „Nature" und „Molecular Biology and Evolution" Beispiele heraus, wie dort jeweils in Artikeln auf andere Arbeiten verwiesen wird. Notiere dir diese Beispiele (Hinweis: Bei vielen Zeitschriften sind nur einige Artikel frei zugänglich. Diese sind mit Vermerken wie „free" oder „open" versehen!)

Suche dir nun zu einem Thema, das dich interessiert, ein Fachbuch oder einen Fachartikel. Lies die für dich relevanten Abschnitte und fasse sie zu griffigen Kernaussagen zusammen. Ein Beispiel für dieses Vorgehen findest du in Abbildung 27. Schreibe dann einen eigenen Text, in welchem du diese Kernaussage verwendest und auf die Originalarbeit hinweist (→Abb. 27).

2 Übung zum Zitieren

Schreibe einen kurzen eigenen Text, in welchen du nach dem Muster von Abbildung 27 Originalzitate aus dem von dir gewählten Artikel einbaust.

3 Übung zum Literaturverzeichnis

Erstelle schließlich einen Eintrag in deinem Literaturverzeichnis mit diesem Artikel. Zeige alle Beispiele deiner Nachbarin/deinem Nachbar. Kann sie/er genau nachvollziehen, woher deine Information stammt?

In vielen Textprogrammen kannst du dein Literaturverzeichnis automatisch erstellen lassen. In Word funktioniert das so: Willst du an einer Stelle im Text auf eine Arbeit verweisen, gehe zum Menüpunkt „Verweise". Dann klickst du auf „Zitat einfügen" und „Neue Quelle hinzufügen". Am Ende deiner gesamten Arbeit fügst du mit „Literaturverzeichnis" (unter demselben Menüpunkt) ein ebensolches ein. Du kannst dein Verzeichnis immer wieder aktualisieren. Dabei werden die Quellen aus deinem Text automatisch übernommen und im richtigen Format dargestellt.

Originaltext (Ausschnitt):

„Lange waren Penicillin und Co die schärfsten Waffen der Medizin gegen bakterielle Krankheitserreger. Doch inzwischen haben Resistenzen gegen die gängigen Antibiotika so zugenommen, dass diese Mittel selbst gegen einst „simple" Infekte oft nicht mehr wirken. Deshalb müssen dringend neue Wirkstoffe gegen bakterielle Erreger entwickelt werden. Das allerdings ist nicht so einfach." (Quelle: Podbregar N. 2018, wissenschaft.de; Link: https://www.wissenschaft.de/umwelt-natur/naturstoff-fahndung-mit-turbo/ [Zugriff: 11.10.2018])

Selbstformulierte Kernaussage:

Aufgrund von Resistenzen wirken viele Antibiotika nicht mehr, so dass neue Stoffe entwickelt werden müssen.

Einbau in eigenen Text mit Verweis auf Quelle:

Antibiotika sind seit der Entdeckung Alexander Flemings im Jahre 1928 unerlässlich für die Behandlung bakterieller Infektionen. Aufgrund von Resistenzen wirken viele Antibiotika aber nicht mehr, so dass neue Stoffe entwickelt werden müssen (Podbregar 2018).

Literatur:

Podbregar, Nadja: wissenschaft.de. 2018. Link: https://www.wissenschaft.de/umwelt-natur/naturstoff-fahndung-mit-turbo/ [Zugriff: 11.10.2018].

Abb. 27: Beispiel für die Einarbeitung einer Information aus einem Artikel in die eigene Arbeit.

Kompetenz-Check: Biodiversität

Was hast du in diesem Kapitel gelernt?

Lösungen
977t7m

- ✓ Du hast die binäre Nomenklatur kennengelernt und weißt, wie man damit biologische Arten einheitlich benennt.
- ✓ Du kennst den Unterschied zwischen dem biologischen und dem morphologischen Artbegriff.
- ✓ Du verstehst, warum invasive Arten die Biodiversität bedrohen können.
- ✓ Du hast gelernt, dass es zwischen 5 und 80 Millionen Arten auf der Erde gibt.
- ✓ Du kannst Argumente dafür nennen, warum das Artensterben uns Menschen unmittelbar betrifft.
- ✓ Du hast gelernt, wie Biologinnen und Biologen die Diversität in einem gewissen Lebensraum berechnen.

Du kannst dir Fachwissen aneignen und kommunizieren

W 1 Wie viele Arten gibt es aktuellen Berechnungen zufolge auf der Erde? Wie viele Arten von Insekten, Säugetieren und Vögeln wurden weltweit beschrieben?

W 2 Erkläre mit jeweils einem Satz die folgenden Begriffe:

Binäre Nomenklatur

Morphospezies

Neobiota

W 3 Finde den wissenschaftlichen Namen des Feld-Maikäfers heraus und erläutere die wissenschaftliche Klassifikation dieser Art gemäß der taxonomischen Rangstufen (Domäne, Reich, Stamm, Klasse, Ordnung, Familie, Gattung, Art) auf Seite 93.

Du kannst Erkenntnisse gewinnen

E 1 Ernst Haeckel (1834–1919) war ein deutscher Biologe, der die ersten detaillierten Stammbäume der Tiere und Pflanzen entwarf. In Abb. 28 siehst du rechts einen Stammbaum der Wirbeltiere von Haeckel. Du hast gelernt, dass Stammbäume Hypothesen für die Abstammungsverhältnisse darstellen und dass sie auf dem aktuellen Stand des Wissens basieren.

Einen modernen Stammbaum der Wirbeltiere (aus: Meyer, A.; Zardoya, R.: Recent Advances in the (Molecular) Phylogeny of Vertebrates. In: Annual Review of Ecology, Evolution, and Systematics. 2003, Jg. 34/1, S. 311–338.), findest du links in Abb. 28. Vergleiche ihn mit dem Haeckel-Stammbaum. Erkläre, was sich im Verständnis der Abstammung und Verwandtschaftsbeziehungen seit Haeckels Stammbaum geändert hat. Erläutere Gemeinsamkeiten und Unterschiede zwischen den beiden Stammbäumen.

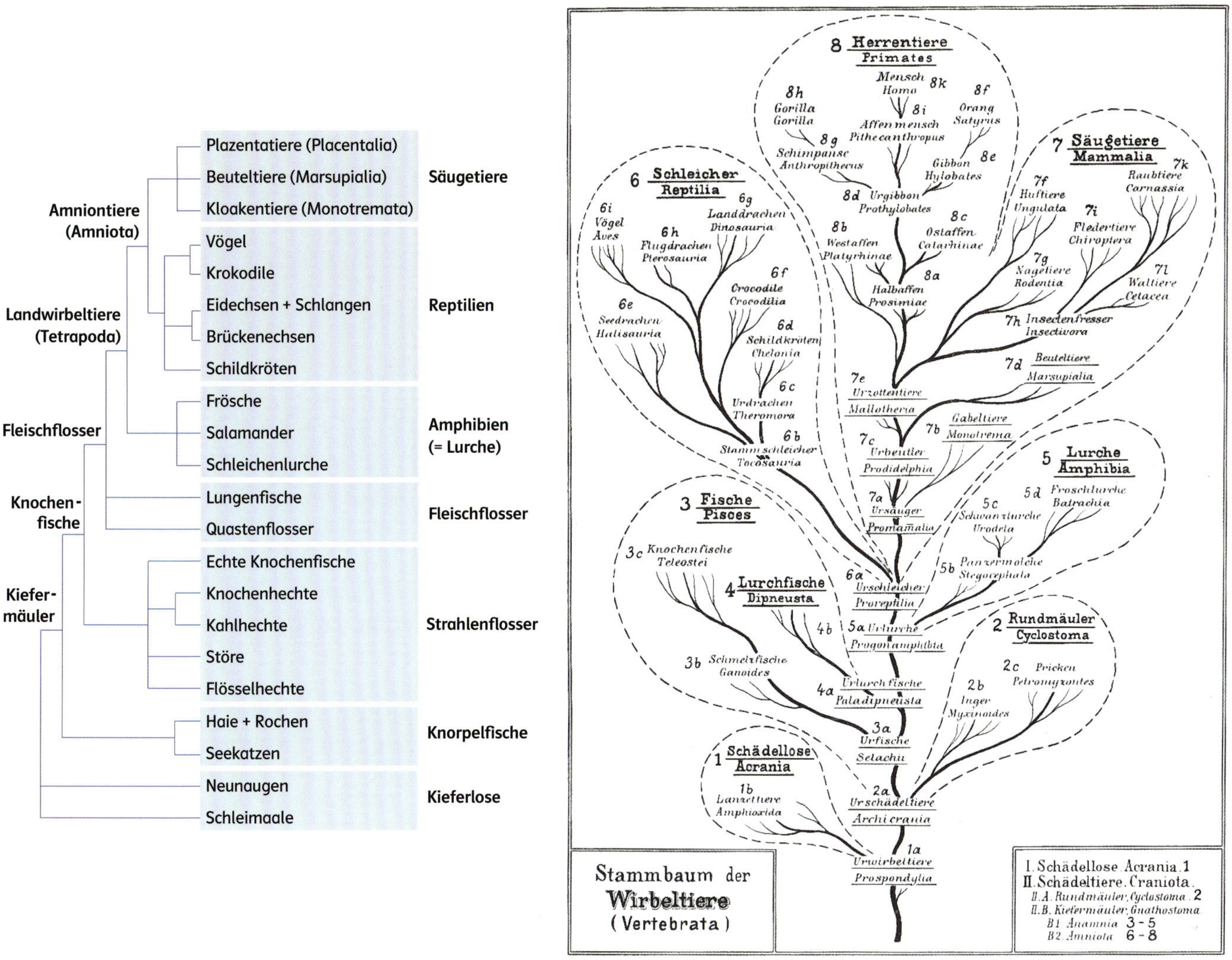

Abb. 28: Links: Moderner Stammbaum der Wirbeltiere; **rechts:** Stammbaum von Ernst Haeckel (1905)

Du kannst Standpunkte begründen und reflektiert handeln

S 1 Auch Ergebnisse aus dem Vergleich von DNA-Sequenzen sind nicht zu 100 % eindeutig. Gerade bei Arten, zwischen denen die Grenzen nicht klar verlaufen, kann die Einteilung problematisch sein. Handelt es sich dabei um eine oder mehrere Arten? Argumentiere, warum das Ergebnis davon abhängen kann, wieviele Individuen untersucht wurden, und welche DNA-Abschnitte verwendet wurden. Bedenke dabei, dass die DNA-Sequenz von zwei Individuen umso ähnlicher ist, je näher die beiden miteinander verwandt sind.

S 2 Nimm zur folgenden Aussage Stellung, und begründe deine Sichtweise: „Der Klimawandel und das damit zusammenhängende Artensterben sind doch halb so schlimm. In der Erdgeschichte ist es schon unzählige Male zu Massenaussterben aus unterschiedlichen Gründen gekommen."

S 3 Begründe, warum das Bienensterben, das wir momentan beobachten, große Auswirkungen auf Mensch und Umwelt haben kann.

6. Nachhaltige Entwicklung

Du lernst in diesem Kapitel ...

Bonusmaterial
8n8c7y

W Wissen organisieren
... Du lernst, was „Nachhaltigkeit" im allgemeinen Sprachgebrauch und im Hinblick auf „nachhaltige Entwicklung" bedeutet.
... Du lernst wichtige umweltpolitische Ereignisse und Initiativen der letzten Jahrzehnte und die 17 Nachhaltigkeitsziele der Vereinten Nationen für das Jahr 2030 kennen.
... Du eignest dir Wissen zu Elektromobilität, dem österreichischen Strommix und Energieeffizienz an.

E Erkenntnisse gewinnen
... Du analysierst deine Schule im Hinblick auf ausgewählte Themenbereiche wie Abfall und Energie sowie mögliche Umweltschutzmaßnahmen.

S Schlüsse ziehen
... Du entwickelst Ideen und Empfehlungen für dich und deine Schule für ein umweltgerechtes Handeln.
... Du kannst E-Mobilität hinsichtlich ihrer Umweltfreundlichkeit einschätzen.

» Ist Fahrradfahren uncool?

Klar, mit dem Moped zur Schule zu sausen, das ist schon fesch. Vielleicht erntet man sogar den einen oder anderen bewundernden Blick. Aber ist es wirklich so cool, laut und stinkend durch die Straßen zu knattern?

Der Verkehr ist ein großer Verursacher von Treibhausgasen, die wiederum für die kontinuierliche Erwärmung unserer Atmosphäre verantwortlich sind. E-Mobility, Carsharing, öffentlicher Nahverkehr und – eben – das Fahrrad können dazu beitragen, den Verkehr umweltfreundlicher zu machen, wie du in diesem Kapitel erfahren wirst.

Und so ganz nebenbei: Fahrradfahren macht Spaß und hält durch die körperliche Bewegung fit! «

6.1 Was ist „Nachhaltige Entwicklung"?

Internationale Umweltpolitik 1: Montreal-Protokoll und Brundtland-Bericht

Holzmangel und Ozonloch als Anlass für Umweltprogramme

„Nachhaltigkeit" ist ein Begriff, der heute inflationär verwendet wird: Man lernt „nachhaltig", legt sein Geld „nachhaltig" an, verändert eine Landschaft „nachhaltig." Dabei mag jeweils Unterschiedliches gemeint sein. So kann „nachhaltige Geldanlage" bedeuten, dass man langfristig in die Zukunft plant, etwa für die Altersvorsorge. Derselbe Begriff könnte andererseits eine Investition in Unternehmen charakterisieren, die in der Produktion und im Umgang mit Angestellten Wert auf Umwelt- und Arbeitsschutz legen.

In jedem Fall heißt „nachhaltig", dass man über die momentane Situation hinaus in die **Zukunft** denkt bzw. wirkt – im Guten wie im Schlechten. Denn auch eine Umwandlung eines Moorgebietes in Ackerland ist eine „nachhaltige Landschaftsveränderung" – sie ist sehr schwer rückgängig zu machen.

Genau genommen stammt der Begriff „Nachhaltigkeit" aus der **Forstwirtschaft**. Der deutsche Oberberghauptmann Hans Carl von Carlowitz (1645–1714) stellte bei Reisen durch Europa fest, dass es vielerorts zu wenig Holz gab, weil großflächig Wald für die Gewinnung und Verhüttung von Eisenerz, die Herstellung von Salz sowie den Städte- und Schiffbau gerodet worden war – ohne Wiederaufforstung. Er forderte, dass nur so viel Holz geschlagen werden dürfe, wie in derselben Zeit nachwachsen könne. Doch selbst heutzutage wird dies bei weitem nicht immer beherzigt (→Abb. 1).

Allzu oft wird dieser Leitgedanke der Nachhaltigkeit erst beachtet, wenn die Umwelt, in der wir leben, sich bedrohlich verändert. So schrumpfte die Waldfläche in England von ca. 15 % im Jahre 1086 auf ca. 5 % im Jahr 1905. Ironischerweise war es der Bedarf der Armee nach Holz im Ersten Weltkrieg (u. a. für Schützengräben), der dazu führte, dass die britische Regierung nach Ende des Krieges ein gewaltiges Wiederaufforstungsprogramm begann. Heutzutage sind etwa 13 % des Landes bewaldet.

Ähnlich weit musste es bei der Zerstörung großer Bereiche der **Ozonschicht** kommen, deren Ausmaß erst in den 1980er Jahren entdeckt wurde. Die Angst vor einem weltweiten Anstieg an Hautkrebs durch UV-Strahlung veranlasste die internationale Gemeinschaft zu einem beispiellos schnellen Handeln: Bereits 1987 wurde von Vertretern fast aller Staaten das **Montrealer Protokoll** zum Verbot der Herstellung und des Ausstoßes ozonzerstörender Gase unterzeichnet. Erst jetzt, nach mehr als 30 Jahren, scheint sich die Ozonschicht langsam zu regenerieren. Doch wird es wohl noch weitere 70 bis 80 Jahre dauern, bis sie ihre ursprüngliche Dichte erreicht – ein Beispiel dafür, wie lange Eingriffe des Menschen in die Umwelt wirksam sein können.

1987 war auch das Jahr, in dem die „Weltkommission zu Umweltschutz und Entwicklung" der Vereinten Nationen unter Vorsitz der damaligen norwegischen Ministerpräsidentin Gro Harlem Brundtland den so genannten **Brundtland-Bericht** herausgab. Darin wurde Nachhaltigkeit folgendermaßen und für die internationale Politik bis heute gültig definiert: ***„Nachhaltige Entwicklung ist eine Entwicklung, die den Bedürfnissen der heutigen Generation entspricht, ohne die Möglichkeiten künftiger Generationen zu gefährden, ihre eigenen Bedürfnisse zu befriedigen."***

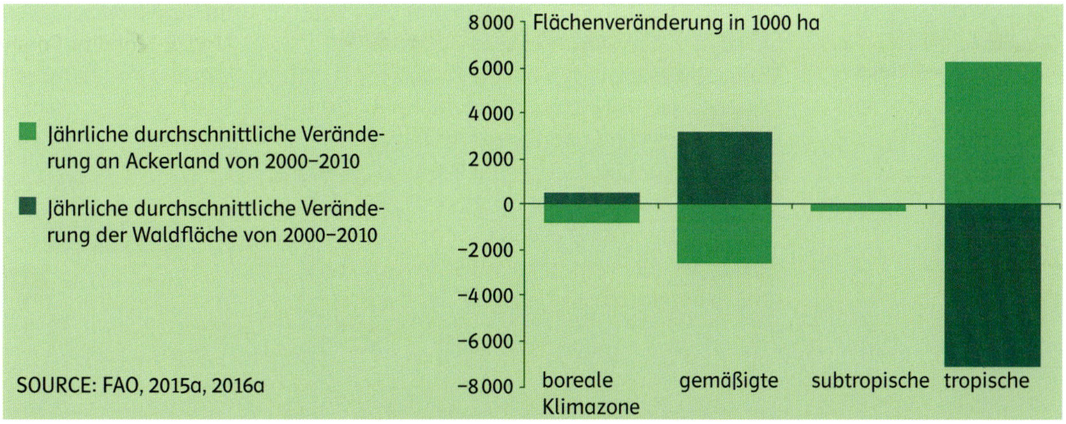

Abb. 1: Zu- bzw. Abnahme von Wald- und Ackerland in den borealen, gemäßigten, subtropischen und tropischen Klimazonen. In Mittel- und Nordeuropa nimmt die Bevölkerung nur relativ leicht zu; in einigen Ländern sogar ab. Hingegen wird die landwirtschaftliche Produktivität erhöht. Daher wird hier weniger Ackerland benötigt. In den Tropen nimmt der Verbrauch an Fläche für Ackerland zu, weil die Bevölkerungszahl wesentlich stärker steigt als die Produktivität. Dies geschieht meist auf Kosten von Regenwald. Dessen Fläche sinkt zudem durch Holzexport (zB Teakholz für Möbel) und der Zucht von Rindern, deren Fleisch in die USA oder nach Europa verschifft wird.

Internationale Umweltpolitik 2: Rio-Konferenz, Agenda 21, Welt-Klimakonferenzen

Die Agenda 21 bietet konkrete Leitlinien zum nachhaltigen Handeln

Fünf Jahre nach dem Brundtland-Bericht trafen sich in Rio de Janeiro ca. 10 000 Vertreterinnen und Vertreter von 178 Staaten zur bis dahin größten Umwelttagung, der **UN-Konferenz für Umwelt und Entwicklung (UNCED)**. Die Gründe:

- ein dramatischer Rückgang insbesondere tropischer Regenwälder;
- eine besorgniserregende Ausbreitung der Wüsten;
- ein markanter Anstieg der globalen Durchschnittstemperatur;
- damit verbunden eine akute Bedrohung für unzählige Arten (von denen bis heute viele noch gar nicht bekannt sind) und für einen Großteil der Menschheit (zB durch Überflutung von Inseln und Küsten oder durch Verlust von Ackerland).

Bei der Rio-Konferenz wurden fünf Dokumente beschlossen, die nachhaltiges Handeln in der Politik, auf der Ebene der Gemeinden und bei allen Bürgerinnen und Bürgern anregen sollten:

- Deklaration über Umwelt und Entwicklung
- Klimaschutz-Konvention
- Artenschutz-Konvention (Biodiversität)
- Walddeklaration
- Wüstenkonvention.

Konkrete Leitlinien wurden dabei in der sogenannten „**Agenda 21**" zusammengefasst. Die Zahl „21" steht für das 21. Jahrhundert, bis zu dem man diese Leitlinien umsetzen wollte. Unter dem Motto „Global denken, lokal handeln" ist jede und jeder Einzelne von uns aufgerufen, sich im Sinne einer „lokalen Agenda 21" für eine nachhaltige Lebensweise einzusetzen. In Österreich gibt es derzeit über 500 solcher Initiativen. Auf den Internetseiten des Bundesministeriums für Nachhaltigkeit und Tourismus findest du österreichische Nachhaltigkeitsprojekte.

Stoff- und Energieumwandlung

In den letzten Jahren waren vor allem die **Weltklima-Konferenzen** Anlass intensiver Berichterstattung in den Medien. Denn immer mehr **Treibhausgase** werden frei durch Verbrennungsprozesse, die Umwandlung von Mooren und Wald in Ackerland und den stark steigenden Fleischkonsum (Rinder produzieren viel Methan). Dies führt zu einer Aufheizung unserer Atmosphäre (s. Band 6). Die beiden vermutlich wichtigsten Konferenzen fanden 1997 in Kyoto und 2015 in Paris statt.

Abb. 2: Kyoto. Beim Weltklimagipfel 1997 in Kyoto einigten sich die Ländervertretungen auf eine Verringerung der Treibhausgas-Emissionen.

Seit 2005 und bis 2020 gilt das **Kyoto-Protokoll**, in dem sich 141 Industriestaaten verpflichteten, ihren Ausstoß an Treibhausgasen um mindestens 5,2 % gegenüber 1990 zu reduzieren (→Abb. 3). Begleitet werden diese Bemühungen seit 1988 vom **UN-Klimabeirat (Intergovernmental Panel on Climate Change).**

Bald stellte sich heraus, dass diese Selbstverpflichtung nicht reichen würde, um den Klimawandel aufzuhalten. In **Paris** wurde daher beschlossen, den Anstieg der globalen Erwärmung im Vergleich zur Temperatur vor Beginn der Industrialisierung auf etwa 1,5 °C zu begrenzen. Dafür dürften ab Mitte dieses Jahrhunderts nicht mehr Treibhausgase ausgestoßen als der Atmosphäre entzogen werden (zB durch Anpflanzen von Bäumen, die bei der Fotosynthese in großem Maßstab CO_2 fixieren). Es bleibt abzuwarten, ob die internationale Gemeinschaft dieses Ziel erreichen wird.

Österreich hat in Paris zugesagt, den **Ausstoß von Treibhausgasen bis 2030 um rund 40 Prozent im Vergleich zu 1990 zu senken**. Eine Vielzahl von Maßnahmen soll dabei helfen. U. a. will die Regierung erneuerbare Energien fördern.

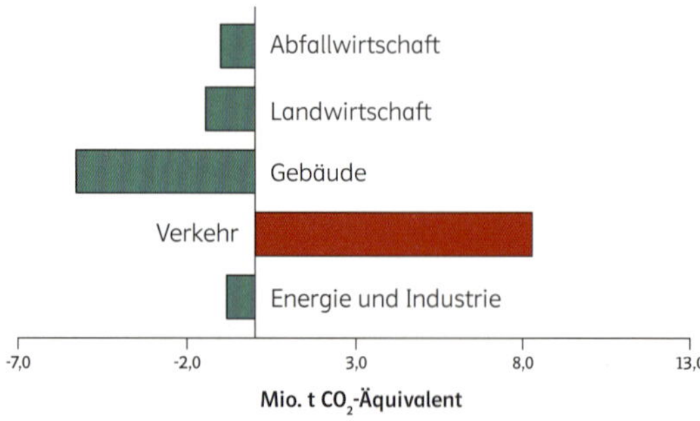

Abb. 3: Änderung des Ausstoßes von Treibhausgasen in Österreich zwischen 1990 und 2015. „CO_2-Äquivalent" bedeutet, dass alle Treibhausgase je nach Klimawirksamkeit auf die entsprechende Menge CO_2 umgerechnet werden. (Quelle: Umweltbundesamt, Klimaschutzbericht 2017)

Basiskonzept

Stoff- und Energieumwandlung: Durch Verbrennungsprozesse kann Energie, die chemisch in Holz, Erdöl, etc. gespeichert ist, freigesetzt und nutzbar gemacht werden. Dabei entsteht Kohlenstoffdioxid.

Internationale Umweltpolitik 3: Nachhaltigkeitsziele der Vereinten Nationen

Die Vereinten Nationen wollen bis 2030 in 17 Bereichen klar definierte Ziele erreichen

„Nachhaltigkeit" bezieht sich nicht nur auf Klima-, Umwelt- oder Artenschutz. In Abb. 4 siehst du alle **17 Bereiche, in denen die Vereinten Nationen bis 2030 spezifische Ziele erreichen wollen**. Beispielsweise soll

- niemand mehr in extremer **Armut** leben – derzeit definiert als ein Einkommen von weniger als 1.25 Dollar pro Tag (Ziel 1, Abb. 5)
- die **Müttersterblichkeit** auf weniger als 70 Todesfälle pro 100 000 Geburten gesenkt, **die Ausbreitung von AIDS, Tuberkulose und Malaria gestoppt** und die **Zahl der Toten und Verletzten durch Verkehrsunfälle halbiert** werden (Ziel 3)
- jedes Mädchen und jeder Junge ungehinderten **Zugang zu kostenloser und hochwertiger Bildung** in Volks- und Sekundarschule haben (Ziel 4, Abb. 5)
- jegliche **Diskriminierung gegenüber Frauen aufhören** (Ziel 5)
- der Anteil **erneuerbarer Energien** deutlich erhöht werden (Ziel 7)
- die **Lebensmittelverschwendung** im Handel und bei den Konsumenten sowie der Verlust von Nahrungsmitteln bei Produktion und Transport halbiert werden (Ziel 12).

Diese Ziele zu erreichen wird nicht nur von den Regierungen, sondern auch von jeder und jedem von uns einiges an Anstrengung bedeuten. Die Bemühungen zum Schutz des Ozonlochs haben gezeigt, dass derartige Ziele zu schaffen sind – zum Wohle der jetzigen Generation, viel mehr noch zum Wohle unserer Nachkommen.

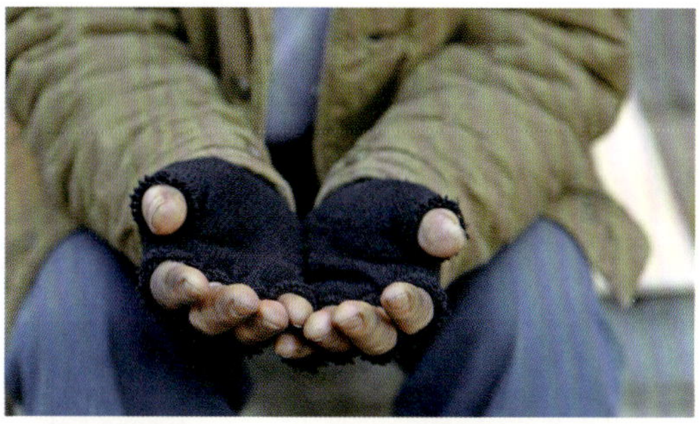

Abb. 5: Die Bekämpfung von Armut (oben) und eine gute Schulbildung (unten) sind zwei der 17 Entwicklungsziele der Vereinten Nationen).

Abb. 4: Die 17 Bereiche, für die die Vereinten Nationen Entwicklungsziele bis 2030 ausgegeben haben.

Aufgaben

W/S 1 Recherchiert nach lokalen Agenda 21 oder anderen Nachhaltigkeitsprojekten in eurer Region. Listet auf, welche Ziele mit welchen Maßnahmen erreicht werden sollen. Begründet, inwiefern dies für euch „nachhaltig" ist und welche Bereiche damit abgedeckt werden (zB „Recycling", „Bildung", „Gesundheit", „Gewässerschutz", etc.). Linktipps findet ihr unter www.oebv.at mit diesem Online-Code 8n8c7y

W/S 2 Recherchiert in Gruppenarbeit jeweils eines der 17 Entwicklungsziele und erstellt pro Gruppe ein Poster, auf dem ihr die einzelnen Maßnahmen pro Ziel vorstellt und um eigene Ideen ergänzt, was ihr persönlich dazu beitragen könntet, dass diese Ziele umgesetzt werden. Nützliche Links findet ihr unter www.oebv.at mit diesem Online-Code 8n8c7y

W 3 Recherchiert wann und wo zuletzt eine Weltklimakonferenz stattgefunden hat. Fasst zusammen, welche Ziele für den Klimaschutz bei dieser Konferenz vereinbart wurden und welche Strafen den Staaten bei Nicht-Einhaltung drohen.

6.2 Nachhaltiger Verkehr: Rad, E-Auto, Öffis

Leihräder in Städten könnten Feinstaub, Treibhausgase und Lärm reduzieren

Fahrräder werden per App freigeschaltet und können an jedem beliebigen Ort abgestellt werden

Peking und Shanghai gelten gemeinhin nicht als besonders umweltfreundliche Städte. Vor allem die chinesische Hauptstadt ist berüchtigt für ihren Smog und ihre Staus. Doch durch Leidensdruck entstehen zuweilen kreative Lösungen.

Denn man muss dort nicht unbedingt mit Auto oder Bus fahren, um zur Arbeit zu kommen. Seit einigen Jahren gibt es hunderttausende von **Leihrädern** in den chinesischen Innenstädten. An fast jeder Straßenecke sind sie zu finden und mit einer App freizuschalten. Die Preise sind niedrig, und man kann das Fahrrad an jedem beliebigen Ort abstellen. Außerdem gibt es auf großen Straßen eigene Fahrspuren für Räder und Roller, so dass man selbst bei dichtem Verkehr sicher zum Ziel gelangt.

Wer ein solches Fahrrad nutzt, gibt allerdings seine **Daten** preis, denn mittels der App wird genau registriert, wer welche Strecke fährt. Darauf beruht die Bezahlung. Das kann dazu führen, dass man selektive Werbung auf sein Smartphone geschickt bekommt, zB für ein Hotel, das im Zielgebiet liegt.

Für die Firmen ergibt sich zudem das Risiko von Diebstahl und Vandalismus. Jeden Abend fahren Lastwagen der Verleihfirmen durch die Städte, sammeln defekte Räder ein und verteilen intakte so, dass sie am nächsten Morgen wieder überall zu finden sind.

Aufgrund der sehr niedrigen Preise ist nicht sicher, ob alle Anbieter lange werden bestehen können. Immerhin könnte ihr Konzept dazu beitragen, die Luft in den chinesischen Städten etwas sauberer werden zu lassen.

Eines dieser Unternehmen wagte 2017 den Sprung nach Europa: zuerst in der englischen Universitätsstadt Cambridge, später in Wien. In der Hauptstadt gibt es auch österreichische Anbieter, die mit innovativen Ideen Einheimischen und Touristen das Fahrradfahren schmackhaft machen wollen. Über 42 000 öffentliche Abstellplätze gibt es bereits, die von privaten Nutzern und Leihfirmen genutzt werden können (→Abb. 6).

Abb. 6: Orange Leihräder am Wiener Ring

Elektromobilität könnte die Umweltverschmutzung durch Autos und Roller verringern

Elektroroller und Elektroautos als Ersatz für Verbrennungsmotoren

Außer unzähligen Fahrrädern kann man in Chinas Städten beinahe ebenso viele **Elektroroller** entdecken. Sie sind leise, aber schneller als die Räder, dürfen jedoch die gleichen Fahrspuren benutzen. Wie die Fahrräder sind auch sie beliebtes **Transportmittel** für zuweilen beeindruckende Lasten (→Abb. 7).

Abb. 7: Elektroroller in China. Die Verkehrssicherheit ist hier nicht gegeben.

Doch mit Rollern wird man Autos nicht ganz ersetzen können, die mehr Personen transportieren und komfortabler sind. Daher denken viele Länder über eine **Förderung von Elektroautos** nach. Vorreiter ist Norwegen, das trotz großer Öl- und Gasvorkommen nun derart auf Elektromobilität setzt, dass ab 2025 keine Fahrzeuge mit Verbrennungsmotoren zugelassen werden sollen. Denn die norwegische Regierung hat sich in Paris (siehe S. 110) verpflichtet, ihren Treibhausgasausstoß bis 2030 um 40 % zu senken. Die Umstellung im Verkehr soll dabei helfen.

Folglich sind Elektroautos beim Kauf **von der hohen Mehrwert- und der Anschaffungssteuer befreit**. Außerdem gibt es ein dichtes Netz an **Ladestationen**, das kontinuierlich ausgebaut wird. 2017 fuhren auf Norwegens Straßen daher bereits über 110 000 **Elektroautos**; das sind ca. 4 % aller Pkws. Davon ist Österreich noch weit entfernt (s. nächste Seite).

Elektromobilität in Österreich

Der Anteil an Elektroautos in Österreich ist klein, wächst aber schnell

Nichtsdestotrotz ist die **Elektromobilität** für die österreichische Regierung laut Verkehrsministerium eine „Schlüsselmaßnahme" für die Abkehr von fossilen Brennstoffen und wird als wichtiger Baustein gesehen, die Ziele des Weltklimavertrags von Paris zu erreichen.

Ob Elektroautos von der Bevölkerung angenommen werden, hängt von mehreren Faktoren ab:

- **Reichweite**: Derzeit fährt ein Elektroauto durchschnittlich nur 200–300 Kilometer, u.a. wegen des starken Leistungsabfalls der Batterie im Winter. Allerdings arbeiten die Hersteller – darunter auch eine österreichische Firma aus Rainbach im Mühlkreis – mit Hochdruck an leistungsfähigeren Batterien. Eine Strecke von 500 Kilometern scheint in Reichweite zu sein.
- **Ladestationen**: Noch gibt es zu wenig Ladestationen. Daher will die Autobahnen- und Schnellstraßen-Finanzierungs-Aktiengesellschaft (ASFINAG) bis Mitte 2018 an allen österreichischen Autobahnen Ladestationen im Abstand von 100 km installieren. Allerdings dauert ein Ladevorgang selbst an Schnellladestationen mit bis zu 30 min wesentlich länger als das Betanken eines Benzin- oder Dieselautos.
- **Preis**: Elektroautos sind im Verhältnis zu Autos mit Verbrennungsmotor noch sehr teuer. Das liegt insbesondere an der Batterie. Es ist jedoch zu erwarten, dass mit verbesserter Technik und steigenden Produktionszahlen die Preise sinken werden.

Bisher ist der Anteil an Elektroautos am gesamten österreichischen Pkw-Markt mit 0.3 % (inkl. Hybrid-Fahrzeuge, die Elektro- und Verbrennungstechnik kombinieren) sehr klein. Doch steigen die Verkaufszahlen rasant (→Abb. 8). In absehbarer Zukunft könnte unser Verkehr daher leiser und schadstoffärmer werden. Letzteres hängt jedoch von der **Stromquelle** für die E-Autos ab (s. Kap. „Blick in die Forschung"). In einigen Städten (zB Wien oder Graz) kann man auch Elektroroller ausleihen.

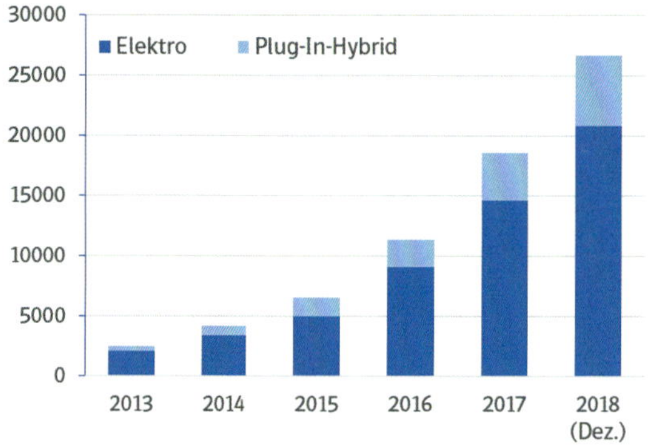

Abb. 8: Fahrzeugbestand von Elektrofahrzeugen (Pkw), unterschieden nach reinem Elektro- und Hybridantrieb[1]. (Quelle: bmvit, Elektromobilität in Österreich, 2018)

Öffentlicher Nahverkehr und Car-Sharing

Busse und Bahnen sowie Carsharing senken die Zahl der Autos

Während es auf dem Land mitunter schwer sein kann, auf das eigene Auto zu verzichten, ist dies in Städten mit gut ausgebautem **Nahverkehr** (Busse, Bahnen) sehr wohl möglich. So nutzen in Wien mehr als 40 % der Bewohnerinnen und Bewohner öffentliche Verkehrsmittel.

Eine weitere Möglichkeit, das Verkehrsaufkommen zu reduzieren und Geld zu sparen (weil man keine Unterhaltskosten für ein eigenes Auto leisten muss), ist das **Car-Sharing**: Dabei vermieten Privatleute oder Gemeinden Autos gegen eine Nutzungsgebühr (→Abb. 9).

Abb. 9: Car-Sharing.

Glossar

[1] **Plug-In-Hybrid:** Fahrzeug, das sowohl mit Benzin/Diesel oder Strom betrieben werden kann; im Unterschied zu reinen Hybridautos kann die Aufladung des Akkumulators auch am Stromnetz erfolgen („plug-in" = engl. ein-/anstecken).

Aufgabe

W 1 Findet heraus, wo es in eurer Umgebung Ladestationen für Elektroautos gibt. Interviewt Besitzerinnen und Besitzer von Elektroautos zu ihren Erfahrungen und erstellt ein Meinungsbild bei Eltern und Lehrerinnen und Lehrern eurer Schule, ob sie sich deren Anschaffung vorstellen könnten. Listet auf, welche Gründe aus Sicht der Befragten dafür bzw. dagegensprechen. Bewertet eure Ergebnisse in der Klasse.

6.3 Nachhaltiger Strom in Österreich?

Österreichs Strom wird zu einem großen Teil von Wasserkraftwerken produziert

Bei jedem Großprojekt müssen Vor- und Nachteile gegeneinander abgewogen werden

Elektromobilität ist nur dann sinnvoll, wenn der Strom dafür aus regenerativen Quellen stammt. Dafür kommen in Österreich va. **Wasserkraft** (→Abb. 10), **Windkraft**, **Biomasse** (zB Holzpellets) und **Fotovoltaik** in Frage. Wasserkraft nimmt in unserem Land eine besondere Rolle ein: durch das natürliche Gefälle, die relativ starken Niederschläge in den Alpen und die große Anzahl an Gewässern.

Abb.10: Kleines Wasserkraftwerk.

Der Bau eines Wasserkraftwerks bedeutet jedoch für das betroffene Gewässer und die direkte Umgebung einen großen **Eingriff**. Ein berüchtigtes Beispiel ist die Drei-Schluchten-Talsperre im chinesischen Jangtsekiang-Fluss, eines der größten Wasserkraftwerke der Welt: Für den über 1000 km^2 großen Stausee, der bei diesem Bau entstand, wurden riesige Flächen Wald gerodet. Hunderte von Tier- und Pflanzenarten sind bedroht, manche (wie der Flussdelfin) vermutlich ausgestorben. Viele hunderttausend Menschen wurden zwangsweise umgesiedelt.

Die Gewinnung von Strom aus erneuerbaren Energiequellen kann also **Begleitschäden** nach sich ziehen. Doch ist dies auch bei der Stromgewinnung aus **fossilen Energieträgern** der Fall:

Neben der Erwärmung der Atmosphäre durch **Treibhausgase** sind hier die langen **Transportwege** durch Pipelines oder Tanker zu nennen. Immer wieder kommt es bei der Förderung und beim Transport von Kohle, Öl und Gas zu **Unglücken und Umweltverschmutzungen** (→Abb. 11). Bei jeder Maßnahme muss man daher Vor- und Nachteile gegeneinander abwägen - bei der Wasserkraft die CO_2-freie Produktion von Strom versus Eingriffe in Ökosysteme (Flüsse, Augebiete, alpine Ökosysteme).

Abb.11: links: Ölteppich auf dem Meer; **rechts:** ölverklebter Meeresvogel

Insgesamt dürfte den erneuerbaren Energien die Zukunft gehören. Durch eine anhaltende globale Erwärmung würden wesentlich mehr Arten aussterben als durch lokale Großprojekte. Ein Forschungsteam der amerikanischen Eliteuniversität Stanford jedenfalls meint, dass **die Welt bereits 2050 ihren gesamten Energiebedarf ausschließlich durch Wind-, Wasser- und Solarkraftwerke decken könnte** (Jacobson u.a. (2017) 100% Clean and Renewable Wind, Water, and Sunlight All-Sector Energy Roadmaps for 139 Countries of the World. Joule).

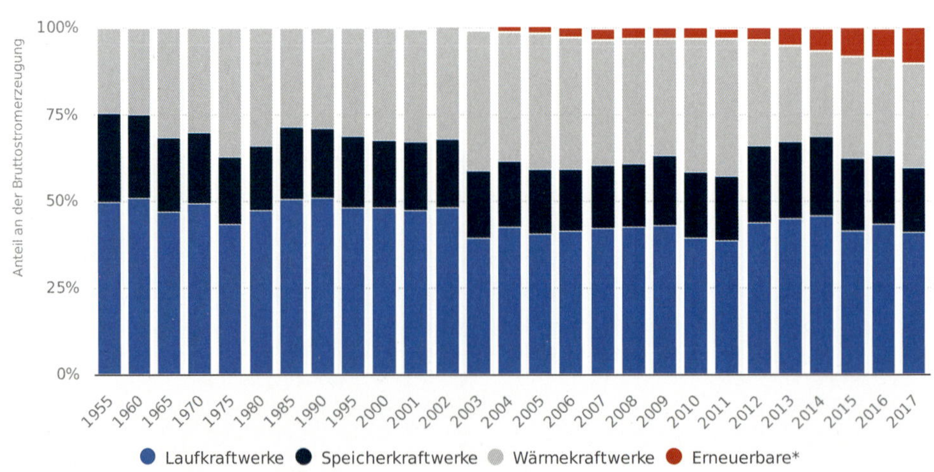

Abb.12: Anteil verschiedener Stromquellen an der Gesamtstromerzeugung in Österreich in den Jahren 1955–2016). Lauf- und Speicherkraftwerke (blau) nutzen Wasserkraft. Laufkraftwerke setzen mittels Turbinen die Bewegungsenergie von Fließgewässern in Strom um. Bei Speicherkraftwerken (zB in Talsperren) werden Lage- und Bewegungsenergie genutzt.
* Unter erneuerbare Quellen werden hier Wind-, Fotovoltaik- und Geothermiekraftwerke bzw. -anlagen zusammengefasst. (Quelle: Statista|E-control 2018)

Aufgaben

W 1 Im Jahr 2016 betrug die Bruttostromerzeugung insgesamt 67,9 Terawattstunden, 1960 betrug sie 16 Terawattstunden. Erstelle mit Hilfe von Abb. 12 ein Balkendiagramm, das die Anteile in absoluten Zahlen der Energieträger in diesen beiden Jahren zeigt.

S 2 Stelle eine Vermutung auf, warum 2011 weniger Strom aus Wasserkraft gewonnen wurde. Überprüfe deine Vermutung durch eine Internetrecherche. Schreibe einen kurzen Absatz, in dem du darlegst, was deine Ergebnisse für die Rolle der Wasserkraft in Österreich bedeuten könnten.

6.4 Nachhaltige Entwicklung: Energieeffizienz

Längere Nutzung und höhere Energieeffizienz senken den Energieverbrauch

Steigt der Energieverbrauch langsamer als das Wirtschaftswachstum, spricht man von „Entkopplung". Das bedeutet aber noch nicht, dass insgesamt weniger Energie verbraucht wird

Wie du gesehen hast, sind auch regenerative Energiequellen nicht frei von umweltbelastenden Nebenwirkungen. Hinzu kommt, dass eine steigende Zahl von Menschen immer mehr Energie benötigt. Wenn 12 Milliarden Menschen Auto fahren wollen, wird allein durch die benötigte **Infrastruktur** (Straßen, Parkplätze, Fabriken) die Umwelt stark in Anspruch genommen - selbst, wenn es sich dabei ausschließlich um E-Autos handelte.

Das trifft auch für uns persönlich zu: Jede Lampe, jedes Smartphone, das wir anschaffen, benötigt Energie in Herstellung, Betrieb und Entsorgung. Selbst **Kleidung** aus Naturstoffen wie Baumwolle ist beileibe nicht so umweltfreundlich, wie du vielleicht denkst: Der Anbau und die Pflege von Baumwollplantagen benötigt Energie (und viel Wasser). Meist werden Kleidungsstücke heutzutage in Ostasien hergestellt und mit Flugzeugen oder Schiffen nach Europa transportiert. All das verbraucht Energie.

Daraus kann man zwei Schlüsse ziehen: Einerseits sollte man das Gekaufte **so lange wie möglich nutzen** und beim Kauf darauf achten, dass das **Produkt möglichst umweltfreundlich hergestellt bzw. nicht über weite Strecken transportiert** wurde (Beispiel: Äpfel aus Österreich, nicht aus Neuseeland). Andererseits sollten die Objekte, die man erwirbt, **so energieeffizient wie möglich** sein. In Europa müssen zB Kühlschränke entsprechend gekennzeichnet werden.

Außerdem ist die Wirtschaft angehalten, die **Energieeffizienz** ihrer Produkte und deren Herstellung weiter zu steigern. Die Politik muss dafür die Rahmenbedingungen schaffen. Denn kaum ein Hersteller kann es sich leisten, teurer zu produzieren und dafür mehr Geld zu verlangen als die Konkurrenz, solange wir Kunden nicht bereit sind, für ein weniger die Umwelt belastendes Produkt mehr zu zahlen. Das E-Auto ist dafür ein gutes Beispiel.

In Österreich hat die Erhöhung der Energieeffizienz in den letzten Jahrzehnten eine **Entkopplung von Wirtschaftswachstum und Energieverbrauch** bewirkt (→Abb. 13). „Entkopplung" bedeutet, dass Wirtschaftswachstum und Energieverbrauch sich nicht proportional entwickeln, also weniger Energie pro hergestellter Ware oder pro Dienstleistung aufgewendet werden muss. Das klingt zunächst einmal positiv. Allerdings zeigt dieselbe Abbildung, dass der Energieverbrauch noch immer sehr hoch ist, wenngleich er in den letzten Jahren nicht mehr zu steigen scheint. Sollte es jedoch zu einem kräftigen Wirtschaftswachstum kommen oder stiege die Bevölkerungszahl deutlich, würde der Energieverbrauch trotz Entkopplung vom Wirtschaftswachstum vermutlich stark zunehmen. Daher muss die **Energieeffizienz unbedingt weiter erhöht** bzw. unser **Energieverbrauch markant gesenkt** werden.

Die Summe aller Ressourcen (Bodenschätze wie Uran, Kohle, Öl oder Metalle, aber auch Fläche, Wasser oder durch Abgase verschmutzte Luft), die für Herstellung, Transport und Entsorgung benötigt werden, bestimmen die **Ökobilanz** eines Produkts.

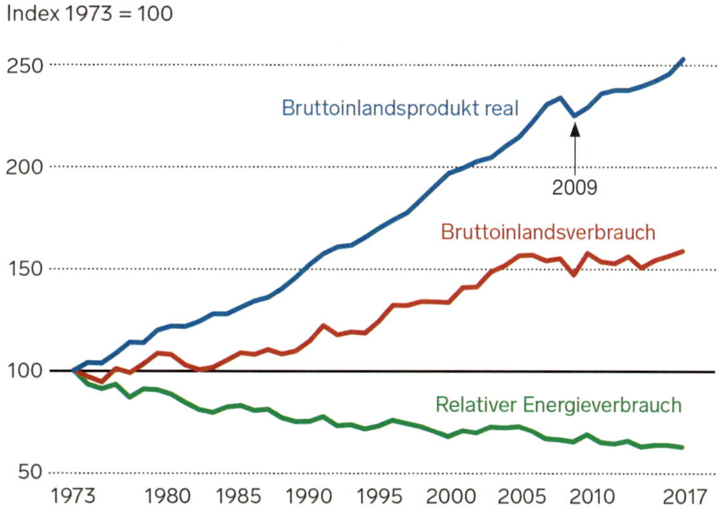

Abb.13: Entwicklung von Energieverbrauch (braun) zu Wirtschaftswachstum (blau) in Österreich. Die grüne Linie zeigt den relativen Energieverbrauch im Vergleich zum Wirtschaftswachstum. In der Grafik ist auch der Einfluss wichtiger äußerer Faktoren zu erkennen. Beispielsweise wurde der Einbruch von Wirtschaftswachstum und Energieverbrauch im Jahr 2009 durch eine große internationale Finanzkrise veranlasst, während der Ausschlag nach oben beim relativen Energieverbrauch im Jahr darauf u. a. auf ein sehr kaltes Jahr zurückzuführen ist. 2011 war dafür wieder ausgesprochen warm und trocken.

Aufgaben

S **1** Beobachte dich eine Woche lang und überlege, was alles in deinem Alltag Energie verbraucht (Beispiele: warmes Wasser, Heizung, Computernutzung, Fernsehen, Auto-/Mopedfahren, Tiefkühlgerichte, Licht brennen lassen). Erstelle eine Liste, worauf du verzichten bzw. was du ändern könntest und probiere das am folgenden Tag aus. Vergleicht eure Erfahrungen in der Klasse.

S **2** In öffentlichen Diskussionen und in diesem Kapitel ist oft von „Energieverbrauch" die Rede. Diskutiert darüber, ob dieser Ausdruck wissenschaftlich gesehen korrekt ist.

ÖKOLOG – das größte Netzwerk für Schule und Umwelt in Österreich

Gemeinsam sind wir stark – dieser Gedanke gilt auch für das Engagement im Umweltschutz. Einzelne können einiges, große Gruppen jedoch viel mehr erreichen. Die Initiative ÖKOLOG hat sich vor über 20 Jahren gegründet, um das Umweltbewusstsein und umweltgerechtes Handeln in Österreichs Schulen zu fördern. Dabei geht es um das Sparen von Strom und Öl im Schulgebäude, das Vermeiden von Abfall, die ökologische Gestaltung des Schulgeländes, das Anbieten einer gesunden Jause und vieles mehr.

2017 waren es über 500 Schulen, die sich mit dem ÖKOLOG-Label schmücken durften. Ein grundlegender Ansatz von ÖKOLOG ist dabei ein Miteinander von Schüler- und Lehrerschaft, Schulleitungen, Eltern und außerschulischen Institutionen (Gemeindeämter, Firmen, Hochschulen etc.). Gemeinsam soll das Ziel erreicht werden, die Schule zu einem Ort zu machen, an dem über den Umgang mit den natürlichen Lebensgrundlagen und über nachhaltige Zukunftsperspektiven gesprochen, vor allem aber entsprechend gehandelt wird. Hier kann jede und jeder mitmachen. Wie sieht es mit dir und deiner Schule aus?

Abb. 14: Plakat des ÖKOLOG-Programms. „Gendergerechte Schulhofgestaltung" meint dabei die Berücksichtigung unterschiedlichen Nutzungsverhaltens in Pausen- und Bewegungsräumen von Mädchen und Buben. „Learnscapes" sind Orte, an denen im Freien regelmäßig Unterricht stattfindet und die durch Schülerinnen und Schüler mitgestaltet werden können.

Aufgaben

W/S **1** Informiert euch darüber, ob eure Schule dem ÖKOLOG-Netzwerk angehört. Falls ja: Fragt nach, was genau das bedeutet. An welchen Maßnahmen ist das erkennbar? Wer kümmert sich um deren Umsetzung? Falls nein: Überlegt, ob das für eure Schule in Frage käme und wie ihr euch dafür einsetzen könntet.

S **2** Sprecht in der Klasse über das ÖKOLOG-Plakat (→Abb. 14). Welche Inhalte sprechen euch an, welche nicht? Seht ihr für eure Schule wichtige Anregungen? Was haltet ihr für weniger bedeutsam? Unterlegt eure Meinungen mit gut begründeten Argumenten.

S **3** Sucht euch in Gruppen jeweils einen von ÖKOLOG angesprochenen Bereich heraus (→ Abb. 14). Diskutiert in der Gruppe, wie man den IST-Zustand eurer Schule in diesem Bereich analysieren und mit welchen Maßnahmen man Verbesserung erzielen könnte (SOLL-Zustand). Erstellt in eurer Gruppe eine konkrete Handlungsempfehlung, die erst in der Klasse, später im Schulgemeinschaftsausschuss vorgestellt werden könnte. Informiert euch dazu auf der ÖKOLOG-Homepage über bereits durchgeführte Projekte an anderen Schulen.

Wie umweltfreundlich sind Elektroautos?

Stromquelle und Batterie entscheiden darüber, ob E-Autos umweltfreundlicher sind als Autos mit Verbrennungsmotoren

Drei Faktoren bestimmen beim Elektroauto, ob es dem herkömmlichen Verbrennungsmotor hinsichtlich der Umweltbelastung überlegen ist:

- die Strommenge und dessen Herkunft sowie die Menge an wertvollen Metallen wie Lithium, Nickel und Kobalt, die für die Herstellung der Batterie eingesetzt werden müssen;
- die Herkunft des Stroms für den Betrieb (→Abb. 15);
- die Entsorgung bzw. das Recycling der Batterie.

Zumindest die ersten beiden Punkte untersuchte vor einigen Jahren ein Schweizer Team aus Wissenschaft, Verwaltung, Ministerien und Industrie (de Haan und Zah (Hrsg.). Chancen und Risiken der Elektromobilität in der Schweiz. TA-SWISS, Zentrum für Technologiefolgen-Abschätzung. Vdf Hochschulverlag AG an der ETH Zürich, 2013).

Batterieherstellung

Bis zu 20% des gesamten CO_2-Ausstoßes eines E-Autos wird durch die Produktion der Batterie verursacht (de Haan & Zah, 2013). Wie Mia Romare und Lisbeth Dahllöf jüngst für die schwedische Energieagentur errechneten, unterscheidet sich die Energieeffizienz in einzelnen Ländern jedoch erheblich: So verursacht die Herstellung einer Batterie für ein Elektroauto in China das 200fache an CO_2 wie in Schweden (Romare & Dahllöf (2017) The Life Cycle Energy Consumption and Greenhouse Gas Emissions from Lithium-Ion Batteries. IVL Swedish Environmental Research Institute, Stockholm).

Stromquelle für den Betrieb

Da E-Autos mit Strom betrieben werden, belasten sie die Umwelt beim Fahren nur dann wesentlich weniger als Autos mit Verbrennungsmotor, wenn der Strom für den Betrieb vornehmlich aus regenerativen Energiequellen stammt. Wenn dafür Kohle, Öl oder Gas verbrannt werden müssen, sind E-Autos keineswegs umweltfreundlicher. In Ländern wie der Schweiz mit einem hohen Anteil an erneuerbaren Energien (v.a. Wasserkraft) tragen E-Autos aufgrund ihres hohen **Wirkungsgrades** indes deutlich weniger zum Treibhauseffekt bei als Autos mit Verbrennungstechnik (de Haan & Zah, 2013).

Recycling

Die Batterie eines E-Autos wird derzeit ausgetauscht, wenn ihre Leistungsfähigkeit auf ca. 80% sinkt. Doch das ist noch immer eine ganze Menge. In den deutschen Städten Hamburg und Lünen kooperieren daher einige Automobilhersteller mit Zulieferbetrieben und Versorgungsunternehmen, um aus Alt-Batterien riesige Energiespeicher zu schaffen – zB für die Zwischenspeicherung von Strom aus Windkraftwerken. Nicht mehr nutzbare Batterien könnten zumindest teilweise wiederverwertet werden, indem aus ihnen wertvolle Rohstoffe wie Kupfer und Aluminium gewonnen werden. So könnte die Klimabilanz von E-Autos weiter verbessert werden, da der Abbau und Transport dieser Stoffe wesentlich zur Umweltbelastung durch Batterien beiträgt. Daran forscht derzeit ua. eine Arbeitsgruppe des deutschen Fraunhofer-Instituts für Silicatforschung in Hanau.

Abb. 15: links: Ladesteckverbindung eines Elektroautos; **rechts:** Tankvorgang bei einem Auto mit Verbrennungsmotor.

Aufgaben

W 1 Erkläre, in welcher Weise die Forschung, die auf dieser Seite dargestellt wird, mit den Informationen zusammenhängt, die du in diesem Kapitel findest.

S 2 Suche im Internet nach aktuellen Daten zum Strommix in Österreich, Deutschland und Polen. In welchem Land würde sich der Umstieg auf Elektromobilität lohnen, um den Ausstoß von Treibhausgasen zu senken? Begründe deine Ansicht anhand der von dir recherchierten Daten.

Präsentation von wissenschaftlichen Ergebnissen

Wozu sind wissenschaftliche Präsentationen gut?

Wissenschaftliche **Konferenzen** sind Veranstaltungen, wo sich Wissenschafterinnen und Wissenschafter über den **aktuellen Stand der Forschung** in ihrem Gebiet austauschen. Sie präsentieren ihre eigenen Ergebnisse und diskutieren diese mit Kolleginnen und Kollegen aus der ganzen Welt (→Abb. 16). Neben der Präsentation der Ergebnisse vor einem Fachpublikum bei Konferenzen ist es eine weitere, wichtige Aufgabe von Wissenschafterinnen und Wissenschaftern auch **der Öffentlichkeit** die Ergebnisse ihrer Arbeit zu erklären. Dies geschieht meist zusammen mit **Wissenschaftsjournalistinnen** und -journalisten.

Aufbau wissenschaftlicher Präsentationen

Eine wissenschaftliche Präsentation ähnelt von ihrem Aufbau her einer schriftlichen wissenschaftlichen Arbeit:

- Zuerst werden der **Titel** der Arbeit und dein **Name** genannt. Wenn du eine Präsentationssoftware wie zB Powerpoint benutzt, kannst du Titel und Namen auf die erste Folie, die Titelfolie, schreiben.
- Anschließend erklärst du deine **Fragestellung** und erläuterst, warum du dieses Thema gewählt hast.
- Dann gehst du darauf ein, wie du diese Fragestellung bearbeitet hast, dh du erläuterst deine **Methoden**. Hast du Experimente durchgeführt? Handelt es sich um eine Literaturrecherche? Wie bist du zu deinen Ergebnissen gekommen? Diese Fragen müssen im Teil zur Methode beantwortet werden.
- Anschließend erläuterst du die **Ergebnisse**, die du gefunden hast.
- Schließlich folgt die **Interpretation und Schlussfolgerungen**: Hast du diese Ergebnisse erwartet? Ist etwas davon überraschend?
- Am Ende fasst du die Hauptaussage deiner VWA noch einmal kurz zusammen, und beendest so deine Präsentation.

Nach einer Präsentation können dir die Zuhörerinnen und Zuhörer in einer **Diskussion** Fragen stellen. Wenn etwas unklar war, oder jemand etwas noch genauer wissen möchte, so wird er oder sie nachfragen. Erkundige dich im Voraus, wie viel Zeit jeweils für die Präsentation und für die Diskussion zur Verfügung steht.

Was macht eine gute Präsentation aus?

- **Zeig dein Interesse** am Thema! Du weißt, wovon du sprichst. Deine Begeisterung für das Thema muss man spüren können!
- **Sprich frei.** Erkläre deine Inhalte mit eigenen Worten. Sprich dabei laut und verständlich. Schau dein Publikum an, und versteck dich nicht hinter deinen Notizzetteln.
- **Konzentriere dich auf das Wesentliche**. Konzentriere dich auf wenige Hauptaussagen. Das bedeutet, dass du vieles weglassen wirst müssen, was dir ebenfalls wichtig erscheint. Weniger ist mehr!
- **Gestalte übersichtliche Folien.** Schrift und Abbildungen müssen groß genug und gut lesbar sein. Was du ohnehin mündlich erklären wirst, braucht nicht auch noch wortwörtlich auf den Folien zu stehen.
- Eine genaue **Zeitplanung** ist wichtig, damit deine Präsentation weder zu lang noch zu kurz wird. Damit du weißt, wie lange deine Präsentation dauern wird, musst du sie vorher testweise halten und dabei die Zeit im Auge behalten.
- Wie bei so vielen Dingen gilt: **Übung macht den Meister!** Gute Präsentationen zu halten kann man lernen, und vor allem muss man es üben. Übe deine Präsentation alleine zuhause. Fällt dir das Präsentieren schwer oder denkst du, dass du vor Publikum nervös sein wirst? Dann such dir ein Publikum, vor dem du deine Präsentation halten kannst, um dich an die Vortragssituation zu gewöhnen.

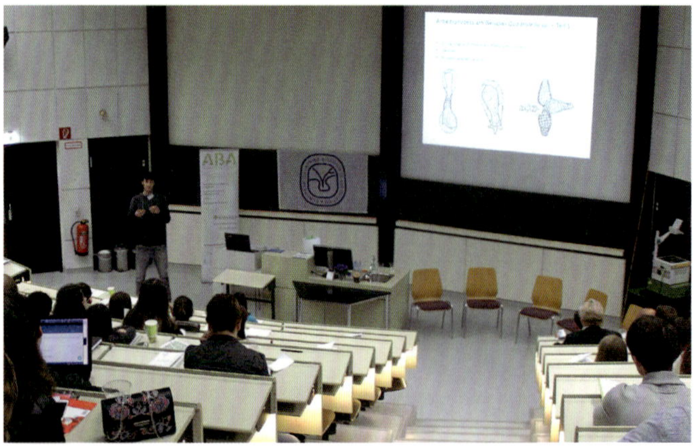

Abb.16: Präsentation an der Universität Wien. In großen Räumen ist es besonders wichtig, laut zu sprechen und große Schriften und Abbildungen zu verwenden.

Glossar

[1] **Wissenschaftsjournalist/in:** Sie sprechen mit den Forscherinnen und Forschern über deren Arbeit, und schreiben dann Zeitungsartikel, gestalten Fernseh- oder Radiobeiträge oder schreiben Blogs oder Online-Artikel über diese wissenschaftliche Themen. Journalistinnen und Journalisten kommt also eine wichtige Rolle beim Erklären von Forschung zu!

Projekt: Minipräsentation

1 Zusammenfassen.

Finde einen Zeitungsartikel zu einem wissenschaftlichen Thema, das du spannend findest. Suche dazu im Internet auf Seiten von deutsch- oder englischsprachigen Zeitungen und Magazinen, die sich mit wissenschaftlichen Themen befassen. Lies den ausgewählten Artikel. Gestalte anschließend eine einzige Powerpoint-Folie für eine ganz kurze, zusammenfassende Präsentation zu diesem Artikel. Die Folie kann Abbildungen und Text beinhalten. Beschränke dich dabei aber auf die Hauptaussage! In Abb. 17 findest du ein Beispiel für eine solche Folie.

Abb. 17: Beispiel für Aufgabe 1: Medizin-Nobelpreis 2014. Mögliche Fragen zu dieser Folie wären beispielsweise: Was ist der Hippocampus und wo liegt er? Haben die Forscherin und die beiden Forscher die Entdeckung gemeinsam gemacht oder haben sie getrennt an dieser Fragestellung gearbeitet?

2 Eine Minipräsentation erstellen.

Erarbeite eine drei Minuten lange, mündliche Präsentation zu deinem gewählten Artikel und zur Folie, die du eben erstellt hast. Es kann sein, dass deine Folie soviel an Information enthält, dass sich dies nicht in drei Minuten vollständig erklären lässt. Dann beschränke dich auf das Wesentliche! Übe die Präsentation, bis du dich gut vorbereitet fühlst, und bis du weißt, dass deine Präsentation genau drei Minuten dauert.

3 Feedback-Blatt vorbereiten und Feedback geben.

Überlegt euch in der Klasse gemeinsam ein Feedback-Blatt für die Kurzvorträge. Entscheidet gemeinsam, welche Fragen aufgelistet werden sollen und kopiert das Feedback-Blatt als Vorlage. Folgende Fragen könnten beispielsweise am Blatt stehen: War die Folie übersichtlich und klar verständlich? Ist die Sprache der oder des Vortragenden laut genug und gut verständlich? Was hat mir besonders gut gefallen?

Gebt einander mithilfe des Feedback-Blatts schriftliche Rückmeldungen über eure Drei-Minuten-Präsentationen. Teilt euch so ein, dass bei jeder Präsentation zwei Schülerinnen und Schüler ein Blatt ausfüllen. Damit kommt jede und jeder zweimal dran. Behaltet im Auge, dass gute Kritik konstruktiv ist, dh wenn dir an der Präsentation einer Mitschülerin oder eines Mitschülers etwas nicht gefallen hat, mache Vorschläge, wie man dies verbessern könnte.

Abb. 18: Feedback geben. Am Feedback-Blatt sollte unter anderem die Verständlichkeit der Sprache beurteilt werden.

4 Fragen vorbereiten.

Während jeder Präsentation überlegen sich zwei unterschiedliche Schülerinnen und Schüler jeweils mindestens eine Frage für den Diskussionsteil, im Anschluss an die Präsentation. Am einfachsten ist es, wenn man sich diese bereits während der Präsentation notiert. Mögliche Beispielfragen zum Thema in Abb. 18 findest du im Abbildungstext.

5 Eine Präsentation halten.

Tragt eure nun vorbereiteten Kurz-Präsentationen der Reihe nach vor der Klasse vor. Dabei sollte eine vorher bestimmte Schülerin oder ein Schüler die Dauer der Präsentation im Auge behalten und ein klares Handzeichen geben, sobald die drei Minuten vorbei sind. Applaus am Ende der Präsentationen ist selbstverständlich erlaubt!

6 Fragen zur Präsentation beantworten.

Die Schülerinnen und Schüler, die sich eine Frage überlegt haben, stellen nun, am Ende der Präsentation, die Fragen zum Thema. Die präsentierende Schülerin oder der Schüler geht auf die Fragen ein und versucht sie zu beantworten. Wenn alle Präsentationen gehalten worden sind, werden die ausgefüllten Feedback-Blätter übergeben.

Kompetenz-Check: Nachhaltige Entwicklung

Was hast du in diesem Kapitel gelernt?

Lösungen
pv73aw

- ✓ Du hast wichtige Umweltkonferenzen und internationale Beschlüsse zum Schutz der Umwelt kennengelernt.
- ✓ Du kannst den Begriff „Nachhaltigkeit“ am Beispiel der Forstwirtschaft definieren und „nachhaltiges Handeln“ in verschiedenen Lebensbereichen erklären.
- ✓ Dir ist nun klar, dass auch die Nutzung regenerativer Energie mit Begleitschäden verbunden sein kann und daher bei der Entscheidung für oder gegen eine bestimmte Energiequelle Vor- und Nachteile abgewogen werden müssen.
- ✓ Du weißt, dass Elektroautos nur dann umweltfreundlicher als Autos mit Verbrennungsmotor sind, wenn der Strom für Betrieb und Herstellung aus regenerativen Energiequellen stammt.
- ✓ **Du kannst Maßnahmen nennen und erläutern, mit deren Hilfe deine Schule und dein Lebensstil umweltfreundlicher würde.**

Du kannst dir Fachwissen aneignen und kommunizieren

W 1 Erkläre die folgenden Begriffe: nachhaltige Entwicklung – Energieeffizienz – Agenda 21 – Strommix

W 2 Analysiert in der Klasse die Ergebnisse einer Umfrage zur Fahrradnutzung in Österreich an (Verkehrsministerium 2017). Sucht Gründe dafür, warum die einzelnen Punkte für Radfahrende kennzeichnend sein könnten. Wo würdest du dich einordnen?

Typische Radfahrende in Österreich:

... sind eher männlich.

... sind noch in Ausbildung oder mit Hochschulabschluss.

... legen pro Tag drei und mehr Wege zurück.

... haben deutlich häufiger kürzere Arbeitszeiten.

... sind weniger häufig Vollzeit beschäftigt.

... erbringen ein Fünftel der Jahresverkehrsleistung mit dem Rad.

... legen etwa die Hälfte aller Wege mit dem Rad zurück

Typische Nicht-Radfahrende in Österreich:

... sind eher weiblich.

... haben einen mittleren oder niedrigeren Bildungsabschluss.

... mehr als die Hälfte haben jederzeit ein Auto zur Verfügung.

... die Hälfte legen nur 1–2 Wege am Tag zurück.

... erbringen über die Hälfte der Jahresverkehrsleistung mit dem PKW als LenkerIn

Abb.19: Ergebnisse einer Umfrage des Verkehrsministeriums. Quelle: „Österreich unterwegs – mit dem Fahrrad“ (Bundesministerium für Verkehr, Innovation und Technologie, 2017)

Du kannst Erkenntnisse gewinnen

E 1 Erstellt Hypothesen, wie viele Schülerinnen und Schüler, wie viele Lehrerinnen und Lehrer (in Prozent) eurer Schulstufe mit

a) dem Auto, ______

b) dem öffentlichen Nahverkehr, ______

c) dem Fahrrad, ______

d) zu Fuß zur Schule kommen. ______

Vergesst nicht, Gründe für eure jeweiligen Annahmen zu nennen. Entwickelt einen Fragebogen und testet damit eure Hypothesen. Schreibt eine kurze Reflexion zu euren Ergebnissen.

E 2 **a)** Erstellt eine Tabelle (→Abb. 20) für eine Stromsparwoche:
Tragt für jede/n von euch eine Woche lang ein, wie viel Strom in Kilowattstunden (kWh) täglich mit der ausgewählten Maßnahme gespart wurde. Dafür müsst ihr natürlich notieren, wie viel Strom ihr normalerweise dafür verbraucht, also wie lange das jeweilige Gerät in welchem Betriebszustand ist. (Hinweis: In Band 6, Seite 94 findet ihr Anregungen dazu. Ebenso könntet ihr auf den Internetseiten von e-control nach weiteren Informationen suchen. Hier findet ihr auch aktuelle Strompreise.)

b) Rechnet eure Ergebnisse für eure Gemeinde hoch: Wenn alle Einwohner und Einwohnerinnen diese Maßnahme umsetzten, wie viel Strom könnte man insgesamt damit sparen? Wie viel Geld könnte man dadurch für andere Dinge ausgeben?

	A	B	C	D
1	**Stromsparwettbewerb der 7C: eingesparte Kilowattstunden im Vergleich zur Normalnutzung (geschätzt)**			
2				
3		**Antonia**	**Ernst**	**Bogdan**
4		*(Schreibtischlampe (LED) leuchtet normalerweise ca. 2 h/Tag unnötigerweise.)*	*(Spielt ca. 2h Computer pro Tag.)*	*(Dreimal pro Woche nutzt die Familie einen Trockner der Energieeffizienzklasse B für die Wäsche.)*
5	**Maßnahme**	Lampe (10 W) nicht unnötig brennen lassen spart 0,01kWh	Jede Stunde Computerspielen weniger spart 0,05 kWh	Wäsche an Leine auf Balkon trocknen lassen spart 2,9 kWh pro Trockengang
6	**Tag 1**	0,02	0	2,9
7	**Tag 2**	0,01	0	0
8	**Tag 3**	0,01	0,1	2,9
9	**Tag 4**	0,02	0,1	0
10	**Tag 5**	0,02	0	2,9
11				
12	**Gesamt**	**0,08**	**0,2**	**8,7**

Abb. 20: Beispieltabelle für die Stromsparwoche.

Du kannst Standpunkte begründen und reflektiert handeln

S 1 Wähle aus Wasserkraft, Windkraft, Fotovoltaik, Solarthermie und Biomasse eine Form so genannter „alternativer" Erzeugung von Strom oder Warmwasser aus. Schreibe einen Aufsatz (eine Seite A4) zu Vor- und Nachteilen der von dir ausgewählten Methode der Energiegewinnung.

______

______

S 2 Diskutiere mit deinen Eltern darüber, wo ihr im Alltag weniger Strom bzw. fossile Energieträger wie Erdöl und Erdgas verbrauchen könntet. Erstelle aus euren Gesprächen und deinen Ansichten Handlungsempfehlungen für euren Familienalltag.

______

______

Semestercheck (6. Semester)

Das hast du in diesem Semester gelernt

Bist du fit für das nächste Semester? Hier kannst du dich selbst testen!

Bewegungssysteme bei Pflanzen und Tieren → *Bewegung, ab Seite 72*	Motorik • Taxien • Motorprotein • amöboide Bewegung • Flagellum • Cilien • 9+2-Bau • Geißelschlag • Flimmerepithel • Turgor • Wachstumsbewegungen bei Pflanzen • Nastie • Thermo-, Seismo-, Fotonastie • Tropismus – positiv/negativ • Foto-, Thermo-Tropismus	→ *Kompetenz-Check, Seite 88*
Aufbau und Funktion von Skelett und Muskulatur → *Bewegung, ab Seite 72*	Glatte Muskulatur • Gestreifte Muskulatur • Antagonist • Ringmuskel • Faszie • Skelettmuskel • Muskelfaserbündel • Sarkomer • Myofibrillen • sarkoplasmatisches Retikulum • Myosin, Actin • Gleitfilamenttheorie • Muskelkater • Krampf • Hydroskelett • Exoskelett • Endoskelett • Knorpelgewebe • Knochen • Bänder • Röhrenknochen • Osteoporose • Prothese • Bionik	→ *Kompetenz-Check, Seite 88*
Entstehung und Ordnung biologischer Vielfalt → *Biodiversität , ab Seite 90*	Biodiversität • Ökosystem • (Biodiversitäts-)Hotspot • Artenvielfalt global / in Österreich • Massenaussterben • Lebensraumverlust • Überfischung • Neobiota • invasive Arten • rote Liste • IUCN • Schutzgebiete • Biodiversitätskonven-tion • Nationalpark • Urwald	→ *Kompetenz-Check, Seite 106*
Systematik und Taxonomie → *Biodiversität, ab Seite 90*	Systematik • morphologischer Artbegriff • biologischer Artbegriff • Morphospezies • Reproduktionsbarriere • Paläontologie • Arthybrid • Hybridzone • kryptische Arten • Carl von Linné • binäre Nomenklatur • Taxonomie • Stammbaum • Phylogenie • Taxon • Bestimmungsschlüssel • Biodiversitätsindex • Biozönose • DNA-Barcoding	→ *Kompetenz-Check, Seite 106*
Charakteristika nachhaltiger Entwicklung (an Hand regionaler und globaler Beispiele) → *Nachhaltige Entwicklung, ab Seite 108*	Nachhaltigkeit • Brundtland-Bericht • Welt-Klimakonferenzen • Kyoto-Protokoll • Nachhal-tigkeitsziele der Vereinten Nationen • Nachhal-tiger Verkehr • Elektromobilität • Nachhaltige Stromerzeugung • Energieeffizienz	→ *Kompetenz-Check, Seite 120*

Diesen Basiskonzepten bist du begegnet

Im Laufe des Semesters bist du den Basiskonzepten der Biologie an vielen Stellen begegnet. In folgender Tabelle ist als Beispiel bereits eine Stelle aus diesem Buch angegeben. Vervollständige die Tabelle und ergänze sie auch mit passenden Beispielen, die im Schulbuch nicht gekennzeichnet sind.

Seite	Thema / Kapitel	Erklärung des Basiskonzeptes
Steuerung und Regelung		
59	Bewegung	Muskelkontraktion wird durch Ca-Konzentration im Zytoplasma gesteuert.
Kompartimentierung		
Struktur und Funktion		
Reproduktion		
Stoff- und Energieumwandlung		
Information und Kommunikation		
Variabilität, Verwandtschaft, Geschichte und Evolution		

Register

Bildnachweis

U1: imageBROKER RM / Getty Images; S. 6.l.o: Frank Teigler / Picture Alliance / picturedesk.com; **S. 6.r.o:** Ogphoto / Getty Images - iStockphoto; **S. 6.r.u:** Brainsil / Getty Images - iStockphoto; **S. 7.l.o:** tom_kolossa / Getty Images - iStockphoto; **S. 7.r.o:** PeopleImages / Getty Images - iStockphoto; **S. 7.l.u:** STEVE GSCHMEISSNER / Science Photo Library / picturedesk.com ; **S. 7.r.u:** Bangkeaw / Getty Images - iStockphoto; **S. 8:** JUAN GAERTNER / Science Photo Library / picturedesk.com; **S. 10:** Science Photo Library / picturedesk.co; **S. 12.2:** Michael Weberberger / imageBROKER / picturedesk.com ; **S. 14.4.u:** Eric V. Grave / PhotoResearchers / picturedesk.com; **S. 14.4.o:** Emanuele Biggi / FLPA / picturedesk.com ; **S. 15.5:** mazzzur / Getty Images - iStockphoto; **S. 15.6:** Science Photo Library / picturedesk.com ; **S. 15.7:** David M. Phillips / PhotoResearchers / picturedesk.com; **S. 15.8:** Science Photo Library / picturedesk.com ; **S. 16.9.a:** DR. RICHARD KESSEL & DR. GENE SHIH, VISUALS UNLIMITED / Science Photo Library / picturedesk.com ; **S. 16.9.b:** STEVE GSCHMEISSNER / Science Photo Library / picturedesk.com ; **S. 16.9.c:** Ladislav Kubeš / Getty Images - iStockphoto; **S. 16.9.d:** HYBRID MEDICAL ANIMATION / Science Photo Library / picturedesk.com ; **S. 17.10:** L.Sieghartsleitner / 4nature; **S. 18.13:** Krzysztof Odziomek / Thinkstock; **S. 19.14:** Nigel Cattlin / FLPA / picturedesk.com ; **S. 19.15:** Fisch / Fotolia.com; **S. 21.17:** David Berry / Medienportal Universität Wien; **S. 22.18:** EvgeniyShkolenko / Getty Images - iStockphoto; **S. 24.22:** Science Photo Library / picturedesk.com ; **S. 25.23.1:** Pridannikov / Getty Images - iStockphoto; **S. 25.23.2:** marcouliana / Getty Images - iStockphoto; **S. 25.23.3:** Ladislav Kubeš / Getty Images - iStockphoto; **S. 25.23.4:** STEVE GSCHMEISSNER / Science Photo Library / picturedesk.com ; **S. 25.23.5:** Science Photo Library / picturedesk.com ; **S. 25.23.6:** Mary Evans / Mary Evans / picturedesk.com ; **S. 25.23.7:** Henrik_L / Getty Images - iStockphoto; **S. 25.43700:** cosmln / Getty Images - iStockphoto; **S. 26:** Paul Whitten / PhotoResearchers - picturedesk.com ; **S. 27.1:** vzmaze / Getty Images - iStockphoto; **S. 28.2:** simpson33 / Getty Images - iStockphoto; **S. 29.3:** cookie_cutter / Getty Images - iStockphoto; **S. 29.4:** Mareen Fischinger / Westend61 / APA - picturedesk.com; **S. 30.5.a:** Science Photo Library / picturedesk.com; **S. 30.5.b:** KATERYNA KON / Science Photo Library / picturedesk.com; **S. 30.5.c:** Science Photo Library / picturedesk.com; **S. 30.5.d:** SCIENCE PHOTO LIBRARY / Science Photo Library / picturedesk.com; **S. 30.5.e:** National Library of Medicine / Science Photo Library / picturedesk.com; **S. 30.5.f:** jarun011 / Getty Images - iStockphoto; **S. 30.5.g:** Science Photo Library / picturedesk.com; **S. 30.5.h:** Science Photo Library / picturedesk.com; **S. 31.6:** erosera / Getty Images - iStockphoto; **S. 31.7:** Nigel Cattlin / APA - PhotoResearchers - picturedesk.com ; **S. 32.9:** Dr Raoult / APA - Science Photo Library - picturedesk.com ; **S. 35.13:** Hans R. Gelderblom / Science Photo Library / picturedesk.com; **S. 35.14:** LeventKonuk / Getty Images - iStockphoto; **S. 36.15:** Frank Kleefeldt / dpa - picturedesk.com; **S. 36.16:** GEORG HOCHMUTH / APA / picturedesk.com; **S. 38.19:** DANIELA BECKMANN / APA - Science Photo Library - picturedesk.com ; **S. 40.22.l:** DR P. MARAZZI / APA - Science Photo Library - picturedesk.com; **S. 40.22.r:** Meckes / APA - Science Photo Library - picturedesk.com; **S. 40.23:** James Cavallini / APA - PhotoResearchers - picturedesk.com; **S. 40.24:** STEVE GSCHMEISSNER /APA - Science Photo Library - picturedesk.com; **S. 42.27:** Biophoto Associates / APA - PhotoResearchers - picturedesk.com; **S. 43.28:** jarun011 / Getty Images - iStockphoto; **S. 43.29:** TimoninaIryna / Getty Images - iStockphoto; **S. 43.30:** Manuel-F-O / Getty Images - iStockphoto; **S. 45.32.o:** Photos.com / Getty Images; **S. 45.32.u:** GeorgiosArt / Getty Images - iStockphoto; **S. 45.33:** Florence Nightingale / Wikimedia Commons - Gemeinfrei; **S. 47.36:** Robert Kneschke / Fotolia; **S. 49.39.l:** santypan / Getty Images - iStockphoto; **S. 49.39.r:** FS-Stock / Getty Images - iStockphoto; **S. 49.39:** zecken.at / VFI - Verein zur Förderung der Impfaufklärung; **S. 50:** Science Photo Library / APA -picturedesk.com ; **S. 51.1:** EzumeImages / Getty Images - iStockphoto; **S. 51.2:** MicrovOne / Getty Images - iStockphoto; **S. 53.4:** bbstudio_aad / Getty Images - iStockphoto; **S. 53.5:** Wavebreakmedia Ltd / Getty Images; **S. 54.6:** nullplus / Getty Images - iStockphoto; **S. 54.7:** Zinkevych / Getty Images - iStockphoto; **S. 64.15.1:** MachineHeadz / Getty Images - iStockphoto; **S. 64.15.2:** amana productions inc. / Getty Images; **S. 64.15.3:** wdstock / Getty Images - iStockphoto; **S. 65.16:** blackred / Getty Images - iStockphoto; **S. 66.18.1:** worldofstock / Getty Images - iStockphoto; **S. 66.18.2:** margouillatphotos / Getty Images - iStockphoto; **S. 70:** Sander Meertins / Getty Images - iStockphoto; **S. 72:** worklater1 / Getty Images - iStockphoto; **S. 73.1:** micro_photo / Getty Images - iStockphoto; **S. 76.6:** Noppharat05081977 / Getty Images - iStockphoto; **S. 77.7:** chameleonseye / Getty Images - iStockphoto; **S. 84.15:** SOUTH WEST NEWS SERVICE LTD / APA - Action Press - picturedesk.com ; **S. 85.16:** Ole Spata / APA - dpa - picturedesk.com ; **S. 87.17:** Maria-Rita Helten-Pacher; **S. 90:** SUMUKHA J.N / APA - AFP - picturedesk.com ; **S. 92.2:** Smith609 / Wikimedia Commons - CC BY-SA 3.0; **S. 93.3:** F. Hecker / APA - dpa Picture Alliance - picturedesk.com; **S. 93.4:** Ernst Weingartner / APA - picturedesk.com; **S. 94.5.1:** pum_eva / Getty Images - iStockphoto; **S. 94.5.2:** Ivan Kuzmin / Getty Images - iStockphoto; **S. 95.6:** pr2is / Getty Images - iStockphoto; **S. 97.8:** Sheila Terry / Science Photo Library / picturedesk.com; **S. 97.9:** Mary Evans / APA - picturedesk.com ; **S. 98.10:** Jrockley /Wikimedia Commons - Gemeinfrei; **S. 100.13:** Henrik_L / Thinkstock; **S. 100.14:** Henrik Larsson / iStockphoto.com; **S. 100.15:** Frank Teigler / Picture Alliance / picturedesk.com; **S. 100.16:** Serge_Vero / Thinkstock; **S. 101.17:** M. Lenke / dpa Picture Alliance / picturedesk.com; **S. 101.18:** snygo - aboutpixel.de; **S. 101.19:** Ian_Redding / Getty Images - iStockphoto; **S. 101.20:** emmi / Fotolia.com; **S. 103.22:** Stefan Kapeller, öbv; **S. 103.23:** D.Harms / 4nature.at; **S. 104.24:** Brasil2 - iStockphoto.com; **S. 107.28.r:** E. Haeckel: Der Kampf um den Entwicklungs-Gedanken, Berlin 1905 / Wikimedia Commons - gemeinfrei; **S. 108:** FlairImages / Getty Images - iStockphoto; **S. 110.2:** Toru Yamanaka / AFP / picturedesk.com; **S. 111.5.1:** Zinkevych / Getty Images - iStockphoto; **S. 111.5.2:** Dominik Butzmann / laif / picturedesk.com; **S. 111.4:** United Nations; **S. 112.6:** ALEX HALADA / picturedesk.com; **S. 112.7:** XINHUA / Action Press / picturedesk.com; **S. 113.9:** PEROUTKA Günther / WirtschaftsBlatt / picturedesk.com; **S. 114.10:** Eduard Aldrian / OTS; **S. 114.11.l:** CHRISTOPHER BERKEY / EPA / picturedesk.com; **S. 114.11.r:** MARTIN HARVEY / Picture Alliance / picturedesk.com; **S. 114.12:** Statista / E-Control; **S. 115.13:** Ministerium für Nachhaltigkeit und Tourismus - «Energie in Österreich 2018»/ Statistik Austria; **S. 116.14:** www.oekolog.at / ÖKOLOG-Programm und Netzwerk des BMBWF; **S. 117.15.l:** Cylonphoto / Getty Images - iStockphoto; **S. 117.15.r:** NithidPhoto / Getty Images - iStockphoto; **S. 118.16:** Lukas Feix, Wien; **S. 119.17:** Andrew Howe - iStockphoto.com